Stefan Brock (Hrsg.)
Das datenzentrische Unternehmen

Weitere empfehlenswerte Titel

System Engineering mit SysML
Mechatronische Produktionssysteme und Modellbasiertes Engineering
Birgit Vogel-Heuser, 2024
ISBN 978-3-11-142929-8, e-ISBN (PDF) 978-3-11-142971-7,
e-ISBN (EPUB) 978-3-11-143080-5

Multicriteria Decision Making
Systems Modeling, Risk Assessment, and Financial Analysis for Technical Projects
Timothy Havranek, Doug MacNair, James Wolf, 2023
ISBN 978-3-11-076564-9, e-ISBN (PDF) 978-3-11-076586-1,
e-ISBN (EPUB) 978-3-11-076590-8

Loss Data Analysis
The Maximum Entropy Approach
2nd Extended Edition
Henryk Gzyl, Silvia Mayoral, Erika Gomes-Gonçalves, 2023
ISBN 978-3-11-104738-6, e-ISBN (PDF) 978-3-11-104818-5,
e-ISBN (EPUB) 978-3-11-104970-0

Soft Computing in Smart Manufacturing
Solutions toward Industry 5.0
Volume 8 of the series Advanced Mechanical Engineering
Tatjana Sibalija, J. Paulo Davim (Eds.), 2021
ISBN 978-3-11-069317-1, e-ISBN (PDF) 978-3-11-069322-5,
e-ISBN (EPUB) 978-3-11-069325-6

Multi-level Mixed-Integer Optimization
Parametric Programming Approach
Styliani Avraamidou, Efstratios Pistikopoulos, 2022
ISBN 978-3-11-076030-9, e-ISBN (PDF) 978-3-11-076031-6,
e-ISBN (EPUB) 978-3-11-076038-5

Stefan Brock (Hrsg.)

Das datenzentrische Unternehmen

—

Daten als Erfolgsgrundlage im KI-Zeitalter

In Gemeinschaft mit
Hewlett Packard Enterprise

DE GRUYTER
OLDENBOURG

Herausgeber
Stefan Brock
Hewlett Packard Enterprise
Glatt Tower, Neue Winterthurerstrasse 99
8304 Wallisellen
Schweiz
Kontakt: stefan.brock@hpe.com

ISBN 978-3-11-104770-6
e-ISBN (PDF) 978-3-11-104867-3
e-ISBN (EPUB) 978-3-11-104976-2

Library of Congress Control Number: 2025931083

Bibliografische Information der Deutschen Nationalbibliothek
Die Deutsche Nationalbibliothek verzeichnet diese Publikation in der Deutschen Nationalbibliografie;
detaillierte bibliografische Daten sind im Internet über
http://dnb.dnb.de abrufbar.

www.degruyter.com
Fragen zur allgemeinen Produktsicherheit:
productsafety@degruyterbrill.com

Vorwort des Herausgebers: Für einen datenzentrischen Aufbruch in Europa

Angesichts der enormen Aufmerksamkeit für das Thema künstliche Intelligenz (KI) gerät leicht in Vergessenheit, dass KI nichts anderes ist als die derzeit ausgefeilteste Form der Datenwertschöpfung. Die Leistungsfähigkeit und Zuverlässigkeit einer KI ist abhängig von der Qualität und Vielfalt der Daten, die ihr zur Verfügung stehen – und dieses Buch gibt eine Antwort auf die Frage, wie Unternehmen diese Ressource so bewirtschaften können, dass sie zu ihrer Erfolgsgrundlage im KI-Zeitalter wird.

Einige der heute wertvollsten Unternehmen der Welt haben es vorgemacht: Sie haben Daten ins Zentrum ihrer Strategie gestellt, und auf dieser Basis bauen sie jetzt mit KI ihre globale Führungsposition weiter aus. Aber auch Unternehmen aus traditionellen Branchen wie Maschinenbau, Automobil, Transport oder Pharma können und müssen diesen Weg gehen. Die Voraussetzungen sind hier sogar besonders gut: Denn das Wachstum der Datenwirtschaft wird künftig vor allem auf Industrie- und Geschäftsdaten beruhen – also auf Daten aus Fahrzeugen, Fabriken, Laboren, Krankenhäusern, Stadtwerken, Flughäfen, Bahnhöfen und Haushalten.

Um dieses Potenzial zu nutzen, müssen traditionelle Unternehmen allerdings einen Paradigmenwechsel vollziehen, nämlich den Schritt von Daten als Quelle der Erkenntnis hin zu Daten als Motor der Wertschöpfung. Das wiederum erfordert eine Transformation der Strategie, Organisation, Kultur und IT-Architektur. Studien zeigen, dass diese Transformation nur sehr langsam vorankommt.[1]

Dieses Praxishandbuch bietet Entscheidungsträgern in Unternehmen eine konkrete Hilfe, um ihre eigene Transformation vorzubereiten, zu planen – und zu beschleunigen. Es umfasst Grundlagen, Praxisbeispiele, Methoden, Technologien und Transformationspfade, beschrieben von erfahrenen Experten und Praktikern aus Branchen wie Automobil, Luftfahrt, Finanzdienstleistungen, Engineering, Medizin und IT.

Alle hier darstellten Einsichten beruhen auf eigenen, teils leidvollen Erfahrungen der Autoren. Indem sie ihre Erfahrungen teilen, wollen sie einen Beitrag zu einem datenzentrischen Aufbruch in Europa leisten.

Stefan Brock

---

1 Vgl. z. B. Hewlett Packard Enterprise, From Data Anarchy to Data Economics, 2023, https://www.hpe.com/psnow/doc/a00132239enw

https://doi.org/10.1515/9783111048673-202

Inhalt

Vorwort des Herausgebers: Für einen datenzentrischen Aufbruch in Europa —— V

Überblick über das Buch —— IX

Über den Herausgeber —— XV

Beitragende Autoren —— XVII

Teil I: Einführung und Grundlagen

Dirk Stein
1   Einleitung: Es gibt keine Alternative zum datenzentrischen Unternehmen im digital vernetzten KI-Zeitalter —— 3

Stefan Brock
2   Das datenzentrische Unternehmen – Einführung und Grundlagen —— 9

Teil II: Praxisbeispiele

Rolf Felkel und Christian Wrobel
3   Daten zum Fliegen bringen —— 37

Dietgar Völzke
4   Transformation der Daten- und Dokumentenverarbeitung in einem Tech-Finanzunternehmen —— 53

Carsten Breithaupt
5   Gelbe Seiten oder: Wie finde ich Daten? —— 63

Peter Klappetek
6   Meta Model und Business Object Model als Grundlagen des datenzentrischen Unternehmens —— 71

Segun Alayande
7   Warum Datenstandardisierung einem Flughafen Wettbewerbsvorteile bringt —— 85

Stephan Sachs und Markus Singer
8   DSGVO als Beschleuniger der datenzentrischen Organisation —— 97

Teil III: **Modelle, Architekturen und Technologien**

Carsten Adam
9   **Die Bedeutung des einheitlichen Informationsmanagements für das datenzentrische Unternehmen** —— **109**

Michael Jochem
10   **Der Weg zum digitalen Champion** —— **123**

Azmir Abdi, Winfried Bittner und Alexander John-Anacker
11   **Der tolerante Leser** —— **135**

Stefan Kehl
12   **Die virtuelle Produktkomponente als Mittel für die domänenübergreifenden Datenintegration** —— **155**

Bernd Bachmann
13   **KI – datenzentrisch gedacht** —— **165**

Hartmut Schultze und Joachim Schultze
14   **Erkenntnisse teilen, Daten behalten: Schwarmlernen in der medizinischen Forschung** —— **179**

Teil IV: **Transformationspfade**

Kenneth Ritley
15   **Der Wandel zum datenzentrischen Unternehmen braucht Führung, nicht nur Management** —— **191**

Sebastian Kaiser
16   **Enterprise Architecture Management als Treiber und Gestalter für eine datenzentrische Fluggesellschaft** —— **199**

Laura Voicu
17   **Die Daten-Governance meistern: Ein Bauplan für robuste Sicherheit und Compliance** —— **213**

Stichwortverzeichnis —— **223**

Überblick über das Buch

Einführung und Grundlagen

Die Transformation zum datenzentrischen Unternehmen ist die notwendige Bedingung für *Zukunftsfähigkeit* und damit alternativlos, stellt *Prof. Dirk Stein* in seinem Einleitungsbeitrag bündig fest. Sie ist nicht nur die Grundlage für die ökonomische Nutzung von Zukunftstechnologien wie künstliche Intelligenz – sie ist außerdem erforderlich, um fundamentalen makroökonomischen Entwicklungen wie dem demographischen Wandel und geopolitischen Disruptionen erfolgreich zu begegnen. Diesen Wandel zu steuern, ist laut Prof. Stein eine eminent unternehmerische Aufgabe. Anhand der Struktur des international anerkannten *St. Galler Managementmodells für die Unternehmensführung* beschreibt er die Entscheidungen, die die Geschäftsleitung auf normativer, strategischer und operativer Ebene zu treffen hat, um die Weichen in Richtung datenzentrisches Unternehmen zu stellen.

Diesbezüglich steht die europäische Wirtschaft an einem *Scheideweg*, argumentiert Stefan Brock danach in seinem Grundlagenbeitrag: Sie hat jetzt die einmalige Chance, das exponentielle Wachstum industrieller und professioneller Daten zu ihrem Vorteil zu nutzen – es besteht aber auch die Gefahr, dass dieses Potenzial von Digital-Giganten in West und Ost abgegriffen wird. Dieser Gefahr kann die europäische Wirtschaft nur durch einen konsequenten Wandel zur Datenwertschöpfung vorbeugen. Stefan Brocks Beitrag führt die von Prof. Dirk Stein gelegte strategische Weichenstellung fort: Er skizziert darin grundlegende Konzepte und Methoden, mit denen sich der Wandel gestalten und steuern lässt. Ein zentraler Aspekt ist dabei der *Übergang von der traditionell applikationszentrischen zur datenzentrischen Enterprise- und IT-Architektur*, für den Brock eine Reihe von Designprinzipien vorstellt. Die datenzentrische Architektur ist nicht nur eine unverzichtbare Grundlage für die strategische Datenwertschöpfung und für den erfolgreichen Einsatz von künstlicher Intelligenz, sondern auch ein wichtiger Katalysator für den organisatorischen Wandel. Abschließend gibt Brock einen Ausblick, wie der datenzentrische Ansatz künftig Ökosysteme von künstlich intelligenten digitalen Zwillingen ermöglichen kann, die das Leben der Menschen angenehmer, sicherer und nachhaltiger machen.

Praxisbeispiele

Die Transformation zum datenzentrischen Unternehmen kommt im Schnitt sehr langsam voran, aber es gibt Vorreiter und Vorbilder – einige davon haben wir in diesem Buch versammelt. Dazu gehört die *Fraport AG*. Am Flughafen Frankfurt werden an Förderbändern, Check-ins, Security-Schleusen und Flugzeugen sekündlich unzählige Daten generiert, die ein enormes Potenzial bergen, um die Effizienz, die Sicherheit und den

https://doi.org/10.1515/9783111048673-204

Mehrwert für Kunden zu erhöhen. Allerdings waren diese Daten in der Vergangenheit in Silos gefangen, es fehlte an gemeinsamen Datenrichtlinien, und eine Datenkultur war kaum vorhanden. *Dr. Rolf Felkel und Christian Wrobel* beschreiben in ihrem Beitrag, wie die Fraport AG im Rahmen der strategischen Initiative *AI@FRA* eine Transformation startete, um das Potenzial ihrer Daten durch den Einsatz von *künstlicher Intelligenz* (KI) vollständig auszuschöpfen.

Als Herzstück der datenzentrischen Architektur baute die Fraport AG einen *Data Hub* auf, der alle Daten des Flughafens über eine zentrale Datenaustauschplattform kanalisiert und die Grundlage für kollaborative Analytics- und KI-Projekte bildet.

Dass eine datenzentrische Architektur eine herausragende Bedeutung für den erfolgreichen Einsatz von KI hat, wurde dem Tech-Finanzunternehmen *Netfonds AG* klar, als es schon mitten in einem strategischen KI-Projekt drinsteckte. Das Unternehmen betreibt eine Plattform für Versicherungsmakler und -vertriebe und verarbeitet pro Monat mehrere Zehntausend Datensätze und Dokumente. *Dietgar Völzke* berichtet, dass zuletzt die Zahl der nicht verarbeiteten Daten und Dokumente und gleichzeitig die dafür aufgewendeten Personalkosten gestiegen waren. Um das Problem zu lösen, entschied sich das Unternehmen für einen *neuen Ansatz auf der Grundlage von KI*. Damit gelang es, unstrukturierte Daten in strukturierte, maschinell lesbare Daten umzuwandeln und den Prozess vom Dokumenteneingang bis zur -auslieferung drastisch zu beschleunigen. Im Rückblick stellt Völzke allerdings fest, dass es das Projekt *um ein Vielfaches vereinfacht hätte, wenn man zunächst eine datenzentrische Grundlage dafür gelegt hätte.*

„In God we trust. All others must bring data", lautet ein unter Datenwissenschaftlern beliebtes Zitat des Physikers und Statistikers William Edwards Deming. Das „Bringen" der Daten ist allerdings in den meisten Firmen gerade das Problem, weil ihre Datenlandschaft historisch gewachsen und heterogen ist. Wie *Carsten Breithaupt* ausführt, kann es unter solchen Umständen mehrere Wochen oder Monate dauern, bis die Daten gefunden und qualifiziert sind, die beispielsweise für die Analyse und Optimierung bestimmter Verkaufsprozesse eines Unternehmens benötigt werden. Breithaupt beschreibt in seinem Beitrag, wie die *Lufthansa AG* dieses Problem durch den Aufbau eines *Datenkatalogs* löste. Ein besonderes Augenmerk lag dabei auf der *Automatisierung* der Befüllung und Pflege des Katalogs, ein zentrales Designprinzip datenzentrischer Architekturen. Im Endeffekt gelang es damit, den Aufwand für das Finden und Qualifizieren von Daten von Wochen und Monaten auf Minuten oder Stunden zu reduzieren.

Ein häufiges Problem bei datenzentrischen Geschäftsinitiativen ist, dass es *keine einheitliche Terminologie* gibt. Sogar grundlegende Begriffe wie „Produkt", „Service" oder „Angebot" werden von unterschiedlichen Akteuren eines Unternehmens und seines Ökosystems unterschiedlich verwendet. Damit fehlt eine wesentliche Grundlage für das datenzentrische Unternehmen: die klare Definition der Begriffe, ihrer zugehörigen Daten sowie deren Abhängigkeiten. Daten werden wertlos, wenn man nicht weiß, was sie aussagen. Unser Autor *Peter Klappetek* bekam den Auftrag, dieses Problem bei der *Swisscom Schweiz AG* zu lösen. Klappetek beschreibt in seinem Beitrag, wie er mit seinem Team – und in zahlreichen Kompromissverhandlungen mit den Abteilungen –

zu diesem Zweck ein sogenanntes „*Meta Model*" entwickelte: ein mehrdimensionales strukturelles Abbild der Geschäftstätigkeit der Swisscom, in das die relevanten Begriffe einsortiert wurden. Anschließend erstellte das Team ein „*Business Object Model*", das die Datenobjekte und ihre Abhängigkeiten beschreibt.

Damit war die Voraussetzung geschaffen für die Umsetzung grundlegender Konzepte des datenzentrischen Unternehmens, etwa für die Bereitstellung von Daten als Produkt, für Daten-Governance und -qualitätssicherung.

Zur Beseitigung semantischer Mehrdeutigkeiten können Firmen eigene Modelle entwickeln, wie die Swisscom AG, oder auf Branchenmodelle zurückgreifen. Letzteres kann dann besonders sinnvoll sein, wenn die Geschäftsprozesse eines Unternehmens sehr stark mit denen eines Ökosystems verflochten sind, wie das zum Beispiel bei Flughafenbetreibern der Fall ist. *Segun Alayande* beschreibt in seinem Artikel, wie der *Flughafen London Heathrow* das *ACRIS Semantic Model* des Airports Council International (ACI) implementierte, um die Nutzung seiner Daten durch seine Datenwissenschaftler und das gesamte Ökosystem zu verbessern – mit dem Ziel, die Dienstleistung für den gemeinsamen Kunden, den reisenden Passagier, effizienter, sicherer, zuverlässiger und angenehmer zu machen. Alayandes Artikel ist auch ein *Plädoyer für die aktive Beteiligung von Firmen an der Entwicklung von Datenstandards und Normen* für ihre jeweilige Branche. Nicht zuletzt gehe es um die Frage, ob ein Unternehmen selbst die Standards für seine Branche gestalten oder sich diese von der Konkurrenz vorgeben lassen will.

Wie jede Transformation braucht auch der Wandel zum datenzentrischen Unternehmen einen *Kristallisationspunkt*, der die Notwendigkeit der Veränderung und den Nutzen aufzeigt. Das können strategische Entscheidungen sein, etwa der Aufbau eines neuen Geschäftsfelds – es können aber auch äußere Veranlassungen sein, wie im Falle der *Audi AG* die Notwendigkeit, die Anforderungen der *Datenschutz-Grundverordnung* (DSGVO) zu erfüllen. Wie vielen anderen Unternehmen auch wurde der Audi AG angesichts dieser Anforderungen schmerzlich bewusst, wie fragmentiert ihre Datenhaltung ist. *Stephan Sachs und Markus Singer* beschreiben, wie sie diese Situation als Chance nutzten, um eine neue Datenarchitektur als Grundlage für eine weitgehende Automatisierung der erwarteten Anfrageprozesse aufzubauen. Damit wurde das DSGVO-Projekt zum Beschleuniger einer datenzentrischen Organisation. Die neue Datenarchitektur wurde zur Basis für weitere Use Cases, Fachbereiche und den gesamten Konzern.

Modelle, Architekturen und Technologien

Das folgende Kapitel vertieft und erweitert die konzeptionelle Perspektive mit Beiträgen zu Modellen, Architekturen und Technologien für das datenzentrische Unternehmen. So widmet sich der Beitrag von *Carsten Adam* dem zentralen Konzept des *Unified Information Model* (UIM) – zentral deshalb, weil es ein grundlegendes Datendilemma auflöst, vor dem die meisten Unternehmen stehen: die Fragmentierung historisch gewachsener IT-Umgebungen zu überwinden, ohne die Autonomie einzelner Domänen zu beeinträchtigen. Das Informationsmodell und die datenzentrische Architektur bauen dabei aufeinander auf: Ersteres liefert die Semantik und Syntax der Daten – Letzteres setzt diese Strukturen in einer skalierbaren, integrierten und flexiblen Umgebung um. Adam beschreibt Methoden und Best Practices für den Aufbau eines Unified Information Model und schließt mit einem Fallbeispiel aus der Telekommunikationsbranche.

In Deutschland kann der Begriff *Industrie 4.0* quasi als Synonym für das datenzentrische Wirtschaften verwendet werden. Und dabei kommt ein weiterer zentraler Aspekt der Datenökonomie in den Blick: der Datenaustausch in Wertschöpfungsnetzwerken. *Michael Jochem* beschreibt in seinem Beitrag die aktuellen Probleme des Datenaustauschs und erläutert strukturierte Lösungswege und Voraussetzungen für das multilaterale Datenteilen, insbesondere auf der Grundlage des *Referenzarchitekturmodells Industrie 4.0* (RAMI 4.0). Dabei wird klar, dass die Zusammenarbeit in Datenräumen wie Manufacturing-X zwar durch einheitliche Rahmenbedingungen erleichtert werden kann, letztlich aber die datenzentrische Transformation der einzelnen Firmen voraussetzt.

Die *Verbindung der Autonomie der Teile mit der Einheitlichkeit des Ganzen* zieht sich wie ein roter Faden durch dieses Buch. Kein Wunder, denn nur damit kann das Ziel einer bereichs- und firmenübergreifenden Datenwertschöpfung erreicht werden, ohne dass es auf Kosten der Agilität geht. Diesem Zweck dienen Architekturen wie Data Mesh und Microservices. Dabei steckt aber der Teufel oft im Detail, wie *Azmir Abdi, Winfried Bittner und Alexander John-Anacker* in ihrem Beitrag zeigen – etwa wenn der Datenaustausch zwischen Microservices an zu starren Schemata scheitert. Mit dem *Tolerant Reader Pattern* stellen sie einen Ansatz vor, um die datenkonsumierenden Services so tolerant wie möglich gegenüber Änderungen der Datenstrukturen bei den datenzuliefernden Services zu machen. Durch diese Entkopplung wird viel erreicht, denn damit können sich Entwickler rein auf die Generierung eines Mehrwertes für das Unternehmen konzentrieren, ohne sich um störende Abhängigkeiten kümmern zu müssen.

Warum zentralistische Datenarchitekturen oft zum Scheitern verurteilt sind, zeigt *Dr. Stefan Kehl* am Beispiel der *Entwicklung komplexer industrieller Produkte*. Es ist in der Praxis schlicht zu aufwendig, die Daten, Sprachen und Prozesse von so unterschiedlichen Bereichen wie beispielsweise der mechanischen Konstruktion und der Softwareentwicklung zu vereinheitlichen. Mit der *virtuellen Produktkomponente* stellt Kehl einen methodischen Ansatz für die domänenübergreifende Datenkonsolidierung vor, bei dem die Domänen aber weitgehend autonom bleiben. Im Kern handelt es sich um ein zentralisiertes Produktmodell, dessen Komponenten dezentral entwickelt werden. Die virtuelle Produktkomponente fasst dabei die jeweils in Abhängigkeit zueinander stehenden domänenspezifischen Entwicklungsergebnisse zusammen und beschreibt, welche Kombinationen der jeweils freigegebenen Entwicklungsstände gültig sind.

Die Produktentwicklung ist eines von vielen lukrativen Anwendungsfeldern für künstliche Intelligenz (KI). Bei der Planung entsprechender Projekte sollte das Konzept der *datenzentrischen KI* berücksichtigt werden, das *Dr. Bernd Bachmann* in seinem Beitrag beschreibt, denn der bisher vorherrschende modellzentrische KI-Ansatz führte oft zu hohen Investitionen und Skalierbarkeitsproblemen, da die Datensätze nicht groß genug oder nicht von ausreichender Qualität waren. Jetzt aber zeichnet sich ein Paradigmenwechsel zur datenzentrischen KI ab.

Dr. Bachmann zeigt auf, wie sich damit die *Kosten, Qualität, Zuverlässigkeit und Fairness von KI-Modellen optimieren* lassen – außerdem beschreibt er strukturelle Ansätze, die Unternehmen zur Verfügung stehen, um dieses Paradigma erfolgreich einzuführen.

Einzelne Organisationen stoßen oft an Grenzen, wenn es darum geht, Daten in der erforderten Menge, Qualität und Vielfalt für das KI-Training bereitzustellen – und zwar deshalb, weil es in ihrer Organisation schlicht nicht genug davon gibt. Ein typisches Beispiel sind Krankenhäuser und Universitätskliniken, deren Daten für die Beschreibung von Krankheiten, für diagnostische Zwecke und für das Identifizieren neuer Arzneimittel wertvoll sind. Diese Daten werden jedoch dezentral erzeugt und an den jeweiligen Standorten gespeichert und verarbeitet. Eine Lösung des Problems ist das Zusammenführen der Daten mehrerer Institutionen in zentralen Datenspeichern, zum Beispiel in der Cloud – das bringt jedoch eine Reihe von Nachteilen mit sich, nicht zuletzt hinsichtlich Sicherheit und Datenschutz. *Hartmut Schultze und Prof. Dr. Joachim Schultze* stellen mit dem *Schwarmlernen* ein Konzept für das dezentrale KI-Training vor, das dieses Dilemma auflösen kann – und zwar nicht nur in der Medizin, sondern *in allen Feldern, in denen das Teilen von Daten nicht möglich, das Teilen von Erkenntnissen aber unabdingbar ist.*

Transformationspfade

Viele traditionelle Unternehmen sind an dem Versuch gescheitert, ihr Geschäftsmodell auf die Datenwirtschaft auszurichten. Das ist uns gerade in letzter Zeit wieder an prominenten Beispielen schmerzhaft bewusst geworden. Das zugrunde liegende Problem ist nur allzu bekannt, aber deswegen noch lange nicht gebannt: Der Wandel zum datenzentrischen Unternehmen kann nicht alleine durch die Einführung neuer Technologien, Organisationsstrukturen und Prozesse gelingen – er erfordert ebenso einen tiefgreifenden Wandel der Kultur und Mentalität, kurz: der DNA eines Unternehmens. *Prof. Dr. Kenneth Ritley* bringt diesen Unterschied auf eine griffige Formel: Der Wandel zum datenzentrischen Unternehmen braucht *Führung, nicht nur Management*. Ohne echte Führung können an sich sinnvolle strategische Transformationsinitiativen leicht in eine „toxische" Arbeitsumgebung umkippen, die nicht nur dem Geschäft, sondern auch dem Wohlbefinden und der Gesundheit aller Beteiligten schadet. Aber auch der kulturelle Wandel braucht sorgfältige Planung und robuste Umsetzung – dafür präsentiert Prof. Ritley eine Reihe von weniger bekannten, aber essenziellen Best Practices.

Best Practices ist auch das Stichwort für die letzten zwei Beiträge dieses Buches. So zeigt *Sebastian Kaiser* in seinem Beitrag am Beispiel einer Fluggesellschaft auf, wie *Enterprise Architecture Management* (EAM) zur Grundlage eines neuen Denkens werden kann, bei dem nicht die IT-Applikationen im Mittelpunkt stehen, sondern die Informationen und Daten, die in den Unternehmensabläufen fließen. Eine zentrale Rolle spielt dabei die sogenannte *Business Capability Map*, die beschreibt, was die Fluggesellschaft macht, um ihre Geschäftsziele zu erreichen. Sie dient dem Vorstand, dem Management und den Fachbereichen als Werkzeug, um Ziele konkret zu beschreiben, Probleme zu benennen und die Umsetzung des Wandels zu steuern.

In allen Entscheidungen datenzentrisch zu denken, so Kaiser, erfordert viel Kraft und gute Kommunikation, um Widerstände und eingefleischte Verhaltensweisen zu überwinden – Enterprise Architecture Management liefert dafür eine Struktur, die Halt und Orientierung verleiht.

Abschließend gibt *Dr. Laura Voicu* den Lesern einen *Vier-Phasen-Ansatz zur Einführung einer Daten-Governance* an die Hand. Ohne Daten-Governance geht es nicht. Sie ist die Grundlage für das Management, den Schutz und die wertschöpfende Nutzung von Daten – allerdings ist der Weg dorthin eine organisatorische, technische und kulturelle Herausforderung. Wie er sich bewältigen lässt, beschreibt Dr. Voicu anhand eines fiktiven Fallbeispiels aus der Finanzdienstleistungsbranche. Schritt für Schritt führt sie durch die Festlegung von Richtlinien, die Rollendefinition, die Datenklassifizierung und rollenbasierte Zugriffskontrollen. Der Beitrag gibt zudem Entscheidungshilfen für die Auswahl der Architekturen und Werkzeuge und zeigt die Ergebnisse auf, die man durch die Umsetzung erzielen kann – und liefert damit eine solide Vorlage für Unternehmen, die ihre Datenlandschaft transformieren möchten.

Über den Herausgeber

Stefan Brock

Stefan Brock leitet das AI Excellence Center von Hewlett Packard Enterprise (HPE) in Zentraleuropa. Mit seinem Team unterstützt Brock Unternehmen und Verwaltungen bei der Entwicklung und Einführung von KI- und Datenstrategien und darauf aufbauender Geschäftsmodelle. Davor war er unter anderem Industry Partner und Strategist bei HPE, Leiter IT-Architektur bei Swissport und Leiter Produktionsarchitektur bei Swisscom. Zudem war er Chief Technology Officer bei mehreren Unternehmen. Stefan Brock hat einen Abschluss als Diplomingenieur der RWTH Aachen und einen MBA des Henley Management College. Er ist Co-Autor des Buches „Data-Centric Architecture for Dummies".

https://doi.org/10.1515/9783111048673-206

Beitragende Autoren

Azmir Abdi
Data-Centric Architecture
Schlehenweg 19/1
75395 Ostelsheim
Deutschland
E-mail: azmir@abdi.info

Carsten Adam
Dierichsweiler Unternehmens- und
Prozessberatung GmbH
Alexander-Diehl-Straße 2A
55130 Mainz
Deutschland
E-mail: c.adam@dup.de

Segun Alayande
Data Governance Lead
Heathrow Airport Limited
The Compass Centre
234 Bath Road
Hounslow
United Kingdom
E-mail: segun.alayande@heathrow.com

Bernd Bachmann
Berater für Big Data und KI
Gärtringen
Deutschland
E-mail: bernd.bachmann@gmail.com

Winfried Bittner
sidion GmbH
Reuchlinstraße 27
70176 Stuttgart
Deutschland
E-mail: winfried.bittner@sidion.de

Carsten Breithaupt
Deutsche Lufthansa AG
Flughafen-Bereich West
Airportring
D-60546 Frankfurt/Main
Deutschland
E-mail: carsten.breithaupt@dlh.de

Stefan Brock
Hewlett Packard Enterprise
Glatt Tower
Neue Winterthurerstrasse 99
8304 Wallisellen
Schweiz
E-mail: stefan.brock@hpe.com

Rolf Felkel
Fraport AG
Frankfurt Airport Services Worldwide
60547 Frankfurt am Main
Deutschland
E-mail: R.Felkel@Fraport.de

Michael Jochem
Robert Bosch GmbH
Robert-Bosch-Platz 1
70839 Gerlingen-Schillerhöhe
Deutschland
E-mail: Michael.Jochem@de.bosch.com

Alexander John-Anacker
sidion GmbH
Reuchlinstraße 27
70176 Stuttgart
Deutschland
E-mail: alexander.john-anacker@sidion.de

Sebastian Kaiser
Business Architect
Hewlett Packard Enterprise
Willy-Brandt-Allee 4
81829 München
Deutschland
E-mail: sebastian.kaiser@hpe.com

Stefan Kehl
Volkswagen AG
Berliner Ring 2
38440 Wolfsburg
Deutschland
E-mail: stefan.kehl@volkswagen.de

Peter Klappetek
Swisscom Schweiz AG
Enterprise Architecture & Operations & Governance
Postfach CH-3050 Bern
Schweiz
E-mail: Peter.Klappetek@swisscom.com

Kenneth Ritley
Berner Fachhochschule Technik und Informatik
Höheweg 80
CH-2502 Biel/Bienne
Schweiz
E-mail: kenneth.ritley@bfh.ch

Stephan Sachs
AUDI AG
Auto-Union-Str. 1
85057 Ingolstadt
Deutschland
E-mail: stephan.sachs@audi.de

Hartmut Schultze
Hewlett Packard Enterprise
Berliner Str. 111
40880 Ratingen
Deutschland
E-mail: hartmut.schultze@hpe.com

Joachim Schultze
Deutsches Zentrum für Neurodegenerative
Erkrankungen (DZNE)
Venusberg-Campus, 1/99
53127 Bonn
Deutschland
E-mail: joachim.schultze@dzne.de

Markus Singer
techmatrix consulting GmbH
Münchener Str. 11
85540 Haar
Deutschland
E-mail: markus.singer@techmatrix.de

Dirk Stein
QCI Corporation
1221 Brickell Ave
Miami
FL 33131
USA
E-mail: dst@qci-corp.com

Laura Voicu
Principal, Risk, Data & AI
Elasticsearch (CH) AG
Alpenstrasse 12
6302 Zug
Schweiz
E-mail: laura.voicu@elastic.co

Dietgar Völzke
Netfonds AG
Hamburg
73 Heidenkampsweg
20097 Hamburg
Deutschland
E-mail: dvoelzke@netfonds.de

Christian Wrobel
Fraport AG
Frankfurt Airport Services Worldwide
60547 Frankfurt am Main
Deutschland
E-mail: C.Wrobel@Fraport.de

Teil I: **Einführung und Grundlagen**

Dirk Stein

1 Einleitung: Es gibt keine Alternative zum datenzentrischen Unternehmen im digital vernetzten KI-Zeitalter

Zusammenfassung: Die Transformation zum datenzentrischen Unternehmen ist alternativlos, denn sie ist die Grundlage für die ökonomische Nutzung von Zukunftstechnologien wie künstliche Intelligenz und für die erfolgreiche Bewältigung makroökonomischer Herausforderungen. Diesen Wandel zu steuern ist eine eminent unternehmerische Aufgabe. Anhand der Struktur des St. Galler Managementmodells für die Unternehmensführung beschreibt der Autor die Entscheidungen, die die Geschäftsleitung dabei auf normativer, strategischer und operativer Ebene zu treffen hat.

Seit der Veröffentlichung am 6. Mai 2017 im Economist kennt man das nun legendäre Zitat „The world's most valuable resource is no longer oil, but data – data is the new oil" und in Kurzversion auf Deutsch: „Daten sind das neue Öl." Durch die Digitalisierung von Geschäftsprozessen und der digitalen Transformation von Geschäfts- und Betriebsmodellen entstehen immer mehr Daten für die strategische und operative Unternehmensführung. Diese Daten entstehen jedoch meist in über die Jahre gewachsenen Prozess- und Systemstrukturen, die zu Datensilos geführt haben, und die es nicht erlauben, das volle Potenzial dieser Daten für die Wertschöpfung effektiv und effizient auszunutzen.

Das ist in der Unternehmenspraxis im Wesentlichen dadurch bedingt, dass die Verantwortlichkeiten für die Nutzung bestimmter Unternehmensdaten nicht klar genug geregelt sind und die Daten aus technologischer Sicht nicht durchgängig verzahnt sind. Dieses grundlegende Problem haben beispielsweise auch DAX-40-Unternehmen in ihren Geschäftsberichten 2022 erkannt und berichtet (Stein & Kollmann, 2023).

Eine datenzentrische Organisation ist die Grundlage für Zukunftsfähigkeit

Die rasanten technologischen Entwicklungen, insbesondere von künstlicher Intelligenz, Big Data, Data Science und Analytics macht den Unternehmensführungen in der letzten Zeit zusätzlich immer deutlicher, dass Daten die elementare Grundlage für die ökonomische Nutzung von Zukunftstechnologien sind. Dabei wird auch immer klarer, dass

Dirk Stein, QCI Corporation, 1221 Brickell Ave, Miami, FL 33131, USA, e-mail: dst@qci-corp.com

https://doi.org/10.1515/9783111048673-001

„krumme" Geschäfts- und Supportprozesse auch nur „krumme" Daten erzeugen können.

Krumm wird deshalb hier als Begriff verwendet, weil es in der Unternehmenspraxis mannigfaltige Varianten ein und desselben Prozesses gibt. Oft wird das durch den Einsatz von Process Mining erstmals evidenzbasiert offensichtlich und führt auf Unternehmensführungsebene zu ungläubigen Reaktionen, weil man das eigentlich nicht für möglich hielt. Über lange Jahre haben sich „Prozessworkarounds" etabliert, die die eigentlichen „verdeckten" Geschäftsprozesse darstellen. Genau diese „Prozessworkarounds" verursachen Datensilos und stehen der notwendigen Datendurchgängigkeit entgegen, die für die Nutzung der zuvor genannten Zukunftstechnologien elementar ist. Soweit zur Ausgangssituation in der betriebswirtschaftlichen Innenbetrachtung dieses Themas.

Die Notwendigkeit, eine durchgängige datenzentrische Organisation zu etablieren, ist auch durch zahlreiche makroökonomische Entwicklungen alternativlos. Unternehmen, insbesondere in Europa, stehen aktuell und in den nächsten zehn Jahren vor schwierigen Herausforderungen, die parallel gemeistert werden müssen. Dazu gehören die ökonomische Nutzung von Zukunftstechnologien, die Verfügbarkeit von sauberer und preiswerter Energie, die Disruption von Absatzmärkten in Folge geopolitischer Veränderungen, steigende regulatorische Anforderungen in der EU (u. a. CSRD, Lieferkettengesetz, Data Act und AI Act) und die demographische Entwicklung. In Deutschland verlieren in den nächsten drei bis fünf Jahren zahlreiche Unternehmen durch den Babyboomer-Effekt bis zu 60 Prozent ihrer Mitarbeiter! Ganze Geschäfts- und Betriebsmodelle drohen zusammenzubrechen. Die Antwort darauf kann nur lauten, umgehend den Wandel hin zu einer datenzentrischen Organisation für das digital vernetzte KI-Zeitalter einzuleiten, falls das noch nicht geschehen ist.

Das Orchestrieren des Bestands- und Innovationsgeschäfts wird zur Hauptaufgabe der Unternehmensführung

Vor diesem Hintergrund steht die Unternehmensführung vor der enormen Herausforderung, das Bestandsgeschäft noch effizienter führen und noch bessere Ergebnisse erzielen zu müssen. Das zugehörige Stichwort lautet hier: „Exploitation". Aus dem Bestandsgeschäft müssen die finanziellen Ressourcen – also die Investitionen für das Innovationsgeschäft – erwirtschaftet werden. Das Innovationsgeschäft wiederum steht unter den zuvor genannten makroökonomischen Rahmenbedingungen vor der Herausforderung, mit neuen Produkten/Dienstleistungen die Erschließung neuer Märkte voranzutreiben. Das Stichwort lautet hier: „Exploration".

Die beiden Perspektiven des Bestands- und Innovationsgeschäfts werden auch als organisationale Ambidextrie bezeichnet. Diese Ambidextrie optimal zu orchestrieren, ist die Hauptaufgabe der zukunftsfähigen Unternehmensführung. Zukunftstechnologien, insbesondere künstliche Intelligenz sowie Data Science/Analytics, sind für das Management der organisationalen Ambidextrie der entscheidende Erfolgsfaktor. Jedoch sind eine klare Strategie und Umsetzung der datenzentrischen Organisation die Voraussetzung dafür, dies überhaupt erreichen zu können.

Zusätzlich fordern auch immer mehr Investoren den KI-Einsatz in der strategischen und operativen Unternehmensführung. Sie verbinden das mit der Erwartung auf höhere Gewinne und steigenden Marktkapitalisierungen bei börsennotierten Unternehmen. Es besteht kein Zweifel, dass Daten das erfolgsentscheidende und verbindende Element in Betriebs- und Geschäftsmodellen für das digital vernetzte KI-Zeitalter sind. Deshalb empfiehlt *Stein* (Stein, 2024) die Etablierung eines Chief Data Officer als Teil der Unternehmensführung. Das ist auch eine Voraussetzung für die Schaffung des datenzentrischen Unternehmens.

Was ist aus Sicht der Unternehmensführung zu tun, und welche grundsätzlichen Vorüberlegungen sind notwendig, bevor sie die Reise zur Umsetzung einer zukunftsweisenden datenzentrischen Organisation antritt? Diesbezüglich sind ein paar grundlegende Entscheidungen in Hinblick auf das datenzentrische Unternehmen zu treffen, die nachfolgend auf normativer, strategischer und operativer Ebene nach der Struktur des international anerkannten St. Galler Managementmodells für die Unternehmensführung beschrieben werden.

Normative Ebene

Die normative Ebene setzt für die gesamte Organisation den Handlungsrahmen mit Vision, Mission oder dem etablierten „Why?". Das ist nichts Neues. Genau dieser existierende Handlungsrahmen ist nun jedoch auf das digital vernetzte KI-Zeitalter auszurichten – das heißt, die datenzentrische Organisation ist als Leitlinie für die strategische und operative Ebene ergänzend auszuformulieren. Es müssen keine neuen Visionen, Missionen oder ein neues „Why?" entwickelt werden, diese müssen lediglich ergänzt werden. Die analoge und digitale Welt müssen integrativ zusammengedacht und umgesetzt werden, denn sie bedingen sich gegenseitig.

Zu den Themen, die auf der normativen Ebene ergänzt werden müssen, zählen erstens die Definition der eigenen Aufgabe und Führungsrolle im digital vernetzten KI-Zeitalter. Zweitens ist eine Corporate Digital Responsibility (CDR) als integraler Bestandteil der Unternehmensstrategien zu etablieren. CDR befasst sich mit dem vertrauenswürdigen Umgang von Daten mit Maßnahmen, die über den gesetzlichen Rahmen hinausgehen und wird zusätzlich für die Vertrauensbildung im Markt genutzt. Als Bestandteil von CDR sind auch die Themen Daten- und KI-Ethik zu berücksichtigen. Die

Porsche AG hat beispielsweise CDR als integralen Bestandteil seiner Geschäftsstrategie 2030 erklärt und ist in diesem Punkt als Best-Practice-Beispiel zu nennen.

Drittens sind die Governance-Strukturen und Rollen für das digital vernetzte KI-Zeitalter anzupassen. Dazu gehören Rollen wie die des Chief Data Officer, der zum Beispiel die Entscheidungskompetenz hat, etwaige historische gewachsene Datensilos zu eliminieren, die der datenzentrischen Organisation entgegenstehen. Der Chief Data Officer sollte idealerweise zur ersten Führungsebene gehören und auch das Thema CDR verantworten.

Hier sei darauf hingewiesen, dass CDR ein Bestandteil jeder Führungsaufgabe in einer Organisation ist und nicht durch einen Chief Data Officer alleine etabliert werden kann. Die Rolle des Chief Data Officers könnte auch als eine Ergänzung in der Rolle Chief Digital Officer umgesetzt werden. Letzterer leitet in Organisationen die digitalen Transformationen der Geschäftsmodelle und -prozesse. Damit trägt er zwangsläufig die Verantwortung für die Enterprise Data Architecture und muss dabei von Datenspezialisten unterstützt werden. Kurz: Auf der normativen Ebene müssen der Chief Data Officer und die Enterprise-Architekten mit den erforderlichen Kompetenzen für die Umsetzung der datenzentrischen in der allgemeinen Governance-Struktur ausgestattet werden.

Aufgrund jahrelang gewachsener Komplexitäten kann ein Neubau der Organisation notwendig sein, um den Aufbau des datenzentrischen Unternehmens zu ermöglichen. Hier sind Risiken, Aufwand, Zeitdauer und Time-to-Market-Überlegungen in Betracht zu ziehen, welcher Weg mit dem wenigsten Schmerz zum Ziel führt. Schmerzen in der Umsetzung werden entstehen. Daran wird im digital vernetzten KI-Zeitalter kein Weg vorbeiführen.

Die Entscheidungen auf normativer Ebene stellen den ersten und auch den wichtigsten Schritt auf dem Weg zu einer datenzentrischen Organisation dar.

Strategische Ebene

Nachdem (!) der normative Handlungsrahmen für die strategische Ebene festgelegt und umgesetzt ist, kann die eigentliche Entwicklung der datenzentrischen Organisation sinnvoll starten. Das heißt konkret, es beginnt die Entwicklung der datenzentrischen Target Business Models und der zugehörigen Target Operating Models auf einen Zeithorizont für drei bis fünf Jahre. Dazu gehört eine intensive Diskussion mit der operativen Ebene über die aktuelle Ausgangssituation im operativen Geschäft und das Machbare für die Zukunft als datenzentrische Organisation. Das betrifft insbesondere die vorhandenen Geschäfts- und Supportprozesse mit den damit verbundenen Applikationen und IT-Systemen. Diesbezüglich wird immer wieder die Fragestellung zum Thema Umbau versus Neubau der aktuellen Organisation die Teams intensiv beschäftigen und dem C-Level schwierige Entscheidungen abverlangen.

Vor diesem Hintergrund wird auch das Thema Vertrauen zwischen den Transformationsteams, der Geschäftsführung, den Fachbereichen und der IT-Abteilung eine besondere Rolle spielen. Daher sollte der Vertrauensbildung von Beginn an mit unterstützenden Maßnahmen ein besonderes Augenmerk gewidmet werden.

Zusätzlich beschäftigt auch das Thema Artificial Leadership im Sinne von KI in einer Führungsrolle immer mehr die strategische Ebene der Unternehmen (Kollmann et al., 2023). Das bezieht sich insbesondere darauf, wie die Management- und Entscheidungsprozesse der Unternehmensführung im digital vernetzten KI-Zeitalter zukunftsfähig ausgerichtet werden müssen. Erste Unternehmen haben eine KI als Co-CEO erfolgreich etabliert und sich Gedanken dazu gemacht, wie zukunftsfähige Arbeitsteilung zwischen Menschen und Maschine für und in der Unternehmensführung aussehen muss. Neueste Studien aus dem Jahr 2024 zeigen unter anderem, dass Menschen, die von einer KI im Rahmen der transformationalen Führung gesteuert werden, darauf durchaus positiv reagieren und sich mit einer KI als „Vorgesetzten" wohlfühlen. Diese Aspekte der Unternehmensführung müssen im Rahmen der Transformation, das heißt in den Target Operating Models des datenzentrischen Unternehmens berücksichtigt werden.

Operative Ebene

Die Aktivitäten auf der strategischen und operativen Ebene müssen weitestgehend synchron ablaufen. Dafür braucht die operative Ebene entsprechenden Freiraum und Ressourcen. Neben dem Tagesgeschäft werden die Mitarbeiter die Transformation auf der strategischen Ebene nur sehr bedingt oder gar nicht unterstützen können.

Die operative Ebene muss ihren Beitrag zur Entwicklung der Target Operating Models leisten. Das betrifft die Entwicklung von Prozess- und IT-Lösungen sowie die Etablierung neuer Jobrollen mit zukunftsfähigen Kompetenzprofilen. Als Folge daraus werden (Um-)Schulungen eine wichtige Rolle spielen. Während die Mitarbeiter in den Transformationsteams als „Digital Leader" oft als erfolgskritisch bezeichnet werden, so sind es die Mitarbeiter auf der operativen Ebene im gleichen Maße als „Digital Followers". Sie sind es, die den Erfolg der Transformation, den sich die „Digital Leader" ausgedacht haben, nachhaltig sicherstellen stellen müssen.

Damit sind aus Unternehmensführungssicht die grundlegenden Aspekte zum Thema datenzentrisches Unternehmen umrissen. Die nachfolgenden Fachartikel und Fallstudien von Experten namhafter Firmen beleuchten dieses Thema aus seinen wesentlichen architektonischen, technischen, methodischen und kulturellen Perspektiven. Die Transformation zum datenzentrischen Unternehmen ist eine komplexe und mühevolle Reise. Mit diesem Buch halten Sie eine Landkarte in die Hand, die Ihnen bei der Planung und Umsetzung eine sehr wertvolle Orientierung und Hilfestellung sein wird.

Viel Vergnügen bei der Lektüre und viel Erfolg auf Ihrer Reise zum datenzentrischen Unternehmen, denn eine Alternative stellt das digital vernetzte KI-Zeitalter nicht zur Verfügung.

Literatur

Kollmann T., Kollmann K., Kollmann N.: Artificial Leadership – Die Revolution für die Unternehmensführung, netCAMPUS/netSTART, 2023.

Stein D.: Organisation der Nachhaltigkeit von Geschäftsmodellen aus Digitalisierungssicht. In: Mit Digitalisierung und Nachhaltigkeit zum klimaneutralen Unternehmen: Strategische Frameworks und Best-Practice-Beispiele, Springer-Gabler, 2024.

Stein D., Kollmann T.: DAX DIGITAL MONITOR, www.dax-digital-monitor.de, 2023.

Über den Autor

Dirk Stein

Prof. Dr. Dirk Stein ist Professor an der FOM Hochschule und forscht am Institute for Strategic Finance zu den Themengebieten Digitale Transformation und Digital Entrepreneurship. Seine Schwerpunktthemen sind nachhaltige Betriebs- und Geschäftsmodelle für die Digitale KI Wirtschaft. Zudem ist er im Board of Directors des KI-Unternehmens QCI Corporation, Miami, USA tätig.

Stefan Brock

2 Das datenzentrische Unternehmen – Einführung und Grundlagen

Zusammenfassung: Dieser Beitrag begründet aus historischer, betriebswirtschaftlicher und technischer Sicht die Notwendigkeit der Transformation zum datenzentrischen Unternehmen und diskutiert Frameworks, Best Practices und Designprinzipien für deren Umsetzung. Abschließend gibt der Autor einen Ausblick, wie der datenzentrische Ansatz künftig Ökosysteme von künstlich intelligenten digitalen Zwillingen ermöglichen kann, die das Leben der Menschen angenehmer, sicherer und nachhaltiger machen.

Bestandsaufnahme

Unser Marktumfeld verändert sich kontinuierlich und schnell. Quer durch die Branchen gilt das darwinistische Prinzip, dass der Anpassungsfähigste am erfolgreichsten ist – und oft spielen Daten dabei die entscheidende Rolle.

Lange galt zum Beispiel der Automobilmarkt als zwischen den großen Akteuren abgesteckt – doch dann kam Tesla als Herausforderer, der das Auto um Software und Daten herum baute. Und die sich derzeit mit atemberaubender Geschwindigkeit auftürmende Welle rund um generative künstliche Intelligenz (KI) ist nichts anderes als eine neue Form der Datenwertschöpfung.

In den letzten Jahren waren personenbezogene Daten das Kernobjekt für neue Geschäftsfelder. Die großen Gewinner dieser Entwicklung sind die Mega-Digitalunternehmen in den USA, die ihre Dominanz jetzt mithilfe künstlicher Intelligenz weiter ausbauen – obwohl doch wesentliche Entwicklungen und Impulse rund um die Themen Datenanalysen, Suchmaschinen und Metaverse aus Europa kamen. Vieles davon war zum Ende der 1990er Jahre schon in Europa vertreten und erprobt. Doch nach dem Platzen der Dotcom-Blase ist es hiesigen Unternehmen nicht gelungen, aus den Daten ein Geschäftsmodell zu entwickeln, und so mussten sie das Feld den heute bekannten Platzhirschen aus den USA überlassen.

So ist der Zug der Datenwertschöpfung bisher ohne nennenswerte Beteiligung der europäischen Wirtschaft losgefahren. Er braust heute in den USA und zunehmend auch in Asien durchs Land.

Doch mit dem Internet der Dinge und Industrie 4.0 rücken industrielle und professionelle Daten in den Fokus der neuen datenbasierten Geschäftsmodelle. Für die Europäische Kommission sind sie die Grundlage für die nächste Ära des Wirtschaftswachstums, und sie sieht für Europa beste Chancen, hier eine Führungsposition zu erlangen.

Stefan Brock, Hewlett Packard Enterprise, Glatt Tower, Neue Winterthurerstrasse 99, 8304 Wallisellen, Schweiz, e-mail: stefan.brock@hpe.com

https://doi.org/10.1515/9783111048673-002

Dazu müssen viele Branchen die Fähigkeit erlangen, aus den Daten Mehrwerte für die eigene Geschäftstätigkeit zu gewinnen oder neue Geschäftsfelder zu erschließen. Gleichzeitig müssen die Unternehmen, die diesen wertvollen Schatz besitzen, alles dafür tun, ihre Datensouveränität zu erhalten – denn sonst laufen sie Gefahr, die Wertschöpfung aus ihren Daten den großen datenzentrischen Technologieunternehmen aus den USA überlassen zu müssen.

Stattdessen erleben wir auch im Bereich der industriellen Daten einen Ansatz, der die datenzentrische Umsetzung mit einer cloudzentrischen verwechselt, frei nach dem Motto: „Wenn alle Daten in einer Cloud liegen, dann sind wir doch datenzentrisch!" Noch verfangen diese scheinbar einfachen Lösungen nicht überall. Aber der Druck auf die Industrie, ihre Daten zu nutzen, wächst – und damit die Wahrscheinlichkeit schneller, also cloudzentrierter Lösungen.

Soll die Datenwertschöpfung jedoch dem Unternehmen nutzen und nicht dem Cloud-Anbieter, bedarf es mutiger neuer Ansätze. Diese müssen wirklich datenzentrisch sein und die Datensouveränität in den Mittelpunkt stellen. Dazu bedarf es eines kollaborativen Ansatzes in der Industrie und eines Verständnisses dafür, was „datenzentrisch" wirklich bedeutet.

Solche Ansätze haben sich zum Beispiel in Initiativen wie Gaia-X, Catena-X und Manufacturing-X formiert. Ob diese ausreichen und schnell genug vorankommen, steht jedoch heute noch infrage.

Eine beschleunigte Umsetzung setzt vor allem voraus, dass sich die beteiligten Unternehmen selbst datenzentrisch aufstellen. Diese notwendige Veränderung im Denkansatz und in der Verhaltensweise ist in vielen Unternehmen noch nicht umgesetzt – in mancher Branche hat sie noch nicht einmal begonnen. Der Umbau ist aber möglich, wie eine Reihe sehr guter Beispiele zeigen, von denen wir in diesem Buch einige vorstellen. Ein wesentliches Hilfsmittel war jeweils ein architekturgestützter Ansatz. Dabei erfolgt die Umsetzung „top down" über die Strategie und die Designprinzipien, die auch eine inkrementelle Transformation ermöglichen.

Als eine Maßnahme hat man in den letzten Jahren die Rolle des Chief Data Officers eingeführt – heute oft Chief Data and Analytics Officer (CDAO) genannt. Das ist auch der Tatsache geschuldet, dass sich die Chief Information Officers (CIO) in den letzten Jahren vornehmlich auf das Thema Kostensenkung konzentrieren mussten und nicht als Innovationstreiber auftreten konnten. Inzwischen ist aber Innovation mittels Daten wichtiger, als weitere Prozente auf der Einkaufs- und Betriebsseite der IT zu sparen. Wir werden in den kommenden Jahren einen Trend sehen, der den CIO in seiner Datenrolle aufwertet – und/oder die Fachbereiche wie Produktion, Entwicklung oder Marketing werden die Datenrolle selbst übernehmen.

Es ist klar, dass das Datenthema von enormer Bedeutung für die Unternehmensführung und Shareholder ist. Es geht um alles oder nichts. Wird das Unternehmen an den exponentiellen Wertzuwächsen der Datenwirtschaft partizipieren oder wird das Geschäft stagnieren oder marginalisiert? Dem Data-Sharing-Ökosystem fernzubleiben wird für viele Unternehmen das Aus bedeuten. Mindestens aber wird es ihnen die Führungsposition entreißen und sie zur „verlängerten Werkbank" mächtiger Digitalkonzerne machen – mit signifikanten Folgen für den Arbeitsmarkt und die Fähigkeit, im internationalen Wettbewerb zu bestehen.

Wir stehen wieder an einem Scheideweg. Diesmal geht es bei der Datenwertschöpfung um Industriedaten, an denen der europäische Mittelstand und die europäischen Konzerne so reich sind. Bei allen Risiken und Schwierigkeiten, die wir heute noch im Markt sehen, gibt es auch Lichtblicke. Einige dieser Lichtblicke und Best Practices werden wir in diesem Buch betrachten. Unternehmen, Industrieverbände und Regierungen müssen nun dazu beitragen, dass diese Ansätze sich weiterentwickeln. Es gilt, im Austausch einen wirklich datenzentrischen Aufbruch in Europa zu schaffen.

Die applikationszentrische Architektur und ihre Folgen

Die IT-Architektur der meisten Unternehmen ist heute nicht datenzentrisch, sondern applikationszentrisch. Das ist das Ergebnis der historischen Entwicklung betriebswirtschaftlicher Standardsoftware (vgl. den Beitrag von Carsten Adam in diesem Buch). In der Regel findet man daher in den Unternehmen applikationszentrische Architekturen mit Punkt-zu-Punkt-Schnittstellen vor (vgl. Abb. 2.1).

Die Abbildung von Prozessen oder Prozessfragmenten in einzelnen Applikationen (applikationszentrische Architektur), kombiniert mit einsatzfallspezifischen Punkt-zu-Punkt-Schnittstellen, mündet oft in ein unüberschaubares Netzwerk – einer „Spaghetti-Architektur". Dies erhöht den Aufwand der Datennutzung erheblich und verhindert sie schlimmstenfalls ganz.

Der Datenaustausch ist hierbei nicht zentral gesteuert, sondern läuft isoliert zwischen den Datensilos der Applikationen über einsatzfallbezogene Anfragen oder Synchronisationen ab. Er erfolgt damit weitestgehend im Blindflug: Die Daten werden lokal ausgetauscht – einen Überblick, welche Daten zu welchem Zeitpunkt mit wem getauscht werden, gibt es selten.

Die applikationszentrische Architektur beruht auf hoher Souveränität der Anwendungsverantwortlichen (Application Owners): Sie entscheiden über Datenzugriffe und kennen die Schnittstellen, über die Drittsysteme Daten liefern.

Dieser Ansatz ist für die Hersteller der Applikationen ein lukratives Geschäft, denn eine Punkt-zu-Punkt-Schnittstelle erfordert die Übertragung von Daten aus einem System in ein anderes, mit vorhergehender Analyse, Anpassung der systemspezifischen Semantik, Festlegen von Transformationsregeln, Tests und Umsetzung. Das erfordert in der Regel teure zertifizierte Systementwickler der jeweiligen Hersteller.

Der Auftraggeber erhält damit zwar genau die benötigten Schnittstellen für den jeweiligen Datenaustausch, aber selten Transparenz zu den Daten. Zwar können rigide

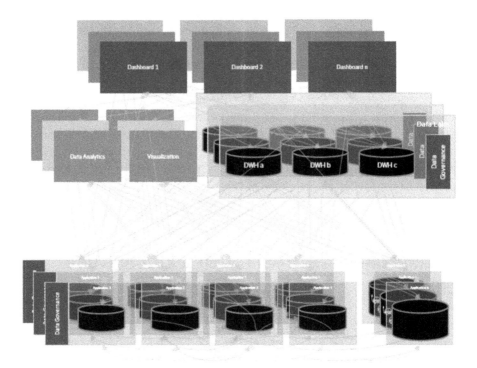

Abb. 2.1: Applikationszentrische Architektur.

Dokumentationsprozesse die Lage verbessern, in der Regel aber sind der damit verbundene Aufwand und die Komplexität sehr hoch. Diese fehlende Transparenz ist eine der größten Hürden auf dem Weg zu einer datenzentrischen Sicht. Dies hat Auswirkungen auf den Zugang zu den Daten für Analysezwecke oder für das maschinelle Lernen.

Applikationszentrische Architekturen sehen den Zugriff auf die Daten immer über die Logik und Prozesse der Applikationen vor. Das erfordert stets applikationsspezifische Rollen, um den Zugriff zu gewähren. Dies aber widerspricht dem Ansatz datenzentrischer Unternehmen und Architekturen: Die Daten sind hier per se relevant – unabhängig davon, ob ich einen Einsatzfall habe oder eine konkrete Frage formulieren kann.

Als Beispiel sei das Erkennen von Zusammenhängen und Mustern aus Datentöpfen oder Datenströmen genannt, wie es das maschinelle Lernen oder der Einsatz von künstlicher Intelligenz erfordert. Das Muster soll erst erlernt werden und kann nachher in einen Einsatzfall münden – das Lernen setzt aber erst einmal die Offenheit des Datenzugriffs voraus.

Ein weiterer Stolperstein der applikationszentrischen Architektur mit Punkt-zu-Punkt-Schnittstellen: Es ist schwierig, nachzuverfolgen, wo Daten ursprünglich erzeugt werden, wo sie genutzt oder kopiert und wo sie letztendlich verwendet werden (Datennachvollziehbarkeit), denn eine automatische Erfassung der Datenflüsse und -verwendung ist nicht oder nur mit erheblichem Aufwand möglich.

Und zu guter Letzt behindert die mangelnde Transparenz der applikationszentrischen Sicht die Erzeugung und automatisierte Pflege von Unternehmensdatenkatalogen. Diese aber sind nötig, damit Datenfachleute schnell die passenden Datenbestände für ihren jeweiligen Einsatzfall finden können.

Das Problem wird auch mit den heute gängigen „As a Service"-Ansätzen nicht gelöst. Mit Software-definierten Infrastrukturen und Containerplattformen lassen sich IT-Infrastrukturen (IaaS), Entwicklungs-, Test- und Produktionsumgebungen (PaaS) oder Applikationen (SaaS) als Service beziehen. Damit kann eine komplexe Applikationslandschaft oder eine Big-Data-Architektur in wenigen Minuten eingerichtet werden. Auch kann man in kurzer Zeit mit Low Code Apps neue Sichten erzeugen oder Analytics as a Service anbieten.

Aber sobald es um die Daten geht oder um den Zugriff auf neue Datenquellen, ist es vorbei mit der Schnelligkeit und dem „As a Service"-Feeling: Es dauert oft Monate, um für einen Einsatzfall die Berechtigung zum Bezug der Daten zu bekommen.

Während es für IT-Services in der Regel einen Servicekatalog gibt, in denen vermehrt die Services ad hoc und nach Bedarf bezogen werden können, ist die Realität auf der Datenseite eine ganz andere. Aufgrund der bestehenden Architektur ist meist kein Datenkatalog verfügbar.

Dies bedeutet eine Einschränkung schon in der klassischen, Use-Case-getriebenen IT. Möchte zum Beispiel ein Entwickler ein Dashboard erzeugen, in dem er alle Informationen zu einem Fahrzeugprojekt zusammenstellt, so scheitert dies meist schon daran, dass es keine Übersicht der relevanten Datenbestände in den Applikationen des Unternehmens gibt. Das können durchaus einige Hundert sein.

Ist immerhin die Verfügbarkeit der fahrzeugprojektbezogenen Daten in einer Applikation bekannt, sagt dies noch nichts darüber aus, welche Relevanz diese Daten besitzen. Sind sie in der Applikation der Master oder eine Kopie? Wie akkurat sind sie, und welche Metainformationen sind notwendig, um aus den Daten nützliche Informationen zu beziehen? Wie sind die Daten klassifiziert, mit welcher Berechtigung und Rolle darf wer darauf zugreifen?

In der Regel startet der Entwickler daher einen sehr traditionellen Prozess mit E-Mails, Anträgen, Frage und Antwort mit den Applikationsverantwortlichen, um mehr Informationen zu erhalten. Diese haben jedoch immer nur die Applikationsbrille auf und blockieren oft den Zugang zu den Daten.

Erst wenn der Datenzugang geklärt ist, lassen sich die Schnittstellen umsetzen. Dazu gehört der Abgleich der Datenmodelle von Quellsystem und Zielsystem, die Transformation der Daten sowie der eigentliche Zugriff zwischen den Systemen. Diese können in unterschiedlichen Security- und Netzzonen liegen. Deshalb erfordern sie gegebenenfalls spezifische Freigaben auf Firewall- und Netzwerkebene.

Ist auch dies gewährleistet, sind Testdaten bereitzustellen und Schnittstellenverträge zu definieren. Dabei haben die applikationszentrischen Architekturen oft keine einheitliche Struktur, sondern applikationsspezifische Vorlagen, Service-Level-Vereinbarungen und Eskalationsstufen.

Schon diese vereinfachte Beschreibung verdeutlicht, dass zwischen den IaaS-, PaaS- und SaaS-Ansätzen einerseits und dem heute üblichen Datenzugriff andererseits eine große Lücke klafft. Diese stellt – unabhängig von der Betriebsweise der Systeme und Applikationen – das größte Hindernis bei der Transformation zum datenzentrischen Unternehmen dar.

Ist dies schon ein Problem in der klassischen, Use-Case-getriebenen Arbeitsweise in der IT, so wird diese Einschränkung erst recht spürbar, wenn der Einsatz von maschinellem Lernen oder (generativer) künstlicher Intelligenz vorgesehen ist. Dazu muss sie den Zugriff auf die Daten und Metainformationen erhalten. Das wiederum erfordert einen konsequenten Wandel von einer applikationszentrischen zu einer datenzentrischen Architektur.

Von einer datenzentrischen Architektur sind die meisten Unternehmen Stand heute noch weit entfernt, und auch die Datenkompetenz (Data Literacy) ist nicht stark ausgeprägt – das zeigen die Ergebnisse einer Studie,[2] die auf der Grundlage eines von Hewlett Packard Enterprise (HPE) entwickelten Daten-Reifegradmodells durchgeführt wurde (zum Daten-Reifegradmodell vgl. den Beitrag von Dr. Bernd Bachmann in diesem Buch). Die Studie hat einen auf der Skala von 1 bis 5 einen Reifegrad von 2,3 für Unternehmen bis 250 Mitarbeiter ermittelt. Für größere Unternehmen war das Niveau mit 3,0 deutlich besser, aber es reicht immer noch nicht aus, um datenzentrisch zu agieren (vgl. Abb. 2.2).

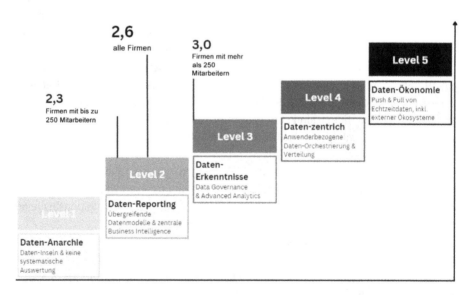

Abb. 2.2: Durchschnittlicher Daten-Reifegrad von Firmen und Verwaltungen, ermittelt auf der Grundlage einer globalen Umfrage unter 8.600 Organisationen.

---

2 Hewlett Packard Enterprise, From Data Anarchy to Data Economics, 2023, https://www.hpe.com/psnow/doc/a00132239enw

Der Wandel zum datenzentrischen Unternehmen erfordert einen Paradigmenwechsel. Nur wenn die Daten in den Mittelpunkt des Handelns gestellt werden, sind Unternehmen in der Lage, an den neuen technischen Möglichkeiten wie maschinellem Lernen und generativer künstlicher Intelligenz teilzunehmen.

Dieser Paradigmenwechsel umfasst nicht nur die Technik (IT-Architekturen), sondern ein neues Denken im Unternehmen und organisatorische Veränderungen. Neben den Vorständen übernehmen dabei die Unternehmensstrategie, die Enterprise-, Domänen- und IT-Architektur sowie die Personalabteilung[3] wichtige Aufgaben.

Wenn Unternehmen die Daten und Informationen in den Mittelpunkt rücken, wird die Datenzentriertheit ein Designprinzip für alle Geschäftstätigkeiten.[4] Nur wer diesen Anspruch als oberstes Prinzip im Alltag umsetzt, wird wirklich aus Daten Informationen machen und aus Informationen Wertschöpfung.[5]

Daten als Service – Daten als Produkt

Im Kern bedeutet dies, dass die Daten als Services bereitgestellt werden. Dies erfordert zunächst einen Wechsel vom Prinzip „Need to Know"[6] zum Prinzip „Need to Share".[7] Die grundlegende Frage lautet also nicht: Wer darf auf die Daten zugreifen? Vielmehr lautet sie: Wie kann ich alle Daten für eine Nutzung bereitstellen, selbst wenn die Nutzungsart noch gar nicht feststeht?

Nur wenn alle Datenbestände im Unternehmen bekannt sind, lässt sich ein Wert aus den Daten schöpfen. Um den Rohstoff Daten einzuordnen, braucht es klare Modelle (zum Beispiel Informationsmodelle,[8] vgl. die Beiträge von Carsten Adam, Dr. Stefan

---

3 Pedro Pacheco et al., How Auto Companies can bridge cultural barriers to become tech companies, Gartner, 2021; Peter Fintl, Dossier: Car-IT/Software -Software: „Systemlieferanten müssen schneller transformieren als Autohersteller", Vogel Communications Group, Würzburg, 2023.

4 Stefan Brock, Von der Daten-Anarchie zur Daten-Wertschöpfung, Informatik-Aktuell, 2021, https://www.informatik-aktuell.de/entwicklung/methoden/von-der-daten-anarchie-zur-daten-wertschoepfung.html

5 Debra Logan et al., CDO Success Factors: Culture Hacks to Create a Data-Driven Enterprise, Gartner, 2022.

6 Need to Know: Nur wenn der Datennutzer nachweist, dass und wofür er die Daten braucht, wird Einsatzfall-bezogen die Datenbereitstellung gewährleistet. Damit werden die Schnittstellen als Abfragen auf konkrete Subsets der Daten für den konkreten Anwendungsfall bereitgestellt. Bei einer Erweiterung des Datensatzes um ein oder mehrere Attribute startet der Prozess neu.

7 Need to Share: Blickt aus der Produzentenseite auf die Daten. Datenquellen sollen alle Daten, die außerhalb des eigenen Datenproduzentenrahmens relevant sein könnten – und nicht einmal aktuell sein müssen – teilen. Dem entspricht der Ansatz von Amazon (die berühmte und viel zitierte E-Mail von Jeff Bezos), dass alle produzierten Daten über APIs verfügbar sein müssen.

8 Informationsmodelle beschreiben konzeptionell die Struktur und Beziehungen von Informationen. Sie dienen auch als Ordnungsrahmen für die Strukturierung bzw. Einordnung von Datenmodellen.

Kehl und Peter Klappetek in diesem Buch), in die sich die Rohdaten des Unternehmens eingruppieren lassen. Hier ist auch zu definieren, welche Daten wie zu schützen sind, und welche Daten qualitätsgesichert für weitere Auswertungen oder Nutzungen bereitstehen müssen.

Die Grundlage dafür bietet die Bereitstellung der Daten als Service (vgl. den Beitrag von Carsten Breithaupt in diesem Buch) – ebenso wie Cloud-Provider Infrastrukturen, Plattformen oder Software als Service liefern (IaaS, PaaS, SaaS). Und weiter müssen diese Daten – oder besser die daraus abgeleiteten Informationen – zum Produkt werden („Data as a Product"):[9] Das Unternehmen produziert Daten, so wie ein Industrieunternehmen Werkstücke in seinen Produktionshallen herstellt.

Bei Data as a Service geht es darum, schnell, nachvollziehbar und rechtssicher auf die Datenquellen zuzugreifen. Beim Produktansatz kommt noch der Aspekt des Datenlebenszyklus und der zugesicherten Eigenschaften hinzu (vgl. Tabelle 2.1).

Tab. 2.1: Gegenüberstellung Data as a Service und Data as a Product.

Data as a Service	Data as a Product
Fokus: Verfügbarkeit der Daten als Service (on demand)	Fokus: Methoden des Produktmanagements auf Daten anwenden
– Daten können im Self Service bezogen werden.	Dazu gehören
– Dabei steht die Verfügbarkeit der Daten im Vordergrund. Bei Nichtverfügbarkeit der Schnittstelle zu den Daten kann ein Ticket aufgemacht werden.	– Produktdefinition (Bedarfsanalysen, Kundenanforderungen)
	– Lebenszyklusmanagement
	– Versionsmanagement (Release-Plan)
– Es besteht aber keine Garantie für die Richtigkeit von Daten oder die Unterstützung der Datenbereitstellung mit Abwärtskompatibilität zu vorherigen Versionen.	– Beziehbarkeit
	– Wiederverwendbarkeit
	– Abwärtskompatibilität
	– Zugesicherte Verfügbarkeit
– Der Bezieher der Daten hat die Pflicht, sich an die Formate und Schnittstellenbedingungen anzupassen.	– Zugesicherte Qualität und Eigenschaften
	Die richtige Aufbereitung und das richtige Angebot erlaubt es, Domänen-übergreifenden Analytics zu machen.

Daten zum Produkt zu machen bedeutet, dass die Daten nicht mehr an den Schnittstellen zu einer Applikation hängen dürfen. Es bedeutet auch, dass es keine Unklarheiten mehr in Bezug auf Semantik, Schutzbedarf, Nutzungszwecke und Speicheranforderungen geben darf. Daten als Produkt brauchen einen Produktlebenszyklus-Prozess, klare Definitionen, Verlässlichkeit und Planbarkeit.

---

9 ZF Group and Gartner Data and Analytics Research Team, Case Study: Data Monetization Through Data Products Development (ZF Group), Gartner, April 2022.

Daten als Produkt bereitzustellen, bedeutet auch: Sofern physische oder logische Rahmenbedingungen die schnelle Nutzung oder Skalierung der Daten einschränken, muss das Unternehmen die Daten virtualisieren, um ihren vollen Nutzen zu gewährleisten. Dabei bedeutet Virtualisierung,[10] die Daten abstrahiert vom physischen Speicherort vorzuhalten und mittels eines Katalogs und per API auch außerhalb der Quellapplikation bereitzustellen.

Dadurch lassen sich die Daten schneller und höher skalierbar abrufen. Ein digitaler Zwilling der Originaldaten in einer skalierbaren und sicheren Plattform erlaubt es, schnell auf diese Daten zuzugreifen; dabei ist das Unternehmen nicht gezwungen, die Quellsysteme mit den wachsenden Anfragen zu skalieren. Letzteres ist oft aus Architektur- oder Technologiesicht gar nicht möglich. Die Replikation und damit Virtualisierung als digitaler Zwilling stellt Skalierbarkeit ebenso sicher wie ein höheres Schutzniveau.

Klassische Fragestellungen beim Ansatz „Data as a Product" sind zum Beispiel:
1. Wie wird geforderte Datenqualität sichergestellt?
2. Welche Security- und Datensicherungsmaßnahmen sind vorgesehen, um den Schutz vor Manipulation oder Lieferunterbrechung zu garantieren?
3. Wie schnell ist der Datenproduzent nach einer Unterbrechung wieder lieferfähig?

Jedes Datum hat einen Lebenszyklus. Informations- und Datenmodelle entwickeln sich kontinuierlich weiter.[11] Sobald die Daten einfach abonniert werden können und zur Erzeugung weiterer Daten und Informationen dienen, ist es notwendig, den Veränderungsprozess zu kontrollieren, beispielsweise durch ein Reifegradmodell auf Schnittstellenebene. Es muss klar sein, welche Datenquellen sich zur langfristigen Nutzung eignen, und wie viele Versionen alter Formate für die Datenquellen man vorhält.

Neben der Veränderlichkeit der Daten ist auch deren Qualität von herausragender Bedeutung. Auch hier gilt das Reifegradprinzip und die klare Deklaration von Metainformationen zur Aktualität, Regelmäßigkeit, Kontinuität, Unterbrechungsfreiheit, Genauigkeit und Vertrauenswürdigkeit der Daten. Nur wenn es möglich ist, die Daten mit garantierter Qualität, Latenz und Regelmäßigkeit zu beziehen, sollten sie zum Beispiel für die Produktionssteuerung zum Einsatz kommen. Denn sowohl Änderungen im Format als auch in der Qualität können in kritischen Umfeldern schnell zu einer massiven Störung des Prozesses führen.

---

10 Robert Thanaraj et al., Critical Capabilities for Data Integration Tools, Gartner, 2022.

11 Etwa durch rechtliche Rahmenbedingungen, Urteile etc. Beispielsweise kann ein Attribut, das bisher nicht als personenbezogenes Datum eingestuft wurde, durch ein Urteil des EuGH plötzlich DSGVO-relevant werden. Was passiert in diesem Fall mit den Services, die dieses Datum abonniert haben und für ihre Funktion benötigen? Hier braucht es Regeln, Prozesse und eine Übergangsphase – eben Lifecycle-Management. Oder wenn ein Informationsobjekt neue Attribute zur Beschreibung erhält, wie wird mit den Datenkonnektoren umgegangen, und wie lange werden ältere Versionen unterstützt?

Alle diese datenproduktbezogenen Informationen sind auch von hoher Relevanz für die effiziente Nutzung von maschinellem Lernen und künstlicher Intelligenz. Durch die produktbezogenen Metainformationen können Algorithmen schneller und zielgenauer trainiert werden. Die Genauigkeit in der Bewertung der Relevanz, der Genauigkeit, des Vertrauenslevels und der Zeitlichkeit ermöglichen der künstlichen Intelligenz zuverlässigere Schlussfolgerungen und bessere Empfehlungen für das Unternehmen.

Die Transformation zum datenzentrischen Unternehmen

Die zunehmende Bedeutung von Daten für das Geschäft erfordert die Vernetzung von Geschäfts-, IT- und Datenstrategie. Datenzentrisch bedeutet nicht nur eine technische Befähigung der Datennutzung, sondern auch das generelle Bewusstsein, dass das tägliche Handeln und der Erfolg des Unternehmens wesentlich von Daten und Informationen abhängen. Jeder Mitarbeiter muss sich in seiner Rolle bewusst sein, welch schützenswertes und wertvolles Gut in diesen Daten steckt. Diese Einstellung ist in den Unternehmenswerten zu verankern und immer wieder vorzuleben und zu kommunizieren (vgl. dazu den Beitrag von Prof. Dr. Kenneth Ritley in diesem Buch).

Wie Nachhaltigkeit, Kosten und Kundennutzen ist auch Datenzentriertheit ein zentrales Thema für alle Ebenen des Unternehmens. Die Strategieentwicklung erfolgt damit nicht mehr nur mit Blick auf Kunden, Umsatz, Ergebnis und Nachhaltigkeit. Es gilt, jedes Vorhaben und jede Richtlinie auch unter dem Aspekt der Daten und Informationen zu betrachten: Welche Daten sind notwendig, welche Daten entstehen, wie können diese mittels Metadaten als Informationen beschrieben werden, welcher Schutzbedarf der Information besteht, wie stelle ich die Verfügbarkeit sicher, und unter welchen Bedingungen muss ich die Verfügbarkeit einschränken?

Wesentliche Grundlagen für die erfolgreiche Umsetzung der Transformation zum datenzentrischen Unternehmen sind in Abb. 2.3 dargestellt. Das Fundament ist die Geschäftsstrategie des Unternehmens mit Blick auf die Konkurrenzfähigkeit, den Gewinn und das Gemeinwohl. Das Business definiert dabei, welche Daten generiert und wie sie genutzt werden.[12]

Jede Transformation braucht einen Kristallisationspunkt,[13] der die Notwendigkeit der Veränderung und den Nutzen aufzeigt. Dazu bieten sich je nach Unternehmen ganz unterschiedliche Ansatzpunkte. Grundsätzlich gut geeignet ist die Erfüllung der DSGVO-Anforderungen (vgl. den Beitrag von Stephan Sachs und Markus Singer in diesem Buch).

---

12 Joe Caserta et al., Demystifying data mesh, McKinsey, 2022, S. 6.

13 Gene Kim et al., The DevOps Handbook, IT Revolution Press, Portland, 2016, S. 47 ff.

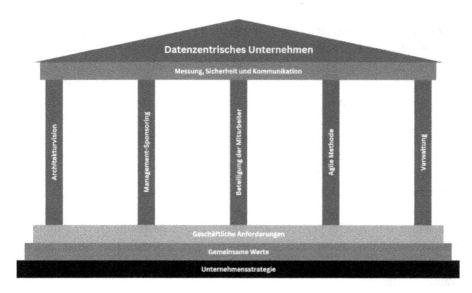

Abb. 2.3: Voraussetzung für eine erfolgreiche Transformation zum datenzentrischen Unternehmen.

In der Automobilbranche kann ein Ansatzpunkt auch das autonome Fahren sein samt der damit verbundenen Anforderung, über Domänen und Unternehmen hinweg zusammenzuarbeiten. Im Bereich Logistik oder Luftfahrt ist es oftmals der Bedarf an schnellerer Reaktion auf Veränderungen im Geschäftsumfeld und in den Lieferketten. Im Maschinenbau könnte ein solcher Ansatz die Anforderung sein, das Dienstleistungsgeschäft zu erweitern und kontinuierliches maschinelles Lernen in der Produktion zu ermöglichen. Oft bietet auch einfach die Ablösung einer großen Bestandsanwendung die Chance für einen datenzentrischen Aufbruch.

Wichtige Säulen der Umsetzung sind eine überzeugende Architekturvision, starke und nachhaltige Unterstützung durch die Unternehmensführung, frühe und kontinuierliche Einbeziehung aller betroffenen Mitarbeiter, die Umsetzung nach Art des agilen Projektmanagements und eine transparente übergreifende Kontrolle der Designprinzipien (vgl. den Abschnitt „Designprinzipien datenzentrischer Architekturen" in diesem Beitrag).

Die Architekturvision muss, angelehnt an die Geschäftsstrategie, eine zukünftige, wünschenswerte Wirklichkeit aufzeigen, auf die das Unternehmen die geschäftliche und technische Umsetzung ausrichtet. Das Ziel könnte beispielsweise in einer Kombination bestehender Produkte und Dienstleistungen mit einem digitalen Zwilling oder völlig neuen Datenprodukten bestehen. Immer wenn sich die Geschäftsstrategie ändert, ist das Zielbild zu überprüfen und gegebenenfalls anzupassen.

Die Unterstützung durch die Unternehmensführung ist ein notorisch schwieriges Thema bei Transformationsprojekten. Anfangs ist diese Unterstützung oft tatsächlich gegeben – es ist hingegen sehr schwierig, eine nachhaltige Unterstützung der Geschäftsleitung sicherzustellen. Daher bietet es sich an, die enge Verzahnung der Transformationsziele mit der Geschäftsstrategie zu nutzen und Meilensteine zu definieren, die den konkreten Nutzen der Transformation für das Geschäft aufzeigen.

Wenn Daten und Informationen den Kern des neuen Geschäftslebens bilden sollen, ist es zudem wichtig, die Mitarbeiter einzubinden – und zwar schon früh. Von der Erarbeitung des Zielbildes über die Ausprägung in den Domänen oder die Suche nach Datenquellen in der Organisation bis hin zur Bewertung von Datenprodukten bietet sich eine breite Palette von Möglichkeiten, Mitarbeiter in den Prozess zu integrieren.

Durch eine Einbindung spielerischer Elemente (Gamification) kann dabei ein starkes Bewusstsein für die Bedeutung der Daten im Geschäftsbetrieb erreicht werden. Die sogenannte „Data Literacy" – also die Fähigkeit, Daten und deren Bedeutung zu verstehen und zu nutzen – entsteht so in spielerischer Weise. Andere Unternehmen schaffen neue Rollen: Der Data Hunter sucht nach unentdeckten Datenquellen, der Data Evangelist vermittelt die Relevanz der Daten und Datenqualität auf allen Ebenen, und der Data Quality Manager sucht nach Möglichkeiten, die Datenqualität durch Technik oder Trainings sicherzustellen.[14]

Methoden des agilen Projektmanagements, wie sie im Scaled Agile Framework (SAFe) beschrieben sind,[15] unterstützen eine schrittweise Transformation und Umsetzung des datenzentrischen Zielbildes. Dabei gilt der agile Ansatz nicht nur für den Bereich der Entwicklung, sondern auch für den täglichen Betrieb. Erfolgreiche Umsetzungen zeigen, dass sich mit dem agilen Ansatz auch eine schnellere und nachhaltige Verankerung in der Organisation umsetzen lassen,[16] außerdem eine schnellere Reaktion auf Änderungen im Umfeld des Unternehmens.

Um die agile Umsetzung zu unterstützen und sozusagen eine Demokratisierung der datenzentrischen Transformation zu erreichen, bedarf es neuer, schlanker Ansätze für die übergreifende Kontrolle (Governance). Denn es gilt sicherzustellen, dass alle stets auf das gleiche Zielbild einzahlen. Über Designprinzipien und Best Practices sind diese Governance-Ansätze als Leitplanken am einfachsten einzubringen. Dies vermeidet ein „verhinderndes" Vorgehensmodell der Kontrolle, bei dem der Verantwortliche Schritt für Schritt Freigaben erteilen muss, was niemals mit der Transformationsgeschwindigkeit skalieren kann. Über Designprinzipien und Best Practices lässt sich auch die zentrale Governance skalieren und „demokratisieren".[17]

---

14 BASF: Kapitel 1 – Warum Datenkompetenz wichtig ist, BASF, https://lean.coatings-campus.basf.com/de/kapitel-1-warum-datenkompetenz-wichtig-ist

15 SAFe, https://scaledagileframework.com/; Peter Hruschka et al., Agility Kompakt, Spektrum der Wissenschaften, Heidelberg, 2009, S. 2 ff; Andreas Wintersteiger, Scrum – Schnelleinstieg, entwickler.press, Frankfurt, 2012, S. 14 ff.

16 Gene Kim et al., Projekt PHOENIX, O'Reilly, Heidelberg, 2015; Swisscom, Proper Agility Transformation using agile development practices with SAFe, https://scaledagile.com/case_study/swisscom/

17 Stefan Brock et al., Data Centric Architecture for dummies, Wiley, Weinheim, 2021, S. 46; TOGAF, Architecture Principles, https://pubs.opengroup.org/architecture/togaf8-doc/arch/chap29.html

Die Messbarkeit ist das Dach des Gebäudes eines datenzentrischen Unternehmens. Die Transformation muss messbar[18] sein, damit sich der Fortschritt von Beginn an nachweisen lässt. Damit einhergehend müssen die Transformationsverantwortlichen auch Budgetverantwortung bekommen. Die Ziele der Transformation müssen Priorität vor dem Tagesgeschäft erhalten.[19] Dies kontinuierlich zu kommunizieren, Erfolge zu feiern und die Mitarbeiter immer aktiv zu beteiligen,[20] sichert die fortlaufende Unterstützung aus Management und Belegschaft.

Hervorragende Beispiele für erfolgreiche Transformationsansätze gibt es einige – zum Beispiel Swisscom,[21] die eine datenzentrische Sicht für die Serviceerbringung intensiv über viele Rollen im Unternehmen nutzt, oder Swissport, die eine datenzentrische Sicht zu Unterstützung der Mitarbeiter zum Beispiel im Frachtgeschäft einsetzt.[22]

Designprinzipien datenzentrischer Architekturen

Es ist offensichtlich: Die Transformation in Richtung eines datenzentrischen Unternehmens ist kein Big-Bang-Projekt, sondern erfolgt über inkrementelle Veränderungen. Das gilt auch für den Wandel zur datenzentrischen IT-Architektur, die die technische Grundlage für die effiziente Ausführung und Skalierung der datenzentrischen Geschäftsstrategie bildet.

Im Kern entkoppelt die datenzentrische Architektur die Daten von den sie erzeugenden Applikationen, indem sie über eine zentrale Datendrehscheibe (Data Hub) kanalisiert werden. Jede Applikation fungiert als „Produzent" von Daten für den Data Hub, jede Abfrage – durch andere Applikationen oder direkt durch Nutzer – ist „Konsument" des umfassenden, verteilten Datenbestands. All das ist eingebettet in einen übergreifenden Kontrollrahmen (Data Governance Framework, vgl. dazu den Beitrag von Dr. Laura Voicu in diesem Buch).

Für den Aufbau einer datenzentrischen IT-Architektur gibt es eine Reihe von Designprinzipien, von denen einige im Folgenden kurz erläutert werden.[23] Sie lassen sich

---

18 Richard Knaster, Dean Leffingwell, SAFe Destilled – SAFe 4.5, Addison-Wesley, Boston, 2019, S. 196 ff; OKR – Objective and Key Results, Messkriterien nach SAFe, https://scaledagileframework.com/okrs/

19 Pedro Pacheco et al., How Auto Companies can bridge cultural barriers to become tech companies, Gartner, 2023, S. 9.

20 Datenkompetenz – Data Literacy: Kasey Panetta, A Data and Analytics Leader's Guide to Data Literacy, Gartner, 26.08.2021; https://www.gartner.com/smarterwithgartner/a-data-and-analytics-leaders-guide-to-data-literacy

21 Andreas Heer, Low Code in der Praxis: Zeit sparen mit Automatisierung, Swisscom, 2022, https://www.swisscom.ch/de/b2bmag/new-way-of-working/power-apps-beispiele-unternehmen/

22 Swissport, Swissport rolls out new cargo app, Zurich, 2021, https://www.swissport.com/en/news/current-news/2021/swissport-rolls-out-new-cargo-app

23 Vgl. Stefan Brock et al., Data Centric Architecture for Dummies, Wiley, Weinheim, 2022; Stefan Brock, Von der Daten-Anarchie zur Daten-Wertschöpfung, Informatik Aktuell, Februar 2021.

sukzessive im Unternehmen einführen – dafür gibt es eine Reihe von bewährten Vorgehensmodellen und Best Practices (zum Beispiel TOGAF und Enterprise Architecture Management, vgl. den Beitrag von Sebastian Kaiser in diesem Buch).

Prinzip 1: Alle Daten werden per Data Hub echtzeitnah verfügbar gemacht

Daten, Datenobjekte und deren Änderungen sollen mittels des Data Hub möglichst zeitnah verfügbar gemacht werden. Jede Statusänderung steht als Ereignis möglichst sofort in einem Event Stream bereit.[24] Das gilt für unstrukturierte Daten, die beispielsweise am Netzwerkrand (Edge) entstehen, wie auch für strukturierte aus den Applikationen im Rechenzentrum. Es können dies auch Veränderungen in Datenobjekten wie Dateien und 3-D-Objekten sein, die dann mit einer Referenz auf das Objekt geteilt werden. Damit entsteht im Hub ein digitaler Zwilling des Datenbestandes des Unternehmens, der von Data Ownern und Data Stewards entsprechend verwaltet werden kann (vgl. Abb. 2.4).

Daten entstehen oft über viele Regionen und Sicherheitszonen hinweg, oft in großer Menge. Deshalb kann der Data Hub keine monolithische Komponente sein: Er ist vielmehr ein verteiltes, mandanten- und Multi-Cloud-fähiges logisches Gebilde[25] – aber mit durchgängigem Daten- und Metadatenmanagement sowie klarer Zugangskontrolle und Nachverfolgbarkeit.

Prinzip 2: „Connect once" – pro Datenquelle eine Verbindung

Das zweite Prinzip setzt diesen digitalen Zwilling in die Lage, der Dreh- und Angelpunkt für den Austausch zwischen den unterschiedlichen Datenquellen zu werden. Damit entsteht eine zunehmende Transparenz über den Datenaustausch und die Data Lineage in der IT-Landschaft.

Technologisch gesehen kommen dabei Prinzipien wie das „Connect once" zur Anwendung (vgl. Abb. 2.5). Statt einsatzfallspezifischer Schnittstellen und Abfragen verbindet sich die Datenquelle einmalig mit dem Hub und publiziert dorthin kontinuierlich alle Änderungen der Daten. Punkt-zu-Punkt-Verbindungen zwischen Applikationen entfallen.

Prinzip 3: Produzenten von Daten schreiben in Rohdatenströme und publizieren ihre Metadaten

Zu allen geteilten Informationen gehören immer auch Metainformationen (vgl. Abb. 2.6). Diese können mit der Reife der datenzentrischen Transformation immer weiter wach-

---

24 Zur Anbindung von Datenquellen stehen vielfältige Möglichkeiten zur Verfügung. Naheliegendstes und einfachstes bei relationalen Datenbanken ist das Andocken der Tabellen-Logs über Change Data Capture (CDC), aber es gibt auch Adaptoren für APIs oder proprietäre für ERP-Systeme (z. B. iDocs für SAP) etc. Data Warehouses werden in den Hub direkt integriert, die Befüllung erfolgt aus den Hub Streams. Für CDC siehe auch Debezium, Debezium Architecture, https://debezium.io/documentation/reference/stable/architecture.html.

Für iDocs-Konnektoren siehe: Compacer, EDBIC, https://compacer.com/produkte/edbic/

25 Ted Dunning et al., AI and Analytics in Production, O'Reilly, Sebastopol/CA 2018, S. 22 ff und S. 65 ff.

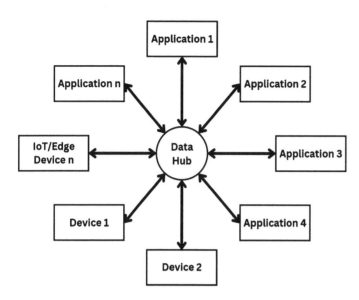

Abb. 2.4: Alle Daten werden per Data Hub echtzeitnah verfügbar gemacht.

sen. Mindestens aber zählen dazu die Semantik, das Format der gelieferten Daten, Informationen zur Häufigkeit, die Klassifizierung der Daten und die Kennzeichnung, ob es sich um personenbezogene Daten handelt.[26]

Prinzip 4: Konsumenten abonnieren Daten-Streams
Die Konsumenten (Kunden) der Daten abonnieren in der Regel nicht die Rohdatenströme der jeweiligen Datenquellen, sondern Datenströme, die fachliche Informationsmodelle als Grundlage haben. Sie stehen für die Abonnenten also in einem fachlichen Kontext, etwa Personalwesen, Finanzen, Produktion oder Forschung und Entwicklung. Dafür werden Branchenmodelle oder unternehmensspezifische Modelle genutzt, und sie liegen oft auch der Prozessplanung und der rechtlichen Bewertung von Daten zugrunde.

Entlang dieser Informationsmodelle und den daran gebundenen Metadaten (z. B. Vertraulichkeitsklassifizierung, personenbezogene Daten, Aufbewahrungsfristen) wird der Zugriff auf die Daten und deren Schutzstatus definiert. Informationen und Metadaten können dabei durch spezielle Microservices, Algorithmen oder künstliche Intelligenz angereichert werden. Damit können automatisiert Aussagen zur rechtlichen Erlaubnis der Datenweitergabe, zum Schutzbedarf oder zur Datenqualität getroffen werden.

---

26 Später können noch Meta-Informationen wie Maturity, Trust Level, Mindesthaltezeit, maximale Haltezeit, geographische Einschränkungen etc. dazukommen.

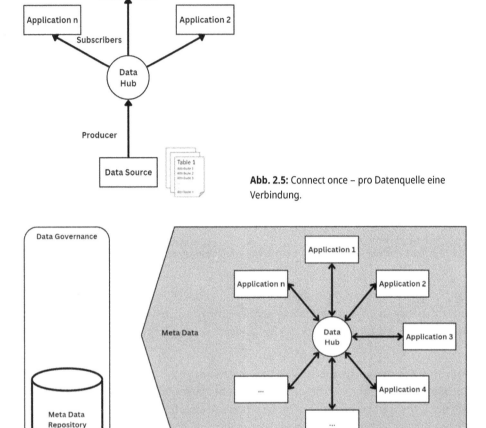

Abb. 2.5: Connect once – pro Datenquelle eine Verbindung.

Abb. 2.6: Datenproduzenten publizieren ihre Metadaten.

Prinzip 5: Jede Schnittstelle und jede Transformationslogik ist ein Configuration Item in der Konfigurationsdatenbank, das die IT überwacht und verwaltet

Da Daten das zentrale Element im datenzentrischen Unternehmen sind, entstehen besondere betriebliche Anforderungen. Es muss möglich sein, jede Datenbereitstellung, Transformation und Übertragung zu überwachen. Jeder Konnektor zum Hub, also jeder Produzent und Konsument, wie auch jede Transformationslogik stellt sich aus Sicht der IT als eigenes System dar, das sie in der technischen Architektur nach TOGAF bewirtschaftet.[27] Dazu legt sie pro System ein Configuration Item (CI) in der Konfigurations-

---

27 Andrew Josey et al., TOGAF Version 9 – A Pocket Guide, The Open Group, Berkshire, UK, January 2009, S. 17.

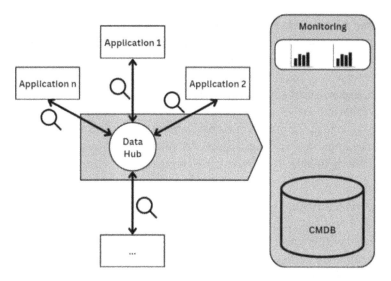

Abb. 2.7: Jede Schnittstelle und jede Transformationslogik ist ein Configuration Item in der Konfigurations-datenbank.

datenbank (Configuration Management Database, CMDB) an (vgl. Abb. 2.7). Damit wird überwacht, dass nicht nur die technischen Komponenten als solche funktionieren, sondern auch die konkrete Datenbereitstellung aus den Datenquellen geregelt funktioniert – und nicht durch einen logischen Fehler auf der Schnittstelle gestört ist.

Prinzip 6: Maximale Automatisierung und Demokratisierung des Data Hubs durch Einsatz von Analytics und künstliche Intelligenz
Wegen der schieren Menge der Daten ist es notwendig, die Prozesse möglichst weitgehend zu automatisieren. Das bedeutet in einer höheren Reifephase auch, die Ermittlung und Pflege von Metainformationen zu automatisieren. Hier bietet sich Stream-Auswertungen mithilfe von Analytics und künstlicher Intelligenz an. Sie kann zum Beispiel veröffentlichte Daten automatisiert auf personenbezogene Daten hin untersuchen.

Der datenzentrische Kern entwickelt sich damit zum selbstlernenden digitalen Zwilling des Unternehmens. Der hohe Automatisierungsgrad erleichtert es, weitere Datenquellen einzurichten und zu beschreiben, um die „Demokratisierung" der Datenzentriertheit voranzutreiben. Automatisierung und steuerbare Schnittstellen sorgen dafür, dass Daten erst dann in den Hub fließen, wenn bestimmte Grundanforderungen erfüllt sind. Die Analysefunktionalität sammelt Informationen und kontrolliert die Qualität, bevor Daten im Hub abonnierbar sind.

Prinzip 7: Alle Daten müssen verschlüsselt sein[28]

Fast schon selbstverständlich mutet dieses Prinzip zum Schutz der Daten als Kernasset des Unternehmens an. Daten in Bewegung und, wo nötig, auch die ruhenden Daten sind jederzeit zu verschlüsseln. Grundsätzlich muss von der Quelle bis zum Hub eine klare Authentifizierung, Nachvollziehbarkeit und Verschlüsselung erfolgen.

Die starke Absicherung der Daten ist entscheidend dafür, dass Fachabteilungen und Management Vertrauen in die Architektur und die Plattform haben. Das Security-Team ist dabei sowohl Designpartner, zum Beispiel bei der Auswahl der Komponenten, als auch Nutzer, hat es doch Einblick in alle Daten im Unternehmen.

Prinzip 8: Datenzugang wird nur bei berechtigtem Interesse und Zustimmung gewährt

Durchgängige Verschlüsselung stellt auch sicher, dass Betriebs- und DevOps-Mitarbeiter in der Produktionsumgebung keine Einsicht in vertrauliche Information erhalten. Die Zuweisung der Schlüssel richtet sich prinzipiell nach Rollen und Metadaten: Nur bei berechtigtem Interesse und Zustimmung durch die übergeordnete Kontrollinstanz erhält ein Nutzer den Schlüssel für die Entschlüsselung der jeweiligen Daten (vgl. Abb. 2.8).

Dies lässt sich nach Region und Rechtsraum einschränken, um zum Beispiel ein multinationales DSGVO-konformes Personalwesen umzusetzen. Der digitale Zwilling erkennt dabei mittels semantischer Analyse, welche Daten als Originale vorzuhalten und welche Daten Kopien sind, die man löschen kann oder gar löschen muss.

Prinzip 9: Daten-Hubs sind von der Edge bis zur Hybrid Cloud abzubilden

Die schiere Masse der Daten zwingt dazu, Entscheidungen in ihrer unmittelbaren Nähe zu fällen – ein Effekt, der „Datenschwerkraft" bzw. „Data Gravity" genannt wird. Deshalb muss sich der Data Hub eines datenzentrischen Unternehmens vom Edge über das Rechenzentrum bis zur Cloud bzw. Multi-Cloud erstrecken (vgl. Abb. 2.9). Zwar scheint es vordergründig einfacher, Daten erst zusammenzufassen und dann gesammelt auszuwerten. Aber die Verzögerungen des Datentransfers verhindern viele Einsatzfälle. Eine Robotersteuerung per Cloud z. B. verbietet sich meist schon wegen der Latenzen und der hohen Sicherheits- und Redundanzanforderungen, die ein Unternehmen über die gesamte Steuerungskette erfüllen muss. Weitere Gründe für einen verteilten, dezentralen Data Hub sind regulatorische Vorschriften oder Altanwendungen, die nicht cloudfähig sind und daher im Rechenzentrum betrieben werden müssen.

---

28 Entspricht auch dem Prinzip „Locking Down the Data Link" von Ted Dunning et al., AI and Analytics in Production, O'Reilly, Sebastopol/CA, 2018, S. 81; Stefan Brock et al., Data Centric Architecture for dummies, Wiley, Weinheim, 2022, S. 24.

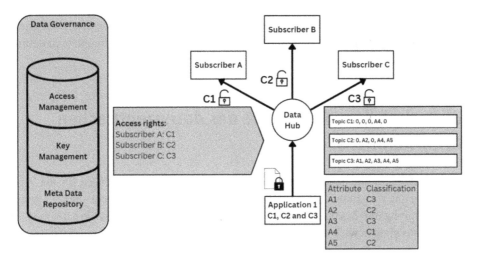

Abb. 2.8: Datenzugang wird nur bei berechtigtem Interesse und Zustimmung gewährt.

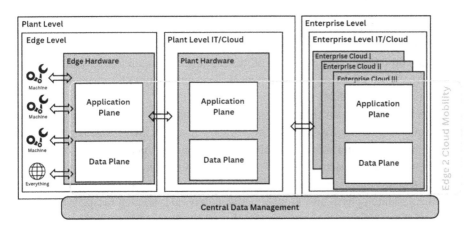

Abb. 2.9: Der Data Hub reicht von der Edge bis zur Cloud.

Prinzip 10: Die Datensouveränität muss jederzeit gewährleistet sein

Angesichts der zentralen Bedeutung der Daten mit dem Data Hub als „Nervensystem" des Unternehmens muss sichergestellt sein, dass dieses elementare Gut jederzeit unter der souveränen Kontrolle des Unternehmens verbleibt. Die Daten müssen auch bei Nutzung von Cloud-Lösungen immer beweglich bleiben. Zu jeder guten Cloud-Strategie gehört auch eine Cloud-Exitstrategie.[29] Schon beim Vertragsabschluss mit einem Hy-

---

[29] David Smith, The Cloud Strategy Cookbook, Gartner, 2023; Lydia Leong, Infographic: Mitigate Cloud Risks With Realistic Exit Planning, Gartner, 2022.

perscaler oder anderen Cloud-Dienstleistern muss ein Unternehmen sicherstellen, dass es die eigenen Daten zu überschaubaren Kosten und in kurzer Zeit zu einem anderen Dienstleister transferieren kann.

Wirtschaftliche Potenziale des datenzentrischen Unternehmens

Der Wandel zum datenzentrischen Unternehmen schafft die Grundlagen für die Verbesserung der vorhandenen Wertschöpfung und eröffnet viele Möglichkeiten für neue Wertschöpfung und Zusammenarbeit. Als Abschluss dieses Beitrags werde ich diese Potenziale aus einigen wichtigen Perspektiven betrachten.

Red Ocean und Blue Ocean

Datenzentrische Unternehmen können ihre Position in ihrem angestammten Wettbewerbsumfeld, dem „Red Ocean",[30] deutlich verbessern – etwa durch eine zuverlässigere Prognose von Lieferzeiten, eine bessere Ausrichtung des Produktdesigns auf das Nutzungsverhalten der Kunden, oder durch die Bereitstellung eines KI-Assistenten, der den Nutzen physischer Produkte erhöht.

Zudem können sie im „Blue Ocean" neue datenbasierte Produkte und Dienstleistungen auf den Markt bringen. Da solche Angebote neu sind, lassen sich damit oft deutlich höhere Margen und Wachstumsraten erzielen. Solche neuen Produkte und Dienstleistungen entwickeln sich oft als „Abfallprodukt" aus Daten und Diensten des angestammten Marktumfelds. So zielt zum Beispiel der EU Data Act[31] darauf ab, neue Märkte für Nutzungsdaten physischer Produkte zu schaffen – das können beispielsweise Sensordaten der von einem Fertigungsunternehmen eingesetzten Produktionsmaschinen sein. Andererseits können digitale Mehrwertdienste für physische Produkte – wie der oben erwähnte KI-Assistent – zu einem eigenständigen Angebot weiterentwickelt werden.

---

30 Unter „Red Ocean" versteht man den direkten Wettbewerb im angestammten Marktumfeld. Meist ist dieser Markt sehr heiß umkämpft, und der Fokus liegt auf Marktanteilen und Margenoptimierung. Der „Blue Ocean" auf der anderen Seite beschreibt noch nicht explorierte Marktfelder. Dies trifft insbesondere für Datenprodukte und -dienstleistungen zu. Dieser Markt ist in der Regel noch nicht bearbeitet und bietet daher interessante Potenziale in Bezug auf Wachstum und Deckungsbeiträge. Vgl. W. Chan Kim et al., Blue Ocean Strategy, Harward Business School Books, 2015.

31 https://digital-strategy.ec.europa.eu/de/policies/data-act

Fallbeispiel: Compliance der Lieferkette

Auch die Compliance bietet datenzentrischen Unternehmen großes Nutzenpotenzial. Dazu soll im Folgenden ein Fallbeispiel betrachtet werden: der Nachweis des CO_2-Fußabdrucks der Herstellung von Produkten.

Dazu sendet der Hersteller (OEM) bislang eine Anfrage an seine wichtigsten Lieferanten („Tier 1") und erwartet in der Regel eine Antwort gemäß seinen eigenen Standards. Der Tier-1-Lieferant erhält solche Anfragen von vielen OEMs. Zeitvorgaben und das Format, in dem die Daten zu liefern sind, variieren jedoch je nach OEM. Um die Anfragen bedienen zu können, sendet der Tier-1-Lieferant wiederum Anfragen an seine Zulieferer, die Tier-2-Lieferanten – und fordert sie auf, die Daten in dem Format des Tier-1-Lieferanten zu liefern.

Nun haben die Tier-2-Lieferanten in der Regel sehr viele Tier-1-Kunden und müssen die relevanten Daten für die jeweiligen Kunden in einem spezifischen Format abliefern. Dies setzt sich fort über alle Lieferanten der Kette bis zum Rohstoffunternehmen, der Mine oder der Quelle (vgl. Abb. 2.10).

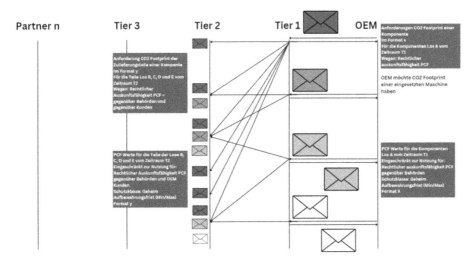

Abb. 2.10: Kaskadierte Datenabfragen von OEM über Tier 1 zu Tier 2.

Die Unternehmen fordern solche Daten heute oft als CSV-Datei per E-Mail an. Es gibt auch automatisierte elektronische Verfahren, die sich jedoch von Unternehmen zu Unternehmen deutlich unterscheiden. Die Folge: Bei manchem großen Zulieferer sind Dutzende bis über hundert Personen damit beschäftigt, Daten für die unterschiedlichen OEMs zu formatieren. Dies ist nicht nur ein unnötiger Aufwand ohne Wertschöpfung. Er senkt auch die Qualität und kostet Zeit.

Hier kann in Zukunft der datenzentrische Ansatz einen deutlichen Mehrwert liefern (vgl. Abb. 2.11). Sind mehr und mehr Unternehmen datenzentrisch aufgestellt, kann der proaktive Austausch der CO_2-Daten gemäß branchenweit vereinbarten semantischen Modellen wie zum Beispiel Catena-X[32] erfolgen. In den Unternehmen werden die Daten dann in die (Domänen-)Informationsmodelle übersetzt. Damit tauschen Unternehmen untereinander Informationen über Abonnements veröffentlichter Daten (Publish/Subscribe-Modell) aus. Der Prozess erfordert keine manuellen Eingriffe mehr, während zugleich eine hohe Datenqualität sichergestellt ist.

Mit dem Lieferkettengesetz[33] werden weitere Daten aus der Lieferkette relevant, die die Einhaltung von Menschenrechten und den Umweltschutz betreffen. Die Herausforderungen für den firmenübergreifenden Datenaustausch sind dabei viel größer als im beschriebenen Beispiel des CO_2-Ausstoßes – entsprechend größer sind aber auch die Nutzenpotenziale des datenzentrischen Ansatzes.

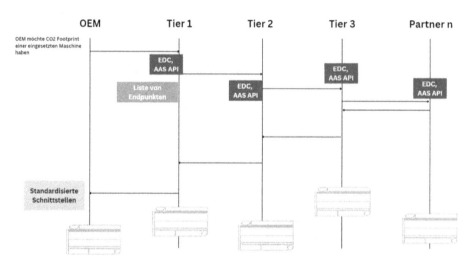

Abb. 2.11: Zusammenwirken von Lieferanten über einheitliche Schnittstellen auf Basis der datenzentrischen Architektur.

Wettbewerbsvorteile durch künstliche Intelligenz und digitale Zwillinge

Datenzentrische Unternehmen werden diejenigen sein, die am schnellsten und nachhaltigsten Wettbewerbsvorteile mit künstlicher Intelligenz (KI) erzielen können (vgl.

---

32 Dr. Thomas Henn et al., Semantic Layer/Digital Twin, Catena-X, https://catena-x.net/de/angebote-standards/digitaler-zwilling

33 Vgl. www.wirtschaft-menschenrechte.de

dazu auch den Beitrag von Dr. Bernd Bachmann in diesem Buch). Mit vortrainierten, kommerziell verfügbaren Standard-Modellen lassen sich zwar Produktivitätsverbesserungen erzielen – allerdings gilt das für alle Unternehmen, die diese Modelle nutzen, mit der Folge, dass keiner sich damit im Wettbewerb differenzieren kann.

Wettbewerbsvorteile entstehen nur dann, wenn ein Unternehmen mit KI etwas anderes macht als seine Konkurrenten und damit einen differenzierten Mehrwert für seine Kunden schafft. Die Grundlage dafür ist das Training neuer und das Feintuning vortrainierter KI-Modelle mit den Daten des eigenen Unternehmens, seiner Kunden, Lieferanten und Partner – außerdem die kontinuierliche Verbesserung der Modelle mithilfe von Echtzeitdaten.[34] Ein datenzentrischer Ansatz ist dafür die Voraussetzung, denn nur damit erlangt man einen unternehmensweit einheitlichen und geregelten Echtzeit-Zugang zu allen Daten und das erforderliche Wissen über sie (mit Metadaten zu Aktualität, Trust Level etc.).

Ansätze wie föderiertes Lernen und Schwarmlernen werden dabei die Lerneffekte – und damit Wettbewerbsvorteile – weiter verstärken, indem sie ein gemeinsames maschinelles Lernen in Lieferketten oder anderen Ökosystemen ermöglichen und gleichzeitig die Datensouveränität aller Teilnehmer schützen (vgl. den Beitrag von Hartmut Schultze und Prof. Dr. Joachim Schultze in diesem Buch).

Schon heute gibt es Ansätze zu föderierten digitalen Zwillingen. Diese treten autonom in Kommunikation miteinander, vereinbaren nach definierten Rahmenbedingungen Datenaustausch untereinander und lernen gemeinsam.[35]

Ein Beispiel für ein solches Zukunftsszenario sind autonome Autos, die während der Fahrt Daten über Verkehrssituationen mit anderen Fahrzeugen austauschen. Damit lernen die Navigationssysteme, Staus oder Gefahrenstellen zu umgehen und Routen zu optimieren. Zudem können die digitalen Zwillinge der Fahrzeuge „Vereinbarungen" treffen, um zum Beispiel als dichte Kolonne in hoher Geschwindigkeit über die Autobahn zu fahren. Die Fahrzeuge, die in der Kolonne fahren, bremsen dabei zeitgleich und stimmen die Bremsverzögerung untereinander ab.[36]

Voraussetzung für solche Szenarien ist die datenzentrische Sicht auf alles Tun. Ähnlich wie heute die Software beim Elektroauto werden die Fähigkeiten der digitalen Zwillinge und ihre Interoperabilität in Zukunft ein entscheidender Wettbewerbsvorteil sein:

---

34 Vgl. dazu: Scott Cook, Andrei Hagiu, Julian Wright, Turn Generative AI from an Existential Threat into a Competitive Advantage, Harvard Business Review, Januar/Februar 2024.

35 UNCEFACT, Digital Twins in a Federated Architecture, unece.org, 2020, https://unece.org/fileadmin/DAM/cefact/cf_forums/2020_October_Geneva/PPTs/TechDev_RudyHemeleers-DigitalTwins.pdf; und für den Aviation-Bereich: Henk Mulder et al., IATA Webinar - One Record Insights, IATA, S. 27 ff., https://www.iata.org/contentassets/a1b5532e38bf4d6284c4bf4760646d4e/iata_one_record_webinar_1.pdf

36 Siehe auch im Zukunftsszenario und Roman: Martin Walker, Germany 2064, Diogenes Verlag, bzw. Markus Maurer et al., Autonomes Fahren – Technische, rechtliche und gesellschaftliche Aspekte, Springer Open, Berlin 2015.

Käufer werden jenes Fahrzeug bevorzugen, das sie durch Kommunikation mit anderen digitalen Zwillingen am effizienten, sichersten und schnellsten von A nach B bringt.

Ausblick: Der datenzentrische Ansatz befähigt Ökosysteme von autonomen digitalen Zwillingen

Man kann dieses Konzept noch weiter denken. Jede Komponente des Fahrzeugs wird mit einem digitalen Zwilling geliefert werden. Der Hersteller kann diese schon in der Produktentwicklung für Simulationen wie Crashtests oder Korrosionstests nutzen. Im fahrenden Auto werden die Komponenten sich in das Ökosystem des Fahrzeugs einfügen und mit den anderen Komponenten Informationen austauschen. Die digitalen Zwillinge unterstützen sich gegenseitig und ermöglichen es außerdem, dass nicht mehr nur der Hersteller die Daten über die Nutzung seiner aktiven Fahrzeuge erhält.

Auch die Komponentenlieferanten erhalten die Möglichkeit, über Datenverträge Daten aus ihren eingebauten Komponenten zu beziehen (z. B. Temperaturverlauf, Nutzungsverhalten, Alterung), ohne dabei die persönlichen Daten der Nutzer zu tangieren oder die Rechtsbestimmungen der anderen Komponenten oder des OEMs zu verletzten.[37]

So wie im Fahrzeug, so werden die digitalen Zwillinge auch im Fahrzeugumfeld immer kleinteiliger föderiert sein. Es wird zum Beispiel nicht „die" Smart City als digitalen Zwilling geben. Vielmehr entsteht diese dynamisch aus einer Vielzahl von Systemen und Komponenten mit ihren digitalen Zwillingen. Automatisch föderiert sein werden zum Beispiel Ampeln, Verkehrsüberwachungen, Kameras, Induktionsschleifen, Verkehrsleitsysteme, Wetterstationen, Baustellenschilder, Verkehrsschilder, Polizeiwagen, Krankenwagen, Reinigungsdienste, Analyselösungen und Smart-City-Steuerungskomponenten.

So lässt sich die Struktur einer Stadt abbilden, obwohl sie sich laufend verändert. Auf der Grundlage dieser vielfältigen Informationen kann künstliche Intelligenz dann die Verkehrsführung, Geschwindigkeitsempfehlungen und Ampelschaltungen optimieren.

Die Smart City ist nur eines von vielen Beispielen, das aufzeigt, wie der datenzentrische Ansatz ein Ökosystem von künstlich intelligenten digitalen Zwillingen ermöglichen kann, das Menschen dabei unterstützt, die Komplexität zu beherrschen, mehr Komfort zu genießen sowie nachhaltiger, umweltverträglicher und zugleich sicherer zu leben.

---

37 Erste Regulierungsanstrengungen laufen bereits. Siehe dazu z. B. das Positionspapier der CLEPA European Association of Automotive Suppliers, Positionspapier: Access to in-vehicle data, Brussels, 2023.

Über den Autor

Stefan Brock

Stefan Brock leitet das AI Excellence Center von Hewlett Packard Enterprise (HPE) in Zentraleuropa. Mit seinem Team unterstützt Brock Unternehmen und Verwaltungen bei der Entwicklung und Einführung von KI- und Datenstrategien und darauf aufbauender Geschäftsmodelle. Davor war er unter anderem Industry Partner und Strategist bei HPE, Leiter IT-Architektur bei Swissport und Leiter Produktionsarchitektur bei Swisscom. Zudem war er Chief Technology Officer bei mehreren Unternehmen. Stefan Brock hat einen Abschluss als Diplomingenieur der RWTH Aachen und einen MBA des Henley Management College. Er ist Co-Autor des Buches „Data-Centric Architecture for Dummies".

Teil II: **Praxisbeispiele**

Rolf Felkel und Christian Wrobel

3 Daten zum Fliegen bringen

Datenzentrische Architekturen als Grundlage für die AI@FRA Initiative der Fraport AG am Flughafen Frankfurt Main

Zusammenfassung: Die Fraport AG hat durch die Entwicklung einer neuen Daten- und Analytics-Strategie einen entscheidenden Schritt gemacht, um die Automatisierung und Digitalisierung voranzutreiben und im Rahmen der strategischen Initiative AI@FRA das Potenzial der vorhandenen Daten durch den Einsatz diversifizierter Methoden der künstlichen Intelligenz (*KI*) vollständig auszuschöpfen. Damit wird das Unternehmen nicht nur intern effizienter, sondern trägt auch dazu bei, das Leitbild „connecting the world with tomorrow" mit Leben zu füllen und den Menschen sowie der Wirtschaft neue Möglichkeiten zu eröffnen.

Fallbeispiel

Auch im 21. Jahrhundert ist Fliegen immer noch stark vom Wetter anhängig. Starkregen und Gewitter, Nebel und insbesondere Eis und Schnee sind keine guten Voraussetzungen für einen angenehmen Flug und eine reibungslose Abfertigung an einem Flughafen. Aus diesem Grund spielen Wetterinformationen wie aktuelle Sichtweiten am Boden und in der Luft, oder kurz-, mittel- und langfristige Wettervorhersagen eine zentrale Rolle bei der Organisation des Abfertigungsgeschehens an einen Mega-Hub wie dem Flughafen Frankfurt Main.

18 Grad Außentemperatur, klare Sicht, draußen scheint die Sonne. Aber im Kopf von Data Architect Christian W. ziehen dunkle Wolken auf: Da war es wieder, dieses unbehagliche Gefühl, eine diffuse Aufgabe unter Zeitdruck bewältigen zu müssen. Der Deutsche Wetterdienst DWD hatte Christian vor zwei Tagen über eine in drei Wochen geplante umfangreiche Schnittstellenänderung hingewiesen, und nun durfte er die Auswirkungen dieser Änderungen für die Applikationslandschaft der Fraport AG identifizieren – eher eine „(Business)-Impact-Analyse" als die Bewertung eines technischen Sachverhalts. Die zentralen Fragestellungen: Wer ist in unserem Unternehmen für Wetterdaten verantwortlich? Welche Anwendungen benötigen diese Daten? Wie verbreiten sie sich durch die Applikationslandschaft? Und in welchen Geschäftsprozessen spielen Wetterdaten überhaupt eine Rolle?

Der Flugbetrieb? Ja, sicher! Die Flugzeugenteisung? Logisch! Bodenabfertigung? Wahrscheinlich! Klimasteuerung in den Terminals? Hmm, möglich! Getränke- und Sup-

Rolf Felkel, Christian Wrobel, Fraport AG, Frankfurt Airport Services Worldwide, 60547 Frankfurt am Main, Deutschland, e-mails: R.Felkel@Fraport.de, C.Wrobel@Fraport.de

https://doi.org/10.1515/9783111048673-003

penversorgung für die Mitarbeiter auf dem Vorfeld? Klingt komisch – könnte aber trotzdem sein!

Vor Christian lag eine nahezu leere Excel-Tabelle, die er mit allem, was er dazu wusste, füllen sollte. Leider war das auf den ersten Blick nicht allzu viel. Und, schoss es Christian durch den Kopf, sicher haben einige Abteilungen zusätzlich noch ihre eigenen Datenschnittstellen „gebaut". Eine „historisch gewachsen" Situation, wie die Fraport-Kollegen immer sagen – ein Albtraum für einen gewissenhaften Daten- und IT-Architekten wie Christian.

Nach einer Woche investigativer Recherche, vielen Telefonaten und Durchsuchen endloser Wiki-Seiten hat Christian einen Dokumentationsstand in der vormals leeren Excel-Tabelle zusammengetragen, der respekteinflößend ist und zugleich fragwürdig bleibt. Respekteinflößend, weil doch wesentlich mehr Zeilen mit Datenbeschreibungen, Ziel- und Quellsystemen, datennutzenden Applikationen, Datennutzern und Geschäftsprozessen zusammengekommen sind, als er erwartet hatte. Und fragwürdig, weil mit jeder unerwarteten Zeile das Bauchgefühl steigt, doch etwas übersehen zu haben. Christian beschleicht immer mehr das Gefühl, dass es sich fast um ein kleines Glücksspiel handelt, alle Abhängigkeiten und Nutzungsszenarien für Wetterdaten zu finden und zu erfassen.

Nach einer weiteren Woche intensiver Arbeit hatte sich bei Christian dann doch ein besseres Bauchgefühl eingestellt: Das sollte es doch nun wirklich gewesen sein – oder? Schließlich hatte er zahlreiche Dokumente durchsucht und gefühlt das halbe Telefonbuch der Fraport AG durchgeklingelt. Alles sollte reibungslos funktionieren, der Tag der Schnittstellenumstellung konnte kommen.

Und er kam! Und mit ihm die Gewissheit: Da war doch noch mehr, als er in der Excel-Tabelle aufgeschrieben hatte. Nach der Umstellung beschwerten sich mehrere Fluggesellschaften, dass ihre Passagier-App keine Wetterinformationen mehr anzeigte. Verdammt, das war sie – eine transitive Abhängigkeit, die ihm entgangen war. In den folgenden Tagen traten noch weitere Probleme mit deutlich prozesskritischeren Auswirkungen auf. Schnell wurde eine Taskforce eingerichtet, um alle offenen Punkte zu identifizieren und zu lösen.

Im Taskforce-Modus arbeitet Fraport sehr effektiv, weil alle kooperieren und auf ein Ziel fokussiert sind. Aber dieser Modus stört auch den normalen Betriebsablauf, und die Intensität kann für die Teilnehmer in der Taskforce schnell zu einer Belastung werden.

Und letztlich wäre dieser Arbeitsmodus vollkommen unnötig gewesen, wenn Christian auf ein gut organisiertes Datenmanagement hätte zurückgreifen können. Ja, wenn....

Problemstellung

Die globale Luftfahrtindustrie hat in der Corona-Krise eine beispiellose Disruption erlebt: Der Luftverkehr war im Frühjahr 2020 fast vollständig zum Erliegen gekommen –

so auch am Flughafen Frankfurt Main (kurz FRA), Deutschlands größtem Hub-Airport und Heimatstandort der Fraport AG. Seit 2023 erholt sich der Verkehr nun wieder deutlich schneller als erwartet. Um so mehr sind damit die Folgen des Personalabbaus in der Corona-Krise zu spüren. Zusätzlich werden mit dem demographischen Wandel in der nächsten Dekade fast ein Drittel der langjährigen Mitarbeiter das Unternehmen verlassen und das bei wachsendem Fach- und Arbeitskräftemangel in der Metropolregion Rhein-Main. Zugleich gilt es, die ambitionierten Klimaziele zu erreichen und als Betreiber einer kritischen Infrastruktur unter wachsenden geopolitischen Spannungen immer höhere Sicherheitsanforderungen zu erfüllen. Und als wäre das alles nicht genug, wachsen selbstverständlich auch die Erwartungen der Fluggäste auf eine bequeme, schnelle und pünktliche Reise.

Daten sind für einen Großflughafen wie FRA immens wichtig, um diese Herausforderungen zu bewältigen. Ohne sie wäre eine effiziente Abfertigung von Flugzeugen nahezu unmöglich, Fluggäste und Besucher würden sich im Terminal verlaufen, und die Einsatzleitstelle für Airport Security und Feuerwehr müsste größtenteils im manuellen (Not-)Betrieb arbeiten. Fluggäste und ihr Gepäck rechtzeitig auf den gleichen und richtigen Flieger zu bringen wäre schier unmöglich.

Wie am Eingangsbeispiel der Wetterdaten deutlich wurde, musste die Datenstrategie der Fraport überdacht und verbessert werden. Das wurde auch offensichtlich, wenn es um KI-Anwendungen oder analytische Fragestellungen ging. Ein Beispiel ist die Vorhersage von Engpässen bei den Lademeistern, die eine wichtige Rolle bei der Flugzeugabfertigung spielen. Hier haben unterschiedliche Arten der Erfassung der Mitarbeiterqualifikationen in verschiedenen Quellen zu zusätzlichen Aufwänden geführt, um die Daten nachträglich aufzubereiten und zu integrieren. Und selbst dann blieben noch einige Unstimmigkeiten bestehen und konnten nicht vollständig aufgelöst werden.

Höchste Zeit, diese Herausforderungen als Chance zu nutzen und das Datenmanagement systematisch auf ein neues Niveau zu heben.

Die Luftfahrt-Branche ist ein Netzwerk von Transport- und Logistik-Partnern. Sie braucht einen reibungslosen Informationsfluss zwischen allen Partnern, um zum Beispiel den Fluggästen eine angenehme Reise zu ermöglichen, die begrenzten Ressourcen im Luftraum effizient zu nutzen und auch in Sondersituationen wie beispielsweise Schneefall, Gewitter oder Sicherheitsereignissen die bestmögliche Qualität und Sicherheit für alle Beteiligten – insbesondere die Fluggäste – zu erreichen.

Lange Zeit wurden Daten an sich allerdings nicht als wertvolle Ressource wahrgenommen. Wenn es um Daten ging, ging es um Schnittstellen zwischen Anwendungen oder Datenformate und Transportprotokolle. Die eigentliche Bedeutung der Daten, wie sie miteinander zusammenhängen oder welche Potenziale sich durch ihre Verknüpfungen ergeben, war lange Zeit eher ein Nebenthema – und dann meist etwas für die neumodischen Kollegen aus dem Data-Warehouse- und Reporting-Team. Alles andere war den operativen Kernsystemen, genutzt in den zentralen Geschäftsprozessen, und deren Verantwortlichen vorbehalten, hier wurden wichtige Entscheidungen getroffen,

Informationen zusammengeführt und damit eine Steuerung der Prozesse des Flughafens ermöglicht.

Diese Philosophie im Umgang mit Daten reichte lange Zeit aus, aber mit wachsender Komplexität und massiv steigendem Automatisierungsbedarf ist sie nicht mehr angemessen und stößt immer öfter an die Grenzen von Skalierung und Flexibilisierung. Ganz zu schweigen von der ungenutzten Chance, für ein effizienteres, sichereres und wertschaffenderes Airport Management.

Mittlerweile haben auch die Fachexperten diese Erkenntnis zu Papier gebracht. In einer Prüfung zur Gewährleistung der Business Continuity der Kernprozesse des Flughafens – also Flugbetrieb, Sicherheit und Bodenabfertigung – wurde die Reporting- und Analytics-Plattform der Fraport AG wichtiger bewertet als zum Beispiel das Andockführungssystem (eine Art Einparkhilfe für Flugzeuge auf den Abstellpositionen) oder das Videoüberwachungssystem des gesamten Flughafens. Dies zeigt, dass Daten zu einer Schlüsselressource für den Betrieb und für ein effizientes Management des Flughafens geworden sind und dementsprechend auch anders behandelt werden sollten.

Folgende Aspekte zählen in diesem Zusammenhang zu den zentralen Herausforderungen im Umgang mit Daten.

Spaghetti mit Interface-Bolognese

Eine Diskussion über den Austausch von Daten erfolgt oftmals nur punktuell zwischen den applikationsverantwortlichen Teams. Daraus ergibt sich als Konsequenz eine Vielzahl von Eins-zu-eins-Schnittstellen, die zu einer klassischen „Spaghetti-Architektur" führt. Wie viele solcher Schnittstellen heute im Unternehmen existieren, lässt sich gar nicht mehr erfassen, es dürfte sicher eine vierstellige Anzahl sein. Die Folgen sind Protokoll- und Formatvielfalt sowie komplexe Abhängigkeitsgeflechte, die nur noch schwer zu überschauen sind und einen hohen Wartungs- und Betriebsaufwand mit sich bringen.

Auch in Bezug auf Skalierbarkeit stoßen solche Spaghetti-Architekturen schnell an ihre Grenzen und limitieren damit auch massiv die Flexibilität, auf Veränderung reagieren zu können. Mathematisch wächst die Anzahl von Eins-zu-eins-Verbindungen zwischen n Systemen zwar „nur" polynomial mit n^2. Aber selbst quadratisches Schnittstellenwachstum kann in einer historisch gewachsenen Systemlandschaft sehr schnell zur lähmenden Belastung werden. Gerade in einer Zeit, wo der Anpassungsdruck enorm steigt, da Digitalisierung und Automatisierung in allen Bereichen des Flughafens zum Schwerpunkt geworden sind, gilt es dies unbedingt zu vermeiden.

Die Transparenz der Intransparenz

Die leere Excel-Liste zu Beginn des Eingangsbeispiels zeigt das Ausmaß eines weiteren Dilemmas: Es fehlt an Transparenz darüber, wie die Daten durch das Unternehmen fließen. Sicher existieren Dokumentationen über die meisten der vielen Eins-zu-eins-Schnittstellen, aber verteilt in Projektordnern oder Teamablagen, die schwer oder gar nicht für Dritte zugänglich sind. Und so vielfältig und kreativ das Schnittstellendesign, so variabel sind auch die Schnittstellenbeschreibungen und Datenformatdokumentationen.

Das Bestreben, die Datenflüsse durchs Unternehmen nachzuvollziehen, gleicht manchmal einer Abenteuerreise, die meist mit einem leeren Excel-Dokument startet und allzu oft mit einer unvollständigen Liste endet. Transparent wird auf dieser Reise nur die Intransparenz der Dokumentation.

Data & Analytics – nice to have!

Das Data & Analytics Team hat einen enormen Appetit auf Daten und möchte sie gerne alle nutzen. Aber Daten zu exportieren und zu importieren, zu transformieren, historisieren und verfeinern und schließlich für Reporting und Analytics bereitzustellen, erfordert viel Aufwand, die richtigen Kompetenzen und Werkzeuge.

Bei vielen IT-Projekten zur Entwicklung operativer und transaktionaler Systeme (etwa Dispositionssysteme oder Prozesssteuerungssysteme) wird zwar der Bedarf nach Reporting der generierten Daten gesehen, und der verantwortliche Geschäftsprozessbereich fordert in der Regel von sich aus Reporting- und Analysefunktionen, um die Qualität im Geschäftsprozess messen zu können – aber die Bereitstellung einer Datenschnittstelle an eine Reporting- und Analyseplattform gilt als ein großer Kostenfaktor im Projektplan. Deshalb wird diese Anforderung vom Projektleiter gerne geopfert, wenn das Budget oder die Zeit knapp wird.

Von einigen Stakeholdern wird das Speichern und Zusammenführen von Daten immer noch als optionale Anforderung angesehen, was dazu führt, dass nicht alle Informationen in Form von aufbereiteten, qualitativ hochwertigen Daten dauerhaft und zeitnah archiviert werden. Das hat zur Folge, dass zukünftig auftauchende Use Cases für analytische Fragestellungen oder KI-Lösungen mit einer ungenügenden Datenbasis angegangen werden müssen – es kostet Zeit und Geld, diese Versäumnisse nachträglich wettzumachen.

Ein Beispiel dafür ist das Projekt „Predictive Maintenance in der Gepäckförderanlage (GFA)". Die GFA ist sicher das komplexeste und flächenmäßig größte technische System der Fraport AG am Flughafen FRA. Mit ihren 80 Kilometer Streckenlänge und Geschwindigkeiten von bis zu 5 Metern pro Sekunde sortiert sie bis zu 110.000 Koffer täglich und ist damit entscheidend für eines der wichtigsten Qualitätsziele des Flughafens: die garantierte Umsteigezeit von weniger als 45 Minuten für alle in FRA umsteigenden Fluggäste. Da keine Daten über Störungen einzelner Komponenten (Sensoren, Motoren, Weichen etc.) der GFA wie zum Beispiel die Mean Time Between Failure (MTBF) gespeichert waren, konnte das Projekt nicht unmittelbar mit dem Erstellen und Trainieren eines KI-Modells beginnen. Stattdessen musste man erst über längere Zeit eine geeignete

Datenbasis aufbauen. Die Archivierung der grundsätzlich verfügbaren Echtzeit-Daten aus der GFA (z. B. Betriebszeiten, Störungen, Bauteilverschleiß, Koffermenge oder gefahrene Kilometer der Gepäckwannen) wurden über Jahrzehnte vernachlässigt. Genutzt wurden diese Daten nur für die operative Steuerung. Wertschaffende Datenanalysen und KI-basierte Anwendungsfälle waren lange Zeit nicht im Blick.

My silo is bigger than your silo

Spezialisierte Fachteams neigen dazu, Daten und Wissen über „ihre" Daten in „ihren eigenen" Applikationen zu speichern, ohne die Vorteile einer übergreifenden Nutzung zu erkennen. Ein Flughafen ist jedoch ein komplexes System, in dem alle Prozesse und Services miteinander verbunden sind. Ohne Kooperation der Prozesspartner – teilweise sogar aus unterschiedlichen Firmen – kann ein Flughafen nicht funktionieren. Zum Teil verwenden spezialisierte Teams wie das Gebäudemanagement oder das Groundhandling unterschiedliche Datensysteme und erkennen meistens nicht, wie wertvoll ihre Daten für andere Bereiche des Unternehmens sein können.

Ein Beispiel aus dem Gebäudemanagement ist die Wartung und Instandhaltung der technischen Anlagen wie Rolltreppen, Aufzüge oder Förderbänder in den Fluggastbereichen des Flughafens – den Terminals. Daten über die Verfügbarkeit oder Störungen dieser technischen Fluggastanlagen können für die Kollegen des Terminalbetriebs extrem nützlich sein, um die Passagierflüsse zu steuern. So können Fluggäste bei Wartungsarbeiten oder Störungen schneller zu den relevanten Prozessorten im Passagierprozess (Check-in, Gepäckaufgabe, Sicherheits- und Grenzkontrolle, Abfluggate, Gepäckausgabeband) geführt werden. Und ein entspannter Fluggast ist auch eher für Shopping und Gastro-Angebote empfänglich – damit unterstützt die Nutzung der Wartungs- und Instandhaltungsdaten nicht nur die Servicequalität, sondern auch den Umsatz der Fraport AG.

Datenqualität und Doppelarbeit

In solchen (Daten-)Silo-Umgebungen hat die Datenqualität eine sehr individuelle Bedeutung. Man kümmert sich um die Daten, die für die eigene Arbeit relevant sind, nimmt aber wenig Rücksicht auf die Bedürfnisse anderer. Die Datenqualität wird dadurch oft beeinträchtigt, zumal auch die Datenerfassung, die ausschließlich für andere nützlich ist, eher als störend empfunden wird. Das führt neben Datenlücken nicht selten auch zu doppelt erfassten Informationen, deren Integrität und Konsistenz im Laufe der Zeit nachlassen.

Ein Beispiel sind Brandmelder und Sicherheitstüren, die von der zentralen Infrastrukturplanung im Rahmen von Bauprojekten geplant und installiert werden, vom Facility-Management gewartet und von der Flughafensicherheit zur Erfüllung der Sicherheitsanforderungen an den Flughafenbetrieb operativ eingesetzt werden. Jeder dieser Bereiche hat eine andere Sichtweise auf diese Objekte „Bandmelder" oder „Tür". Teils mit verschiedenen Informationen und Qualitätsansprüchen. Die mehrfache Erfassung von Informationen ist dabei nicht selten, was wiederum zu Mehraufwand und Inkonsistenzen führt.

Governance als Disabler

In einem heterogenen, nicht einheitlich organisierten Umfeld nimmt die Komplexität der Erfüllung von datenbezogenen Compliance- und Governance-Anforderungen schnell massiv zu. So kann ein EU-DSGVO-induzierter Löschauftrag eines personenbezogenen Datums schnell erhebliche Such- und Organisationsaufwände nach sich ziehen, selbst wenn das Datenschutzmanagementsystem gut dokumentiert ist. Darüber hinaus muss stetig geprüft werden, ob die verschiedenen Projekte und Produkte die gemeinsame Daten- und Informationsstrategie, einschließlich der Anforderungen aus der EU-DSGVO, erfüllen.

Oftmals wird Data Governance nur in Form von „Applikations-Governance" abgedeckt. Das heißt, viele Klassifizierungen und Prüfungen fanden nur statt, wenn eine neue Applikation eingeführt wurde. Das genügt aber immer weniger, da Applikationen laufend erweitert werden und somit zusätzliche Daten erfassen und verarbeiten. Vor allem im Bereich der künstlichen Intelligenz und Data Analytics entstehen durch Verknüpfung und Auswertung von Daten ständig neue Informationen, die oft an den applikationsorientierten Governance-Prozessen vorbeigehen.

Lösungsansatz

Um die Problematik des Datenmanagements effektiv anzugehen, ist es unerlässlich, zunächst ein verändertes Verständnis für den Wert von Daten und den Umgang mit Daten im Unternehmen zu etablieren. Ein eindrucksvolles Zitat eines CEO eines renommierten DAX-Konzerns bringt diese Notwendigkeit auf den Punkt: „Wer seine Daten nicht teilt, soll sich einen neuen Job suchen." Eine solche Mentalität ist von grundlegender Bedeutung, um eine datenzentrische Architektur nachhaltig erfolgreich implementieren zu können und eine grundlegende Transformation des gesamten Unternehmens anzustoßen.

Wer Daten als wichtige Ressource versteht, muss auch ehrlich die Frage stellen, wie viel Aufwand und Personal in dieses Thema investiert werden muss. In Unternehmen gibt es eine Vielzahl von Controllern, Buchhaltern und Rechnungs- und Wirtschaftsprüfern, die jeden Cent drei Mal umdrehen. Ähnliches gilt für den Einsatz von Mitarbeitern als „Human Resource". Als Ressource betrachtet, könnten Daten, einer der zentralen Enabler der nächsten industriellen Revolution, bereits mit einem Bruchteil dieser Aufmerksamkeit zufrieden sein.

Es ist jedoch auch notwendig, sich für neue Architekturkonzepte und Organisationseinheiten zu entscheiden, in denen datenzentrische Vorgehensmodelle umgesetzt werden können.

Ein wesentlicher Schritt in diese Richtung wurde bei der Fraport AG vor etwa zwei Jahren mit der Verabschiedung einer Daten- und Analytics-Strategie gemacht. Darin wurden erstmals Daten als zentrale Ressource des Unternehmens bezeichnet, mit dem Ziel, sie leichter zugänglich zu machen und Datensilos aufzubrechen – sowohl innerhalb des Fraport-Konzerns als auch mit unseren Kunden und mit unseren Partnern. Dies erfordert einen ganzheitlichen Ansatz, bei dem Datenkultur, Mitarbeiterqualifizierung und Technologie harmonisch zusammenwirken (vgl. Abb. 3.1).

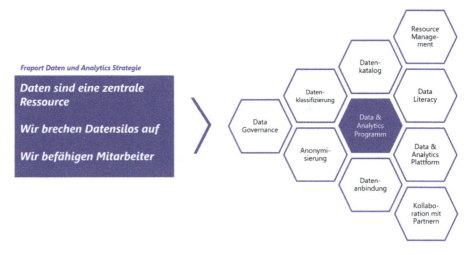

Abb. 3.1: Daten- und Analytics-Strategie der Fraport AG.

Eine weitere Konsequenz aus diesem Programm war die Entscheidung zum Aufbau eines zentralen Daten-Hubs, der alle Daten des Flughafens über eine zentrale Datenaustauschplattform routet und das Teilen von Daten für Datenproduzenten und -konsumenten zentral organisiert, dokumentiert und letztlich für alle vereinfacht.

Der Central Data Hub (CDH) dient als Herzstück der Datenverarbeitung und -verwaltung, indem er verschiedene Schlüsselfunktionen zentralisiert und bereitstellt (vgl. Abb. 3.2):

–   **Zentrale Plattform für synchrone und asynchrone Datenkommunikation**: Der Hub ermöglicht und vereinfacht den Datenaustausch in Echtzeit (synchron) sowie zeitversetzt (asynchron), indem er verschiedene Kommunikationsprotokolle und -methoden unterstützt und integriert. Dies sorgt für eine reibungslose und effiziente Übertragung von Daten zwischen unterschiedlichen Systemen und Plattformen.
–   **Inventarisierung und Katalogisierung aller Daten**: Der Hub erfasst systematisch alle vorhandenen Daten und ordnet sie in einem katalogähnlichen System.

Dies ermöglicht eine bessere Übersicht, Suche und Wiederverwendung von Datenbeständen innerhalb der Organisation.

- **Einheitliche Regelung von Zugriffsrechten nach einem vereinfachten Datenklassifizierungsschema (open, internal, restricted, selective):** Der Hub implementiert ein einfaches, aber effektives Schema zur Klassifizierung von Daten, welches die Vergabe von Zugriffsrechten standardisiert. Dadurch wird sichergestellt, dass Nutzer entsprechend ihren Berechtigungen auf Daten zugreifen können.
- **Historisierung im Data Lake:** Der Hub speichert Versionen und Änderungshistorien von Daten im Data Lake, um eine Nachverfolgbarkeit von Datenänderungen zu gewährleisten und langfristige Analysen zu ermöglichen.
- **Semantische Modellierung der Daten vor Bereitstellung für Konsumenten:** Vor der Bereitstellung für Endnutzer werden die Daten semantisch strukturiert und modelliert, um deren Bedeutung und Zusammenhänge klar zu definieren und die Nutzbarkeit zu erhöhen.
- **Anonymisierungsfunktionen, um eine EU-DSGVO-konforme Weiterverarbeitung der Daten zu vereinfachen:** Der Hub stellt Tools und Verfahren bereit, um personenbezogene Daten bei Bedarf zu anonymisieren. Dies erleichtert die Einhaltung der Datenschutz-Grundverordnung (DSGVO), indem es die Identifizierung betroffener Personen verhindert. Für viele Analysen und KI-Anwendungen ist die Anonymisierung Grundvoraussetzung, um rechtskonform zu sein.
- **Zentrale Organisation von Data-Governance-Workflows:** Der Hub koordiniert die Prozesse und Workflows, die mit der Datenverwaltung und -qualität verbunden sind, um eine konsistente und standardisierte Data-Governance-Praxis innerhalb der Organisation zu gewährleisten.
- **Richtlinien und Standards:** Der Hub definiert und überwacht die Einhaltung von Richtlinien und Standards bezüglich der Datenverarbeitung und -sicherheit, um eine hohe Datenqualität und den Schutz vor Missbrauch oder Verlust zu sichern.

Umsetzung

Mit der neuen Daten- und Analytics-Strategie wurde auch ein Programm zur Umsetzung der Maßnahmen initiiert, das in vier Handlungsfelder mit folgenden Zielen aufgeteilt ist:

Data Governance

- Implementierung einer Data-Governance-Organisation, die klare Strukturen für datenbasierte Arbeitsprozesse definiert, umsetzt und reguliert. Diese Organisation wird die Rolle übernehmen, Richtlinien und Standards festzulegen, die die Qualität, Konsistenz, Sicherheit und den effizienten Umgang mit Daten im gesamten Unternehmen sicherstellen.

- Etablierung einer vereinfachten Datenklassifizierung, die es ermöglicht, interne Daten ohne Einschränkungen unternehmensweit zugänglich zu machen. Dies fördert die Transparenz und den Austausch von Informationen, was wiederum die Zusammenarbeit und Entscheidungsfindung im Unternehmen verbessert.
- Aufbau eines zentralen Datenkatalogs, der als umfassende Ressource für die Verwaltung und Lokalisierung von Daten im gesamten Unternehmen dient. Dieser Katalog wird nicht nur dazu beitragen, die Datenverfügbarkeit und -auffindbarkeit zu verbessern, sondern auch die Effizienz datengetriebener Prozesse und Analysen zu steigern.

Infrastruktur & Technologie

- Planung und Umsetzung einer Cloud-Migration, um die Datenmanagementplattform zu modernisieren. Dieser Schritt zielt darauf ab, die Flexibilität und Skalierbarkeit der Datenverarbeitungs- und Speicherprozesse zu verbessern und gleichzeitig die Betriebskosten zu senken.
- Entwicklung einer ad hoc skalierbaren Datenarchitektur. Diese Architektur ist darauf ausgelegt, sich dynamisch an Veränderungen im Datenvolumen und an veränderte Geschäftsanforderungen anzupassen, was eine effiziente Datenverwaltung und -nutzung gewährleistet.
- Etablierung aller funktionalen Komponenten im Rahmen der Plattformstrategie. Die Integration aller erforderlichen Funktionen und Dienste in die Plattformstrategie stellt sicher, dass die Technologieinfrastruktur den Anforderungen des Unternehmens entspricht und eine solide Grundlage für zukünftige Innovationen bietet.

Datenhaltung und -austausch

- Implementierung einer zentralen Daten- und Analyseplattform (angeschlossen an den zentralen Daten-Hub), die kollaborative Nutzungsmöglichkeiten für gemeinsame Projekte mit Partnern bietet. Diese Plattform wird als Brücke dienen, um Daten und Analysen zu teilen und so eine effektive Zusammenarbeit zu ermöglichen.
- Speicherung aller Datenhistorien im Lakehouse. Dies ermöglicht eine umfassende Datenerfassung und -analyse, die für zukünftige Entscheidungsfindungen und Strategieentwicklungen von entscheidender Bedeutung ist.
- Erstellung von Richtlinien für die rechtssichere Anonymisierung von Daten. Dies schützt die Privatsphäre von Einzelpersonen und stellt sicher, dass das Unternehmen die gesetzlichen Vorschriften zur Datenverarbeitung einhält.
- Entwicklung eines Central Data Hub, auch bekannt als „Datenmarktplatz". Diese zentrale Plattform ermöglicht es, Daten effizient zu organisieren, zu verwalten und zu teilen, wodurch eine nahtlose Datenkommunikation innerhalb des Unternehmens ermöglicht wird.

– Distribution aller Daten in Echtzeit über den Central Data Hub. Dies gewährleistet einen ständigen Fluss von aktualisierten Informationen, der zur Verbesserung der betrieblichen Effizienz und zur Unterstützung von Echtzeit-Entscheidungsprozessen beiträgt.

Organisationale Kompetenz

– Entwicklung, Test, Einführung und Skalierung eines Data-Literacy-Programms. Dieses Programm zielt darauf ab, das Verständnis und die Fähigkeiten der Mitarbeiter in Bezug auf Daten zu verbessern, um eine dateninformierte Kultur im gesamten Unternehmen zu fördern.
– Einrichtung eines breit gefächerten Angebots, um alle Mitarbeiter zu erreichen. Dies umfasst:
    – Die Förderung der digitalen Bewusstseinsbildung für alle Mitarbeiter, um das Verständnis und die Akzeptanz digitaler Technologien und Prozesse zu erhöhen.
    – Das Angebot von Data-Leadership-Schulungen für Entscheidungsträger und das Management, um die Fähigkeit zur Leitung und Steuerung datengetriebener Initiativen zu stärken.
    – Die Ausbildung von Spezialisten, um spezifische Kenntnisse und Fähigkeiten in den Bereichen Datenanalyse, Datenmanagement und Datenwissenschaft zu fördern.
– Aufbau einer Data Community und Entwicklung von Konzepten für den bereichsübergreifenden Einsatz von Ressourcen. Diese Initiativen zielen darauf ab, die Zusammenarbeit und den Austausch von Best Practices zwischen den verschiedenen Abteilungen zu fördern und gleichzeitig die Effizienz und Effektivität des Datenmanagements zu verbessern.

Im Rahmen des Handlungsfelds Datenverwaltung und -austausch wurde die Architekturentscheidung getroffen, einen Central Data Hub zu schaffen. Dieser soll die technologische Basis für einen datenzentrischen Ansatz in der Informationsverarbeitung legen.

Die Aufgabe des Central Data Hub ist es, Daten als Service bereitzustellen und einen Marktplatz zu etablieren, der alle verfügbaren Daten des Flughafens beinhaltet. Analog zu einem Marktplatz, auf dem das Angebot übersichtlich und transparent dargestellt wird, sollen die meisten Daten leicht zugänglich gemacht werden. Für sensible Daten kann jedoch gelten, dass der Zugriff erst nach Zustimmung des Dateneigentümers gewährt wird.

Der Aufbau dieser Plattform wurde in drei Phasen unterteilt:

Horizon 1 – Plattform-Basisfunktionen

In der ersten Phase gilt es, die Grundfunktionalität zum Austauschen von Daten aufzusetzen und das Plattform-Team als Einheit zu formen. Im Fokus steht zunächst die Be-

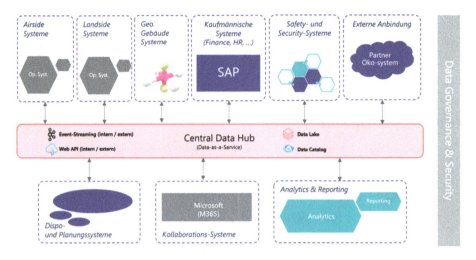

Abb. 3.2: Aufbau des Central Data Hub der Fraport AG.

reitstellung eines zentralen API-Management-Portals und einer Event Streaming Engine für die ereignisorientierte Echtzeitübertragung von Informationen. Ebenfalls wird die dauerhafte Speicherung und Historisierung aller Daten im Lakehouse als Basisfunktion der ersten Ausbaustufe verstanden, um frühzeitig die Datenbasis für darauf aufbauende Anwendungsfälle im Bereich künstliche Intelligenz und Analytics parat zu haben.

Der Abschluss dieser Phase beinhaltet die Bereitstellung aller Funktion mit höchster Verfügbarkeit, um auch Mission-Critical-Anforderungen entsprechen zu können.

Horizon 2 – Governance-Integration

In der zweiten Phase wird die Plattform mit den parallellaufenden Maßnahmen aus dem Daten- und Analytics-Programm verknüpft. Es gilt, den Central Data Hub in den unternehmensweiten Datenkatalog zu integrieren und sämtliche Freigabe- und Klassifizierungsprozesse technisch und organisatorisch aufzusetzen.

Darüber hinaus soll sichergestellt werden, dass die Daten für alle Konsumenten möglichst einfach verständlich geteilt werden. Daher wird eine Arbeitsgruppe zur semantischen Modellierung gegründet, die die bereitgestellten Informationen in ein domänenorientiertes Datenmodell überführt.

Horizon 3 – Enablement und Skalierung

In der letzten Phase gilt es, den Central Data Hub skalierbar zu machen und ein Plug-and-Play-Verfahren zur Integration von Produzenten und Konsumenten zu etablieren. Dies kann nur gelingen, wenn das Befähigen weiterer dezentraler Teams reibungslos funktioniert. Dazu wird die Einführung des Central Data Hub mit entsprechenden Schulungs- und Kommunikationskonzepten begleitet und um Konzepte zur Integration von Legacy-Systemen erweitert.

Mit einem Tutorial namens „Hello Data World" bekommen Entwickler einen schnellen und einfachen Zugang, um die neuen Technologien auszuprobieren und damit Vorbehalte und Hemmnisse rasch abzubauen.

Diese drei Horizonte sollten nicht als starre Abfolge betrachtet werden, sondern dienen lediglich als grobe Leitlinien. Eine flexible, iterative Herangehensweise wird bevorzugt, um bei Bedarf bestimmte Schritte anpassen zu können. Beispielsweise sollte bei der erstmaligen Anbindung eines völlig neuen Systems die Katalogisierung und Klassifizierung zügig erfolgen, selbst wenn die Automatisierung der Arbeitsabläufe und die Integration der Metadaten möglicherweise noch nicht vollständig umgesetzt sind.

Ergebnisse

Die Initiativen des Daten- und Analytics-Programms haben bereits nach kurzer Zeit messbare Wirkungen gezeigt. Insbesondere hat das gut strukturierte Data-Literacy-Programm nicht nur die Fähigkeiten im Umgang mit Daten verbessert, sondern auch das Interesse daran deutlich gesteigert. Inzwischen hat sich das (Data-)Awareness-Programm „DigiTalk" als festes Kommunikationsinstrument im Unternehmen etabliert, das neben Themen der Digitalisierung und Daten auch weitere relevante Aspekte der modernen Arbeitswelt abdeckt.

Die Nachfrage nach mehr Daten wächst stetig und die technischen Rahmenbedingungen für datenzentrierte Arbeitsprozesse werden durch den Aufbau des Central Data Hub und die Modernisierung der Daten- und Analytics-Plattform weiter optimiert. In weniger als einem Jahr wurden 95 Prozent der Non-SAP-Daten erfolgreich in eine moderne, cloudbasierte Analyseumgebung migriert und erste KI-Projekte initiiert. Darüber hinaus wurde innerhalb von nur neun Monaten bedeutender Fortschritt im Aufbau des Central Data Hubs erzielt, wodurch die Katalogisierung von Daten und die Transparenz von Datenflüssen auf ein neues Niveau gehoben wurden.

Bisher sind knapp 40 Systeme, darunter auch Legacy-Systeme, über den Central Data Hub angebunden und verarbeiten täglich bis zu 50 Millionen Echtzeitereignisse. Hierzu zählen viele Kernsysteme des Flughafens FRA, die Daten über Flugereignisse, Passagierprozesse, Gepäckabfertigung und Airport Retail enthalten. Zudem wurden die ersten Fluggesellschaften, externe Partner und Beteiligungen integriert, was die Vision einer übergreifenden Datenaustauschplattform, nutzbar auch mit externen Partnern, weiter vorantreibt.

Die strategische Initiative AI@FRA ist ebenfalls ein bedeutender Nutznießer der substanziell aufgewerteten Datenbasis. Das Projekt AI@FRA zielt darauf ab, das Potenzial der vorhandenen Daten durch den Einsatz diversifizierter Methoden der künstlichen Intelligenz (KI) vollständig auszuschöpfen. Im Zentrum der Initiative steht die verstärkte Ausrichtung auf datenbasierte Entscheidungsprozesse, mit dem langfristigen Ziel, eine vollständig automatisierte und vernetzte Plattform zur Steuerung der betrieblichen Kernprozesse zu entwickeln.

Parallel dazu wird angestrebt, Routineaufgaben im administrativen Büroalltag durch den Einsatz von Technologien zu vereinfachen und zu unterstützen. Dieser Ansatz dient dazu, den Grad der Digitalisierung und Automatisierung sukzessive zu erhöhen. Eine solche Entwicklung ist als strategische Reaktion auf den absehbaren Mangel an Fachkräften sowie auf die bereits zunehmende Komplexität zu verstehen, die durch gesteigerte Kundenanforderungen und verschärfte Sicherheitsbestimmungen entsteht. Ein datenzentrischer Architektur- und Methodenansatz ist für den Erfolg dieser Initiative nahezu unerlässlich.

Die größte Herausforderung besteht darin, die verschiedenen Maßnahmen synchron zu halten, da die Abhängigkeiten hoch sind und die Ressourcen begrenzt. Ohne Modernisierung der Daten- und Analytics-Plattform ist der Kompetenzaufbau der Mitarbeiter nur bedingt erfolgreich, weil sie nur damit ihre neu erworbenen Fähigkeiten innerhalb der Fraport-Datenwelt ausschöpfen können. Ohne Zugang zu Daten und deren Zusammenführung werden KI-Projekte teuer oder frühzeitig an fehlender Integration und Ungeduld der Fachbereiche scheitern. Ohne einen gut gefüllten Datenkatalog und entsprechende Governance-Strukturen bleibt das Wissen über die Daten in Silos verborgen und trägt nicht zur gemeinsamen Informationsstrategie des Konzerns bei.

Zum Abschluss lässt sich festhalten, dass ein datenzentrierter Architekturansatz weit mehr als nur Technologie ist. Ohne die Förderung einer unternehmensweiten Datenkultur und eine Befähigung aller Mitarbeiter ist es schwierig, dieses Vorhaben fest im Unternehmen zu verankern, da Denkmuster oft veraltet sind und der Fokus auf neue Aspekte durch das operative Tagesgeschäft stark eingeschränkt ist. Eine Koalition engagierter Mitarbeiter, die mit Überzeugung und Offenheit die Pionierarbeit vorantreiben, ist daher zu Beginn unerlässlich, diesen Transformationsprozess zu gestalten.

Im Kern ist die Einführung eines datenzentrischen Architekturansatzes im Unternehmen ein Beitrag zum kulturellen Wandel der Fraport AG.

Ausblick

Trotz der laufenden Implementierung sind beachtliche Fortschritte bei der Umwandlung der Non-SAP-Daten in eine datenzentrierte Gesamtarchitektur erzielt worden. Nun steht die Herausforderung an, dasselbe für den Bereich der SAP-Daten zu vollziehen. Erste Brückentechnologien von SAP werden getestet, und die Erkenntnis von SAP, dass sie zwar ein wichtiger, aber nicht der einzige Akteur im Datenökosystem eines Unternehmens sind, gibt Anlass zu Optimismus. Für die Fraport AG und Teile des Konzerns ergibt sich mit der anstehenden Migration auf SAP S/4HANA eine hervorragende Gelegenheit, die Prinzipien der datenzentrischen Architektur auch zum Designmerkmal und zur Zielsetzung für die neue SAP-Landschaft zu machen.

Nachdem eine erste Gruppe aufgeschlossener Mitarbeiter die neuen Technologien und Konzepte positiv aufgenommen hat, besteht die nächste Aufgabe darin, diese Ideen breiter zu verankern. In der Regel erreicht man einen Punkt, an dem das neue Angebot eine Art Gravitationskraft entwickelt. Das vielfältige Datenangebot, die Vorteile des automatisierten Datenmanagements und das umfangreiche Fachwissen beginnen von selbst zu überzeugen und erfordern weniger Interventionen des Top-Managements, um die verschiedenen Produktionsteams extrinsisch zu motivieren.

Ein kontinuierlicher Schwerpunkt der Arbeit besteht darin, die Mitarbeiter in den dezentralen Teams zu befähigen. Dies beinhaltet sowohl andere IT-Produktteams als auch technikaffine Mitarbeiter in den Fachbereichen. Die leichte Zugänglichkeit und Verständlichkeit der neuen Technologien und Konzepte soll in den nächsten Phasen weiter ausgebaut und auch auf externe Partner und Konzerntöchter ausgeweitet werden. Veränderungen erfordern Zeit zum Lernen, daher sind die Erfolge dieser Bemühungen auch mit gewissen Geduldsproben verbunden.

Die wichtigste Maßnahme ist der Aufbau einer unternehmensweiten Data-Governance-Struktur. Durch die Einrichtung eines Data Office und die Bündelung von Verantwortlichkeiten und Prozessen soll sichergestellt werden, dass alle Unternehmensbereiche ihre Digitalisierungsbemühungen an der zentralen Daten- und Analysestrategie ausrichten und einheitliche Standards erfüllen. Besonders im Bereich der Datenqualität ist hier ein zusätzlicher Impuls zu erwarten. Der Reiz von KI-Projekten liegt in ihrer unverblümten Offenheit, Probleme in der Datenqualität und -verfügbarkeit aufzudecken. Aktuell erlebt die Fraport AG einen Ruck durch das ganze Unternehmen hinsichtlich der Datenqualität, ausgelöst durch ein Projekt zur Vorhersage des Turnarounds einer Flugbewegung, bei dem fehlerhafte oder verspätete Dateneingaben und Inkonsistenzen die Qualität der Ergebnisse erheblich beeinträchtigen.

Die Fraport bringt Daten zum Fliegen und damit dem Corporate Claim ein ganzes Stück weiter – *connecting the world with tomorrow.*

Über die Autoren

Rolf Felkel

Dr. Rolf Felkel begann seine Karriere bei Fraport im Januar 2000, nachdem er sein Mathematikstudium abgeschlossen hatte, zunächst als Lösungsentwickler für landseitige Systeme. Zwischen 2001 und 2004 war er Teil der Projektmanagementgruppe der IT-Abteilung von Fraport und übernahm anschließend von 2005 bis 2006 die Leitung eines Teams von internen IT-Beratern. Im Januar 2007 wurde er zum Senior Manager für landseitige Systeme ernannt und übernahm im September 2007 die Verantwortung für die Entwicklung und Betreuung sämtlicher luftseitigen, terminal- und sicherheitsbezogenen IT-Lösungen. Seit Oktober 2017 bekleidet Dr. Felkel die Position des Senior Vice President für Application Development und Support Services und ist zuständig für alle Anwendungen in der IT-Abteilung des Frankfurter Flughafens.

Christian Wrobel

Christian Wrobel hat sich als Diplom-Ingenieur der Informationstechnik durch eine Vielzahl von Rollen innerhalb des Fraport-Konzerns wie Entwickler, IT-Architekt und Data Scientist tiefgreifende IT-Kenntnisse erarbeitet. Seine Expertise umfasst die Entwicklung innovativer Softwarelösungen, das Design robuster Systemarchitekturen und das Entschlüsseln komplexer Datenmuster. Seit Januar 2021 treibt Christian Wrobel als Chief Data Architect bei Fraport die strategische Entwicklung der Dateninfrastruktur voran. In dieser Schlüsselposition gestaltet er maßgeblich die Zukunft des Unternehmens durch die Optimierung der Datennutzung und -analyse.

Dietgar Völzke

4 Transformation der Daten- und Dokumentenverarbeitung in einem Tech-Finanzunternehmen

Zusammenfassung: Beim Tech-Finanzunternehmen Netfonds AG stiegen gleichzeitig die Zahl der nicht verarbeiteten Daten und Dokumente und die dafür aufgewendeten Personalkosten. Um das Problem zu lösen, entschied sich das Unternehmen für einen neuen Ansatz bei der Datenverarbeitung auf der Grundlage künstlicher Intelligenz und einer datenzentrischen Architektur.

Die Netfonds AG agiert mit einem breiten Leistungsspektrum in Form eines Makler-pools, Haftungsdachs, Mehrfachagenten oder Vermögensverwaltung im Finanzdienst-leistungssektor und deckt somit die Wertschöpfung der Finanzdienstleistung ganzheit-lich ab. Als Tech-Finanzunternehmen im B2B-Sektor bietet die Netfonds AG über die eigenentwickelte 360-Grad-Plattform hierfür eine Lösung für Makler und Vertriebe. Die-se Plattform bildet das Geschäft von Antrag bis hin zum Vertragsabschluss und der Provisionsauszahlung ab.

Im Jahr 2022 stellte die Geschäftsführung fest, dass im Bereich der Daten- und Do-kumentenverarbeitung die Personalkosten massiv anstiegen. Grund hierfür war die zunehmende Masse an Daten und Dokumenten – die halbautomatisierte Verarbeitung kam an Grenzen, sodass eine steigende Anzahl an Dokumenten vermehrt manuell auf-gearbeitet werden musste. Obwohl die Zahl der Beschäftigten stetig stieg, gelang es nicht, Daten und Dokumente fristgerecht aufzuarbeiten und zur Verfügung zu stellen. Der bisherige Daten- und Dokumentenfluss, welcher 20 Jahre hervorragend funktio-nierte, wurde zum Problem.

Es gibt mehrere Hundert Versicherer, die ihren Sitz in Deutschland haben oder Ge-schäfte in Deutschland betreiben. Ein Versicherungsvertrieb oder ein einzelunterneh-merischer Makler kann die Anbindung und Verwaltung der Daten- und Dokumenten-ströme mit einer so großen Zahl von Versicherungsgesellschaften aus wirtschaftlichen und personellen Gründen nicht leisten.

Dieses Problem löst die B2B-Plattform der Netfonds AG. Ein Versicherungsmakler oder -vertrieb reicht den Antrag über die B2B-Plattform des Unternehmens bei der Versi-cherungsgesellschaft ein. Die Netfonds AG erhält die zugehörigen Daten und Dokumente zum Vertragsprozess. Nach Extraktion und Aufbereitung stehen die Daten dem Kunden über die Plattform zur Verfügung (vgl. Abb. 4.1).

Dietgar Völzke, Netfonds AG, Hamburg, 73 Heidenkampsweg, 20097 Hamburg, Deutschland, e-mail: dvoelzke@netfonds.de

https://doi.org/10.1515/9783111048673-004

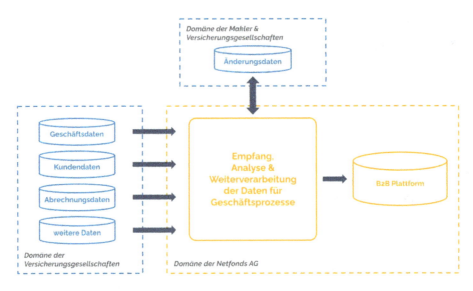

Abb. 4.1: B2B-Plattform der Netfonds AG.

Versicherungsgesellschaften und angebundene Makler/Vertriebe stellen ihre Daten und Dokumente der Netfonds AG zur weiteren Verarbeitung zur Verfügung. Bis 2022 wurden diese Daten durch ein Template-basiertes OCR-Werkzeug (Optical Character Recognition, optische Zeichenerkennung) eines Fremdanbieters teilautomatisiert erkannt und verarbeitet. Die Heterogenität der Daten- und Dokumentenstruktur sowie die dynamischen Anpassungen von Datentypen hebelten die Automatismen allerdings aus und machten weiterhin eine manuelle Verarbeitung erforderlich.

Beispiel: Die Versicherungsscheinnummer ist ein eindeutiges Zuordnungskriterium, zu welchem Vertrag das eingegangene Dokument gehört. Einige Versicherungsgesellschaften ändern regelmäßig einmal im Jahr die Versicherungsscheinnummern all ihrer Verträge. Das kann bedeuten, dass die Nummer sowohl eine andere Form bekommt (Buchstaben-Zahlen-Kombination statt Zahlenfolge) als auch im Dokument an einer anderen Stelle platziert ist. In der Datenlieferung wird die neue Nummer als Referenzwert mitgegeben, jedoch nicht mehr die alte. Die vorhandenen Templates suchen an definierten Orten im Dokument. Wird dieser Ort oder auch die Zeichenkombination verändert, findet das Template die Nummer nicht. Das Dokument wird unbekannt ausgesteuert und muss manuell nachbearbeitet werden.

Das zunehmende Wachstum der Daten und Dokumente machte den Prozess unflexibel, langsam und intransparent. Fehlende Flexibilität entstand zum Beispiel durch ein limitiertes OCR-Kontingent seitens des Anbieters, das nicht dynamisch angepasst werden konnte in Abhängigkeit von der Liefermenge. So bildete sich in Spitzenzeiten ein Rückstau vor der OCR. Dieser Rückstand wurde erhöht durch die steigende Last bei der händischen Verarbeitung, die proportional zum Dokumentenwachstum zunahm. Aus der Not heraus etablierten sich Lösungen wie das Zwischenspeichern der Dokumente an verschiedenen Orten zur Nutzung von zusätzlichen internen Werkzeugen. Es war nicht mehr transparent, welches Dokument wann von wo und von wem in das Zielsystem mit welchem Datensatz übergeben wurde. Dokumente wurden unnötig doppelt verarbeitet durch die verschiedenen Speicherorte oder teilweise gar nicht.

Fehlerhafte Datenextraktionen oder Änderungen konnten nicht oder nur schwer identifiziert werden, und ein valides Reporting als Analyse des Geschäftsprozesses war nicht möglich.

Damit ergaben sich folgende sechs Herausforderungen für die Netfonds AG:
1. stetig wachsende Daten- und Dokumentenlieferungen,
2. intransparenter interner Datenfluss durch diverse Datenkanäle und voneinander abgekoppelte Verarbeitungsprozesse,
3. hohe Kosten durch intensiven personellen und manuellen Aufwand,
4. betreuungsintensive Fremdtechnik, die wiederum hohen Personalaufwand erzeugte,
5. Unzufriedenheit der Kunden hinsichtlich der Datenbereitstellung und -qualität,
6. Datenhaushalt kann den unternehmenseigenen Serviceideen und Visionen nicht genügen.

Informationsflut in der Finanzdienstleistungsbranche

Eine globale Studie von Capgemini und Quorus zeigt, dass die Finanzdienstleistungsbranche mit ernsthaften Herausforderungen beim Datenmanagement konfrontiert ist.[38] Die Informationsflut ist schier überwältigend. Täglich strömen Unmengen von Daten und Dokumenten aus unterschiedlichsten Quellen in die Unternehmen – von Kundenanfragen über Vertragsabschlüsse bis hin zu regulatorischen Dokumenten.

Die Herausforderung liegt dabei nicht nur darin, die Daten zu verarbeiten, sondern vor allem darin, diesen Datenstrom effizient zu steuern. Unstrukturierte Daten müssen geordnet, klassifiziert und gesichert werden, um einen reibungslosen Arbeitsablauf zu gewährleisten.

Aber woher kommt diese Flut? Einerseits liegt dies am immer vielfältigeren und komplexen Produktangebot. Die Kunden verlangen zunehmend nach maßgeschneiderten Finanzprodukten. Jeder Haushalt besitzt mittlerweile eine Vielzahl von Girokonten, Depots und hochkomplexen Versicherungsprodukten.

Andererseits steigen die regulatorischen Anforderungen und erhöhen das Daten- und Dokumentenvolumen. Insbesondere die hohe Produktkomplexität erfordert präzise und aktuelle Daten, um fundierte Entscheidungen treffen zu können. Mangelnde Datenqualität kann zu Fehlentscheidungen führen, die das Kundenvertrauen beschädigen.

---

38 World Retail Banking Report 2022, Capgemini, Quorus.

Skalierbare Cloud-Angebote und Datenverschwendung

Die Entwicklungen im Bereich des Cloud-Computings haben zweifellos viele Vorteile mit sich gebracht. Speicherplatz und Prozesszeiten sind kostengünstiger geworden und haben so die Kapazität zur Datenspeicherung enorm erweitert. Allerdings birgt dies auch die Gefahr der Datenverschwendung.

Die scheinbar unbegrenzten Ressourcen führen zu einer geringeren Sensibilisierung für das Prinzip der Datensparsamkeit. Unternehmen neigen dazu, mehr Daten zu sammeln und zu speichern, als wirklich notwendig ist. Fehlende Konsolidierung und Disziplin bei der Datenverwaltung führen zu einer regelrechten Inflation an redundanten Informationen. Das führt regelmäßig zu den folgenden Problemen:

- **Hohe Kosten durch personell-manuellen Aufwand:** Die Datenflut zu bewältigen, erfordert einen erheblichen personellen und manuellen Aufwand, der mit hohen Kosten verbunden ist.
- **Schlechterer Schutz personenbezogener Daten:** Die Compliance-Vorgaben zum Schutz personenbezogener Daten können aufgrund der Masse an Informationen nur schwer umgesetzt werden, was ein erhebliches Risiko für Datenschutzverletzungen darstellt.
- **Unzureichender Datenhaushalt für Unternehmensziele:** Die unzureichende Datenqualität und -verfügbarkeit erschweren die Umsetzung unternehmenseigener Service-Ideen und Visionen erheblich.
- **Unzufriedene Kunden:** Kunden erwarten eine schnelle und präzise Bereitstellung von Informationen. Bei Mängeln in der Datenqualität und -bereitstellung sind sie schnell unzufrieden und wandern eventuell sogar ab. Auch können Angebote für das Neugeschäft durch präzise, aktuelle und vollständige Daten nicht automatisiert werden und müssen somit den Kunden individualisiert zur Verfügung gestellt werden.

Exkurs: Demotivation von Mitarbeitern

Die oben genannten Herausforderungen und deren Konsequenzen sind im Allgemeinen schon lange bekannt und stehen im Fokus. Auf eine Herausforderung wird aber oft zu wenig Augenmerk gelegt: die demotivierende Wirkung von unvollständigen, veralteten und falschen Daten auf Mitarbeiter.

In einer Studie von ABBYY[39] gaben 58 Prozent der Teilnehmer an, dass sie nicht auf Daten in Dokumenten zugreifen können, die sie für ihre Arbeit benötigen. 95 Prozent der

---

39 ABBYY, 2021.

Befragten haben einen wöchentlichen Arbeitsaufwand von acht Stunden, um in Dokumenten nach Informationen zu suchen. Dies verzögert Prozessabschlüsse, steigert den manuellen Aufwand, erhöht die Fehlerrate und verschlechtert die Kundenerfahrung. Alle diese Punkte erzeugen negative Effekte bei den Mitarbeitern, die sich um die konstruktive, gute Zusammenarbeit mit ihren Kunden kümmern möchten bzw. komplexere Kundenaufgaben zu erledigen haben.

Der Demotivationseffekt, gepaart mit einem Fachkräftemangel sowie einem Arbeitnehmermarkt, haben einen enormen negativen Effekt auf das Unternehmen und stellen ein hohes Unternehmensrisiko dar.

Ziel, Lösungsalternativen und Entscheidung

Das zu verarbeitende Daten- und Dokumentenvolumen wuchs bei der Netfonds AG zuletzt jährlich um 20 Prozent, Tendenz steigend. Das Ziel war es, einen skalierbaren und effizienten Verarbeitungsprozess einzuführen, der Daten schnell und qualitativ hochwertig auf der Plattform bereitstellt. Dies ist erforderlich, um die daran gekoppelten Geschäftsprozesse nicht zu beeinträchtigen und die Kundenzufriedenheit zu erhalten. Welche Lösungsoptionen standen dafür zur Verfügung?

Eine erste Lösungsoption war, mehr Personal einzustellen, um die sogenannte Hellverarbeitung (manuelles Auslesen und Eingabe der Daten) auszubauen. Dadurch wären allerdings hohe Zusatzkosten entstanden. Dies hätte man bedingt umgehen können, indem man die Hellverarbeitung der Daten an einen ausländischen Standort verlagert, wo die Stundensätze günstiger sind. Diese Lösung schied aus ethischen Gründen sowie aufgrund von Bedenken hinsichtlich des Datenschutzes aus. Auch der damit einhergehende Verlust der Datenhoheit sprach gegen diesen Ansatz.

Eine weitere Alternative bestand darin, die Kontingente des eingekauften OCR-Werkzeugs aufzustocken und es weiterzuentwickeln, sodass es den Anforderungen genügt. Die Grundlage des Werkzeugs ist eine Template-basierte Methodik – bei einer Weiterentwicklung wäre der Aufwand zur Pflege und Aktualisierung der Templates hoch geblieben. Da Volumina und Komplexität der gelieferten Daten und Dokumente stetig zunehmen, wäre dies finanziell unkalkulierbar gewesen.

Damit wird deutlich, dass die beschriebenen Lösungsoptionen weder skalierbar noch effizient sind.

Im Jahr 2022 analysierte die Netfonds AG ein versicherungsspezifisches Branchendatenformat, in dem die Versicherungsgesellschaften die Möglichkeit haben, ihre Daten und Dokumente in einem standardisierten Format zur Verfügung zu stellen. Dieses Datenformat liefert die Metadaten zu Zigtausenden Dokumenten der jeweiligen Gesellschaft.

Die genauere Analyse ergab allerdings große Unterschiede bei den zur Verfügung gestellten Metadaten. Ein Teil der Versicherer bedient dieses Format nicht, da das technische und fachliche Know-how fehlt. Der andere Teil stellt die Daten in unterschiedlicher Qualität zur Verfügung. Dies führt wiederum zu einer uneinheitlichen Datenlieferung trotz Standards. Bestimmte Daten stehen standardisiert als Metadaten bereit, andere Geschäftsvorfälle hingegen weiterhin via CSV, E-Mail oder Post.

Ein weiterer Lösungsansatz ist die Daten- und Dokumentenverarbeitung mittels Technologien der künstlichen Intelligenz, die sogenannte intelligente Dokumentenverarbeitung (IDP). Dieser Ansatz verwandelt unstrukturierte Daten in strukturierte, maschinell lesbare Daten und ermöglicht so eine durchgängige Automatisierung der dokumentenzentrierten Geschäftsprozesse. Die Basis bilden mehrere Machine-Learning-Modelle, die mittels OCR-Technik Daten klassifizieren und extrahieren sowie den nachgelagerten Prozessen zur Verfügung stellen.

Die Netfonds AG entschied sich schließlich für eine Kombination des Branchendatenformats mit der intelligenten Dokumentenverarbeitung.

Umsetzung

Die Umsetzung startete im Jahr 2022 und dauert bis heute an. Sie ist aufgrund der bestehenden Legacy-Systeme ein iterativer und teilweise explorativer Weg.

Das Projekt „IDP" wurde im Fachbereich Versicherung angesiedelt. Ein Team aus dem Fachbereich wurde mit der Projektleitung und -umsetzung betraut und durch Spezialisten aus der IT-Entwicklung und dem IT-Datenmanagement unterstützt. Gemeinsam setzte das Team einen Proof of Concept auf, um ein geeignetes Machine-Learning-Modell am Markt zu identifizieren. Der Hintergedanke hierbei war, dass der Fachbereich das Modell selbst trainiert, nutzt und betreibt. Die Datenmanager konzentrierten sich parallel auf die Analyse und Verarbeitung der Metadaten, die bereits vorhanden waren.

Nach sechs Monaten kam die Ernüchterung – das Projekt brachte in dieser Aufstellung nicht den gewünschten Effekt. Die Altsysteme waren weiterhin genauso überlastet wie die Mitarbeiter, und die Datenqualität ließ weiterhin zu wünschen übrig. Es wuchs die Erkenntnis, dass durch langjährig eingeprägte Muster in den Arbeitsprozessen nicht, wie gewünscht, neue Wege entstanden, sondern die Mitarbeiter in allen Bereichen alte Logiken und Fachlichkeiten kopierten. Nur das Werkzeug war ein anderes. So konnte sich nicht der gewünschte Erfolg einstellen. Wie schon Henry Ford sagte: „Wenn du immer das tust, was du immer getan hast, wirst du bekommen, was du immer bekommen hast."

Der Faktor Mensch wurde nicht ausreichend bedacht: Einige Mitarbeiter sahen in den neuen technologischen Möglichkeiten eine Bedrohung. Wenn IDP wie geplant mithilfe künstlicher Intelligenz die Datenextraktion und Datenbereitstellung skaliert, würden damit Aufgaben wegfallen, die aktuell von Menschen erledigt werden.

Das Projektteam und die Verantwortung für das Projekt wurden deshalb neu aufgesetzt. Da bereits zu diesem Zeitpunkt deutlich war, dass die Erarbeitung einer skalierbaren Daten- und Dokumentenverarbeitung nicht nur für den Fachbereich Versicherung, sondern für das gesamte Unternehmen einen Mehrwert stiftet, wurde das Projekt zentral in der IT angesiedelt. Das Team setzte sich nun aus Datenmanagern, IT-Testern, Entwicklern und Schnittstellenfunktionen mit hohem technischem Verständnis zusammen.

Bei der Neuausrichtung des Teams war das Mindset entscheidend: Offenheit für Neues, Neugierde und die Bereitschaft, Altbewährtes loszulassen, mit der Begeisterung, neue, skalierbare Prozesse aufzubauen. Der Fachbereich Versicherung war weiterhin eng involviert und wurde zum wichtigsten Stakeholder.

Nach der Neuausrichtung des Projektes lag das Augenmerk darauf, einen neuen Datenverarbeitungsprozess zu konzipieren und zu bauen. Ziel war es, innerhalb der kommenden neun Monate 40 Prozent der ankommenden Daten und Dokumente vom Altsystem auf das neue umzuleiten.

Der neue Verarbeitungsprozess beinhaltet folgende sequenzielle Module (vgl. Abb. 4.2):

– Nutzung der Metadaten des standardisierten Datenformats der Branche Versicherung.
– Anwendung der „RegEx"-Funktionalität (Regular Expression, regulärer Ausdruck) – mit RegEx werden Suchmuster definiert, die helfen, in größeren Texten definierte Ausdrücke zu finden. Ein Beispiel ist die Ermittlung eines Zahlbeitrages inklusive Zahlweise auf einer Rechnung mit anschließender Extraktion dieser Werte.
– Anwendung eines IDP-Werkzeugs – mehrere Machine-Learning-Modelle verwandeln unstrukturierte Daten, zum Beispiel aus PDF, JPEG oder E-Mails, in strukturierte, maschinell lesbare Daten und bereiten diese für die Folgeprozesse auf.

Die erfolgreiche Orchestrierung dieser Module ist die Basis aller vor- und nachgelagerten Geschäftsprozesse. Auch der Umstand, dass technologische Lösungen nicht alles erfassen können, wird berücksichtigt. Der Mensch wird in der Hellverarbeitung weiterhin benötigt.

Im Zuge der Konzeption wurden weitere Hindernisse sichtbar, die vorher keine Berücksichtigung fanden: Ein Datenstrom innerhalb eines Geschäftsprozesses bedarf eines definierten Prozesses, in dem alle Anforderungen, Auslöser und Wechselwirkungen bekannt sind. Zum Beispiel: Was geschieht mit diesen Daten? Wer braucht diese Daten zur weiteren Verwendung und welche Systeme müssen dafür angesprochen werden? Was löst diese Dateninformation an Folgeprozessen aus?

Viele dieser Prozesse sind nicht zu Ende definiert. Das bedeutet für das IDP-Projekt einen hohen zeitlichen Aufwand, um diese Lücke gemeinsam mit dem Fachbereich zu schließen. Erst dann können die Daten und Dokumente entlang des Geschäftsprozesses verarbeitet und bereitgestellt werden.

Je weiter das Projekt vorankommt, desto deutlicher wird ein weiterer Sachverhalt: Es gibt drei Systeme, die eine Datenhoheit für sich beanspruchen und die benötigten Daten unterschiedlich vorhalten, dadurch unterschiedliche Aktualitäten besitzen und ausspielen. Die dadurch entstehenden Wechselwirkungen senken die Datenqualität. Ziel ist

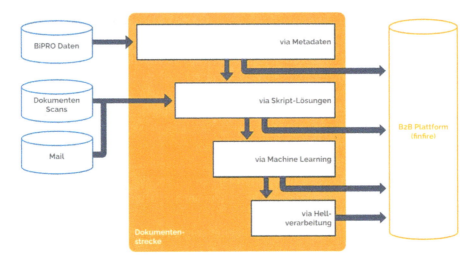

Abb. 4.2: Neuer Verarbeitungsprozess der Netfonds AG.

es, parallel zum Aufbau eines neuen Datenprozesses, die drei Systeme auf einen Master zu reduzieren.

Durch den Einsatz künstlicher Intelligenz wird auch immer deutlicher spürbar, dass diese ihren Mehrwert nur erreichen kann, wenn die Datenbasis für die KI-Werkzeuge qualitativ hochwertig und vor allem konsistent und nicht redundant ist. Werden die gleichen Daten unterschiedlich und inkonsistent in das Machine-Learning-Modell eingesteuert, benötigt es viel mehr Zeit, bis der selbstlernende Abstraktionseffekt einsetzt. Dadurch investiert das Projektteam viel Zeit in die Datenanalyse und Prozesse zur Datenbereitstellung.

Hierbei werden die Vorteile einer datenzentrischen Architektur deutlich. Die Aufwände, die im Vorfeld in den Aufbau einer datenzentrischen Architektur gesteckt werden müssen, zahlen sich im Nachhinein um ein Vielfaches aus. Im Fall der Netfonds AG ergeben sich folgende Vorteile:

- Verbesserung der Datenqualität durch Zusammenführung der Daten in einem zentralen Repository – Fehler, Dubletten und Inkonsistenzen sind leichter zu identifizieren;
- Effizientere Datenverwaltung durch zentrale Datenverwaltung und -speicherung – Zeitaufwand und Kosten können reduziert werden;
- Verbesserung der Datensicherheit – durch die zentrale Speicherung können regulatorische Anforderungen besser eingehalten und umgesetzt werden.

Datenzentrierung bedeutet eine Umkehrung der bisherigen Denkweise: erst die Daten, dann das System.

Ergebnisse

Durch die Neuausrichtung des Daten- und Dokumentenflusses hat sich die Dauer der Bereitstellung der Daten und Dokumente auf unter 72 Stunden von Eingang bis hin zur Auslieferung auf der Plattform verkürzt. Aktuell ist noch das Altsystem samt Altprozessen parallel im Einsatz, sodass sich dies gut vergleichen lässt. Auf der alten Verarbeitungsstrecke liegt die Prozessdauer teilweise bei mehreren Wochen.

Von der eingehenden Daten- und Dokumentenlast werden ca. 65 Prozent bereits über das neue System verarbeitet. In Zahlen bedeutet dies, dass im Januar 2024 ca. 67.000 Dokumente geliefert wurden und ca. 47.000 via neue Verarbeitung bereitgestellt wurden.

Zusammenfassung und Ausblick

Die Erfahrungen aus dem Transformationsprojekt zeigen deutlich, dass eine gute Architektur sowie ein Gesamtplan nicht nur hilfreich, sondern essenziell bei der Umsetzung sind. Aber auch bei einem guten Plan sollte das Projektteam stets im Sinne des agilen Mindsets vorangehen. Dazu gehört immer wieder die Reflexion der Teilergebnisse, iterative kleine Schritte und die Bereitschaft, auch Bestehendes, Gewachsenes und Liebgewonnenes mutig über Bord zu werfen.

Auf keinen Fall ist der Mensch als entscheidender Erfolgsfaktor zu vernachlässigen. Trotz viel moderner Technologie und ausgeklügelter Prozesse bleibt er zentral. Der Mensch kann im positiven Sinne viele unmögliche Themen möglich machen, aber auch maximal disruptiv sein – wenn er nicht mit Engagement und Offenheit handelt.

Des Weiteren ist es wichtig, zu akzeptieren, dass man sich auf einen Weg begibt, der sowohl zeitlich als auch inhaltlich nicht hundertprozentig feststeht. Feste Versprechungen und zugesicherte Ergebnisse „bis zu Tag X" sind hierbei kontraproduktiv.

Die größte Erkenntnis aus dem oben genannten Projekt besteht in der Tatsache, dass eine datenzentrische Architektur von Beginn an die Umsetzung der Aufgabe um ein Vielfaches vereinfacht hätte. Sie ist insbesondere für die Einführung künstlicher Intelligenz von herausragender Bedeutung.

Während viele – insbesondere junge – Unternehmen erfolgreiche KI-Lösungen anbieten und einsetzen, hat die große Mehrheit der Unternehmen damit zu kämpfen, das große Datenvolumen irgendwie zu bewältigen. Es ist daher unerlässlich, dass auch Unternehmen in der Versicherungs- und Bankenbranche gezielte Maßnahmen ergreifen, um diesen Herausforderungen zu begegnen und eine effiziente Datenverwaltung zu etablieren. Nur so können sie den steigenden Anforderungen in einer digitalisierten Welt gerecht werden. Und hierbei geht es nicht nur um die Einführung von Intelligent Document Processing, sondern um alle möglichen KI-Anwendungen im Unternehmen.

Die Einführung von KI verlangt nach einem datenzentrischen Ansatz. Dieser ist für trag- und zukunftsfähige Geschäftsprozesse zwingend und dient mitnichten dem häufig unterstellten zentralistischen Selbstzweck.

Eine Zukunft für Unternehmen aus der Finanzbranche ist nur noch durch den Einsatz künstlicher Intelligenz vorstellbar. Ohne datenzentrischen Ansatz kann eine künstliche Intelligenz nicht den gesamten Mehrwert bieten bzw. es ist unverhältnismäßig aufwendig, bis dieser erreicht ist, auch kaufmännisch betrachtet. Eine Zukunft für Unternehmen aus der Finanz- und Versicherungsbranche ist nur noch auf der Grundlage von datenzentrischen Modellen denkbar.

Über den Autor

Dietgar Völzke

Dietgar Völzke ist Vorstand Technology bei der Netfonds AG. Der Diplom-Wirtschaftsinformatiker war davor mehrere Jahre als Leiter Business Processes & IT Strategy der Volkswagen Financial Services AG tätig. Mit zunehmender Digitalisierung liegt sein Fokus darauf, die erforderlichen Veränderungen von der IT zum Business Enabler voranzubringen. Durch seine Erfahrungen und sein Wissen schafft Dietgar Völzke die Konnektivität zwischen einer modernen Arbeitsorganisation und der erforderlichen digitalen Transformation. Damit legt Dietgar Völzke maßgeblich die Basis für die technologische und prozessuale Zukunftsfähigkeit der Netfonds Gruppe, um die strategischen Unternehmensziele zu erreichen.

Carsten Breithaupt
5 Gelbe Seiten oder: Wie finde ich Daten?

Zusammenfassung: Ein Transport-Dienstleister hat eine historisch gewachsene und heterogene Datenlandschaft. Das Aufsetzen von datengetriebenen Projekten erfordert jedes Mal von Neuem einen großen Aufwand für die Identifikation, Analyse und Bereitstellung der benötigten Daten. Das Unternehmen entschied sich deshalb für den Aufbau eines Katalogs, in dem Daten wie Produkte gesucht und anschließend konsumiert werden können. Der Artikel beschreibt die Designprinzipien des Katalogs, seine Governance und praktische Einsatzszenarien.

Ausgangssituation

Ein größerer Transport-Dienstleister in Deutschland besteht aus mehreren Geschäftsfeldern. Aufgrund von Zukäufen und einer eher föderierten Beziehung der Geschäftsfelder und der Einzelfirmen untereinander gibt es eine heterogene und gewachsene Datenlandschaft mit mehreren Data Warehouses, Data Lakes und vielen IT-Systemen mit sich überschneidenden Daten.

Unterschiedliche Abteilungen des Transport-Dienstleisters analysieren vorhandene Daten, um Geschäftsprozesse zu optimieren und Kundenwünsche zu untersuchen. Immer häufiger steht am Anfang von datengetriebenen Projekten und Initiativen eine intensive Analysephase der vorhandenen Daten. Dazu gehört ihre Lokalisation in den IT-Systemen, das Verständnis ihrer Strukturen und auch die Analyse ihrer Qualität.

Für Teile der Datenlandschaft gibt es Inventare und Beschreibungen der Daten in der Form von Datenmodellen, Wikis oder auch fachlichen Dokumentationen. Diese sind aber nicht miteinander verknüpft, haben einen unterschiedlichen Aktualisierungsstand und sind nicht einfach zugänglich.

Anwendungsfall: Nutzung von Daten zur Optimierung der Verkaufsprozesse

Im hier betrachteten Fallbeispiel wird für die Optimierung der Verkaufsprozesse für Endkunden ein Projekt aufgesetzt. Als Erstes soll eine Ist-Analyse des Prozesses erstellt werden. Dafür werden Daten der folgenden Art benötigt: Welches Produkt wird in welchem Markt von welcher Kundengruppe besonders häufig bzw. besonders selten ge-

Carsten Breithaupt, Deutsche Lufthansa AG, Flughafen-Bereich West, Airportring, D-60546 Frankfurt/Main, Deutschland, e-mail: carsten.breithaupt@dlh.de

https://doi.org/10.1515/9783111048673-005

kauft? Welches Produkt wird besonders häufig reklamiert und von welcher Kundengruppe?

Damit muss das Projektteam zunächst die folgenden Fragen beantworten: Wo finde ich diese Daten? Sind die Daten, die ich in mehreren Systemen finde, qualitativ gleich gut oder schlecht, und wer kann dies beantworten? Wie komme ich an die Daten heran? Wer kann mir bei all diesen Fragestellungen technisch helfen?

Natürlich startet das Projekt nicht bei null. In ersten Interviews mit Ansprechpartnern aus einigen Abteilungen werden Dokumentationen auf einem Sharepoint oder auch in Wikis bereitgestellt. Aber leider sind nicht alle diese Unterlagen aktuell.

Nach einigen Wochen oder Monaten Arbeit konnte endlich ein guter Ist-Zustand erhoben werden. Das Projektteam identifizierte verschiedene nützliche Datenquellen, sie verstanden die Daten und deren Bedeutung. Pro Datenquelle gibt es nun eine Möglichkeit, die Daten bereitzustellen. Vertraulichkeitsvereinbarungen, Datenschutz und Compliance-Themen wurden dabei berücksichtigt.

Diese Erkenntnisse dokumentiert das Projektteam auf dem projekteigenen Sharepoint. Im Laufe des Projektes werden in Workshops mit Mitarbeitern aus unterschiedlichen Verkaufsbereichen gute Vorschläge zur Optimierung des Prozesses entwickelt und umgesetzt. Das Projekt ist damit erfolgreich beendet. Die Projektmitarbeiter wenden sich anderen Projekten zu. Die aufwendig erstellte Dokumentation wird dem Verkaufsbereich im Rahmen der Projektabnahme übergeben.

Nach einigen wenigen Monaten stellen neue Projekte bzw. deren Mitarbeiter fest, dass an einigen Stellen die Dokumentation nicht mehr aktuell ist. In den Quellsystemen mussten Datenstrukturen angepasst werden. Eines der identifizierten Quellsysteme wurde mittlerweile durch ein neues System ersetzt. Dieses bringt andere Datenstrukturen mit sich, und damit ist die Dokumentation nicht mehr verwendbar.

Der Datenkatalog als Grundlage datengetriebener Projekte

Für eine zügige Umsetzung datengetriebener Einsatzfälle sind sicherlich viele Voraussetzung zu schaffen, zum Beispiel technische Infrastruktur, Fähigkeiten der Mitarbeiter oder Nutzenversprechen des Projekts.

Hier in diesem Fallbeispiel zielen wir aber nicht auf Fähigkeiten oder das Nutzenversprechen ab, sondern auf eine ganz wichtige Voraussetzung für viele datengetriebenen Projekte, nämlich das Wissen über die vorhandenen Daten. Somit ist oder wird das Management des Dateninventars eine wichtige Fähigkeit, die auch eine Entsprechung (oder Abbildung) in der IT-Landschaft selbst haben muss. Es bietet sich an, das Management des Dateninventars durch ein entsprechendes Werkzeug zu unterstützen, den Datenkatalog.

Ein Datenkatalog füllt sich leider nicht von allein. Oft ist eine einsatzfallspezifische Inventarisierung der Datenlandschaft sehr sinnvoll. Damit ist gemeint, insbesondere diejenigen Daten zuerst zu inventarisieren, die für anstehende Einsatzfälle potenziell benötigt werden. Die Bereiche der Datenlandschaft, für die es noch keine konkreten Einsatzfälle gibt, können später betrachtet werden.

Das Inventar der Daten enthält insbesondere die wichtigen Metadaten. Relevant sind hier die folgenden Fragestellungen: In welchem System finde ich diese Daten? Wer ist dafür Ansprechpartner? Wie gut sind die Daten, sind sie qualitätsgesichert? Und sind sie DSGVO-relevant?

Dabei stellt der Aufwand der Dateninventarisierung sicher eine Investition dar. Ohne Investition sind allerdings keine zügigen Umsetzungen datengetriebener Einsatzfälle möglich. Am Anfang steht immer – wie oben ausgeführt – das Verstehen des Einsatzfalles auf fachlicher Seite, aber dann auch schon das Finden und Verstehen der vorhandenen Daten. Für die weiten Schritte verweisen wir hier gerne auf den CRISP-DM-Prozess (vgl. Abb. 5.1).

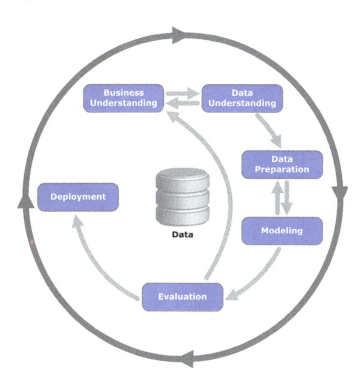

Abb. 5.1: „Cross-industry standard process for data mining" von Kenneth Jensen, lizenziert unter CC BY-SA 3.0, via Wikimedia Commons.

Nun wird oft die Frage gestellt: Lohnt sich denn überhaupt der Aufwand für die Erstellung und die Pflege eines Datenkatalogs? Die „einfache" Antwort ist: Es kommt darauf an, wie viele Einsatzfälle ein Unternehmen umsetzen will, und wie viel Aufwand die jeweilige einmalige Inventarisierung erfordert. Für sporadisch auftretende datengetriebene Einsatzfälle mag es sich nicht lohnen, aber spätestens dann, wenn ich eine Reihe von Einsatzfällen abarbeiten möchte, ist es sicher sinnvoll.

Design und Eigenschaften des Datenkatalogs

Wie soll der Datenkatalog aufgebaut sein? Hier gibt es unterschiedliche Aspekte. Die für das Fallbeispiel wichtigsten sind die folgenden:

Wie verhält sich der Datenkatalog zur Organisation? Gibt es einen firmenübergreifenden Katalog für alle Daten, gibt es mehrere föderierte Kataloge, zum Beispiel jeweils einer pro Datendomäne oder Geschäftsfeld, oder gibt es mehrere einzelne Kataloge, überschneiden sich diese, und werden sie miteinander synchronisiert?

Wie sieht die technische Lösung des Katalogs aus? Ist ein speziell ausgeprägtes Produkt eines Datenkatalogs von Herstellern wie Talend, Colibra oder Alatian sinnvoll? Oder verwende ich besser vielseitig einsetzbare Werkzeuge wie Wikis, Sharepoints oder Office-Applikationen?

Wie passt das Governance-Modell des Datenkatalogs zur Kultur des Unternehmens? Vertrauen wir auf die Einsicht in die Nützlichkeit und belohnen die Benutzung des Katalogs, oder müssen wir die Nutzung einfordern, indem wir die Benutzung nachverfolgen und überwachen sowie gegebenenfalls eine Nicht-Nutzung sanktionieren?

Wie sehe ich den weiteren Zweck des Datenkatalogs, der über den den oben beschriebenen Einsatzfall hinausgeht? Ist es primär das Nachschlagewerk („Gelbe Seiten") oder soll es perspektivisch auch als Schaufenster des firmeninternen Datenmarktplatzes dienen? Im letzteren Fall sollte der Katalog gegebenenfalls weitere Fähigkeiten mitbringen, etwa die Automatisierung und Überwachung des Datenzugriffs.

Zielbild und Einführung des Datenkatalogs

Das Projektteam arbeitete in Workshops heraus, dass als langfristiges Ziel eine Art von „Amazon Data Marketplace" angestrebt wird: Daten werden inventarisiert und als Produkt bereitgestellt. In einem ersten Schritt wird dazu für laufende Aktivitäten/Projekte ein Datenkatalog bereitgestellt, der als Heimat von Informationen dient, die in Projekten anfallen. Die entstandene Dokumentation kann damit gesteuert und konstruktiv fortgeführt werden. So füllt sich der Katalog mit der Zeit, und Informationen gehen nach Projektende nicht verloren. Allerdings ist es essenziell, den Pflegeprozess der Daten gleich mit aufzusetzen und die entsprechenden Rollen in der Data Governance zu verankern (vgl. Abb. 5.2).

New roles have to be assigned to maintain the data governance

Data Product Driver (and Data Manager)

Responsible for the commercial development of the data

Fosters data acquisition and clarifies the legal boundaries and data ownership issues

Data Governance Council

Decides on who may access and use its data.

Participating roles are chosen flexibly depending on the data domain

Comparable setup to the Open-API team

Guiding principle is to enable the usage thorough the group

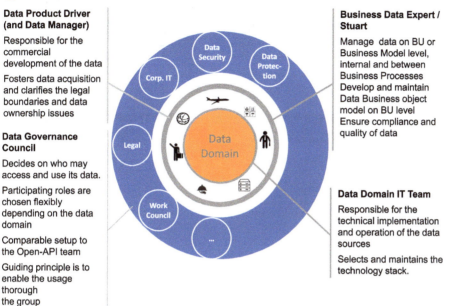

Business Data Expert / Stuart

Manage data on BU or Business Model level, internal and between Business Processes

Develop and maintain Data Business object model on BU level

Ensure compliance and quality of data

Data Domain IT Team

Responsible for the technical implementation and operation of the data sources

Selects and maintains the technology stack.

Abb. 5.2: Data-Governance-Modell, Quelle: Lufthansa Group Enterprise Architecture.

Welche Rollen sinnvoll sind, wie diese heißen und was deren genaue Aufgabe ist, wäre sicherlich einen eigenen Artikel wert. Das DMBOK (Data Management Book of Knowledge) der Global Data Management Community (dama.org) bietet hier wertvolle Hinweise. Wichtig für dieses Fallbeispiel ist, dass es einen Datenexperten im Business benötigt, der Aussagen zur Datenqualität machen kann, diese verfolgt und auch die Zugriffe auf Daten freigibt, falls dies zum Beispiel aus Compliance-Gründen nötig sein sollte.

Werden die Daten im Datenkatalog gepflegt, dann wird dieser über die Zeit zu der zentralen Anlaufstelle für die Suche nach Daten, aber auch für das Management derselben. Finden Mitarbeiter dort nützliche und aktuelle Informationen, sind sie auch viel eher bereit, selbst etwas beizutragen.

Neben der Governance ist es auch essenziell, sich Gedanken zu machen, welche Daten im Datenkatalog erfasst werden sollen oder müssen. Hier ist weniger oft mehr – denn weniger Daten, die aber gut gepflegt sind, sind besser als eine Datenhalde aus nicht aktuellen oder unvollständigen Informationen. Im Detail bestimmt das Metadatenmodell die Tiefe und Breite der inventarisierten Metadaten (vgl. Abb. 5.3).

Tools, Skripte oder auch künstliche Intelligenz (KI) können eine große Hilfe sein, um die Metadaten zu erfassen bzw. aus den Datenquellsystemen zu extrahieren. Aber letztendlich bedürfen qualitativ gute Daten oft noch der Prüfung durch den entspre-

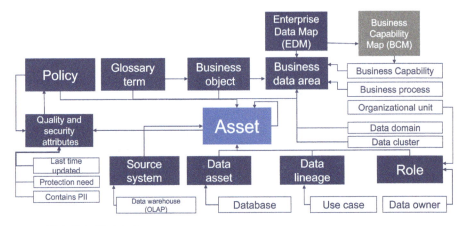

Meta Data Model - Auszug

Abb. 5.3: Metadatenmodell, Quelle: Lufthansa Group Enterprise Architecture.

chenden Datenexperten. Die Anzahl der Daten und Attribute im Katalog beeinflussen den Umfang von dessen Arbeit. Auf der anderen Seite soll die Arbeit der datengetriebenen Projekte und die der Datenwissenschaftler möglichst beschleunigt werden – dies Bedarf einer Abwägung.

Im Rahmen der Enterprise Architecture hatten Business und IT die sogenannte „Business Capability Map" erstellt. Dort wurde nun auch die Fähigkeit „Data Catalog" hinterlegt. Das schafft Transparenz, außerdem wird diese Fähigkeit damit im Rahmen des Managements der Geschäftsstrategie und der Gesamt-IT-Landschaft mitgestaltet.

Das Management der Daten, die Datenstrategie und deren Governance ist mittlerweile dediziert in einer neuen Abteilung außerhalb der IT des Transportdienstleisters angesiedelt. Dort ist folgerichtig die Eigentümerschaft für den Datenkatalog beheimatet, ebenso wie die Definition der Rollen und Prozesse für die Data Governance.

Anwendung des Datenkatalogs

Wie sieht nun die konkrete Anwendung des Datenkatalogs in unserer Fallstudie aus? Dazu ein Beispiel. Im Rahmen eines Projekts, eines Sprints, oder zur Umsetzung einer User Story soll untersucht werden, ob es einen Zusammenhang zwischen den Antwortzeiten des Onlineshops und der letztendlich gekauften Zahl und Wertigkeit der Produkte gibt, gegebenenfalls noch in Abhängigkeit vom Ort des Kunden und/oder des benutzten IT-Geräts.

Das Projektteam sucht dazu im Datenkatalog nach entsprechenden Daten und Quellen und wird unter „Customer Webshop Interactions", „Customer Shopping History" oder auch „Customer IT Environment" fündig. Zu jedem Datenobjekt finden sie auch eine Beschreibung, eine Liste der Attribute, die jeweils zuständigen Datenexperten und Informationen über die Herkunft der Daten.

Die Suche nimmt dabei nicht mehr als wenige Minuten in Anspruch, oder im Notfall, falls eine Rücksprache nötig ist, nicht mehr als wenige Stunden. Falls die für eine erste Analyse benutzten Daten nicht ausreichen sollten, können jederzeit weitere nützliche Daten gesucht und hinzugefügt werden.

Auch die Datenexperten profitieren vom Datenkatalog, denn statt in langen Besprechungen jedem neuen Projekt die Datenstruktur und deren Bedeutung erklären zu müssen, werden nun viele Fragen vorab durch den Katalog beantwortet.

Die gesparte Zeit kann auf Seite des Projekts besser investiert werden, um weitere Einsatzfälle umzusetzen oder die bereits implementierten in weiteren Iterationen zu optimieren. Die Datenexperten wiederum können die Zeit nutzen, um die Datenqualität zu verbessern.

Zukunftsfähigkeit des Datenkatalogs

Es ist abzusehen, dass die Menge der datengetriebenen Projekte steigt und die IT-Landschaft größeren Änderungen unterliegen wird. IT-Produkte und Lösungen, Cloud Services etc. unterliegen eher kürzeren Lebenszyklen. Der Datenaustausch mit Partnern und auch innerhalb des Unternehmens nimmt zu. Insofern muss die Inventarisierung der Daten – der Katalog – dafür Lösungen bereitstellen. Er sollte nicht an einen Cloud-Anbieter gebunden sein, nicht nur bestimmte Datenquellen unterstützen und auch flexibel in einem Umfeld mit Partnern (intern und extern) einsetzbar sein.

Des Weiteren ist die Automatisierung der Befüllung und Pflege des Datenkatalogs ein ganz entscheidender Punkt. Wie im Artikel von Stefan Brock in diesem Buch ausgeführt wird, muss es ein Ziel sein, einen möglichst hohen Grad an Automatisierung zu erreichen. Niemand sollte manuell den Datenkatalog befüllen müssen. Durch entsprechende Adaptoren und den Einsatz von KI wird so viel wie möglich automatisiert, sodass nur noch Ausnahmen der Nacharbeit bedürfen.

Fazit

„Daten sind das neue Öl" – diese Aussage wurde in den letzten Jahren oft benutzt, um den Wert von Daten herauszustellen. Interessant ist aber, dass die Aussage des englischen Mathematikers Clive Humby im Ganzen lautet: „Daten sind das neue Öl. Es ist wertvoll, aber wenn es nicht raffiniert wird, kann es nicht wirklich genutzt werden. Es muss in Gas, Kunststoff, Chemikalien usw. umgewandelt werden, um eine wertvolle Größe zu schaffen, die gewinnbringende Aktivitäten antreibt; Daten müssen also aufgeschlüsselt und analysiert werden, damit sie einen Wert haben."

Daten müssen ähnlich wie Öl erst einmal gefunden werden. Dann müssen sie in Information mit einem Wert für das Unternehmen verwandelt werden. Hierzu leistet ein Datenkatalog einen wichtigen Beitrag. Niemand würde auf Verdacht nach Öl bohren. Hier gehen Untersuchungen und Probebohrungen voraus. Und natürlich hat jede Förderplattform auch einen Eigentümer und eine Überwachung des geförderten Öls.

Daten können damit als ein Asset gesehen werden, das auch einen Wert hat. Und damit ist es auch notwendig, diesen Wert zu erfassen und das Asset zu dokumentieren. Und natürlich ist es sinnvoll, den Aufwand der Dokumentation auch in Relation zum Wert zu sehen. Wertvolle Daten oder Daten, die oft und viel in verschiedenen Kontexten genutzt werden, sollten besser und umfangreicher beschrieben werden als andere.

Über den Autor

Carsten Breithaupt

Carsten Breithaupt ist Head of Group Enterprise Architecture bei Deutsche Lufthansa AG. In dieser Rolle beschäftigt er sich mit der Optimierung und Harmonisierung der IT-Landschaft, insbesondere im Hinblick auf die Bedürfnisse und Anforderungen eines datengetriebenen Unternehmens und der datenzentrischen Architektur.

Peter Klappetek

6 Meta Model und Business Object Model als Grundlagen des datenzentrischen Unternehmens

Zusammenfassung: In diesem Artikel möchte ich aufzeigen, dass es Grundlagen für ein datenzentrisches Unternehmen braucht. Es muss klar sein, was man unter den Daten im Detail versteht – sie müssen im Kontext vom Business spezifiziert sein, und ein klares, einheitliches Verständnis muss unternehmensweit bestehen. Bei Swisscom haben wir dazu im ersten Schritt das Business in einem Meta Model abgebildet, Grundbegriffe standardisiert und Abhängigkeiten aufgezeigt. Im zweiten Schritt werden die Daten in einem Datenmodell spezifiziert, sodass im Datenmanagement damit gearbeitet werden kann.

Aufgabenstellung: eine gemeinsame Sprache für alle Geschäftsbereiche der Swisscom schaffen

Bei Swisscom ergab sich die Herausforderung, dass das Verständnis von diversen Begriffen in verschiedenen Abteilungen oft recht unterschiedlich war. Swisscom besteht aus verschiedenen Geschäftsbereichen. Neben den Telekomdienstleistungen für Endkunden (B2C) haben wir einen großen IT-Dienstleistungsbereich, der Geschäftskunden bedient (B2B). Im B2B-Bereich sind sowohl der Mittelstand als auch Großunternehmen im Portfolio. Zudem haben wir einen sogenannten Wholesale-Bereich, der Dienstleistungen für andere Schweizer Telekom-Anbieter erbringt, beispielsweise Leitungsvermietung.

In jedem dieser Bereiche hat sich ein anderes Verständnis von Begriffen wie „Service" oder „Produkt" entwickelt. Dieser Unterschied basiert oft auf unterschiedlichen Frameworks oder der Fachsprache, die zum Einsatz kommt. Beispielsweise werden im Telekombereich die Begriffe der Arbeitsgemeinschaft TM Forum genutzt, im B2B-Bereich eher Begriffe analog zum Best-Practice-Leitfaden ITIL, und Entwickler sprechen meist wieder eine andere Sprache.

Dies führt in Meetings zu langen Diskussionen, und oft spricht man aneinander vorbei. Dabei wird deutlich, dass eine wesentliche Grundlage für ein datenzentrisches Unternehmen fehlt: die klare Definition der Begriffe und ihrer zugehörigen Daten sowie deren Abhängigkeiten. Jegliche Daten werden wertlos, wenn man nicht weiß, was die Daten aussagen.

Peter Klappetek, Swisscom Schweiz AG, Enterprise Architecture & Operations & Governance, Postfach CH-3050 Bern, Schweiz, e-mail: Peter.Klappetek@swisscom.com

https://doi.org/10.1515/9783111048673-006

Als Beispiel nehme ich den Begriff „Kunden". Die Rechtsabteilung sieht nur die Vertragsunterzeichner als Kunde. In der Rechnungsabteilung sieht man die Person, die die Rechnung zahlt, als Kunde. Und in der Supportabteilung sieht man den Nutzer der Services als Kunden. Dadurch weichen die Kundendaten je nach Abteilung teilweise deutlich voneinander ab.

Das sind besonders in einem Telekom-Unternehmen oft unterschiedliche Personengruppen. Im B2C-Bereich hatten wir beispielsweise den Fall, dass ein Vater seiner minderjährigen Tochter ein Handy mit Vertrag unterschreibt und ihr Opa finanziert den Vertrag als Rechnungszahler. Und schon haben wir potenziell drei verschiedene Kunden auf einem Vertrag (Tochter, Vater, Opa).

Ähnliches gilt auch für alle anderen im Business genutzten Begriffe. Deswegen ist eine klare Taxonomie der Begriffe eine wesentliche Grundlage für eine datenzentrische Unternehmung.

Ich erhielt den Auftrag, einen gemeinsamen Nenner bei der Taxonomie der Begriffe zu finden und die Abhängigkeit der Begriffe untereinander aufzuzeigen. Das führte zu einem Modell, das wir „Meta Model" nennen. Hinter jedem der Begriffe im Meta Model verbergen sich wieder Submodelle – so zum Beispiel ein Prozessmodell hinter dem Begriff „Prozess", das die Prozessverantwortlichen im Detail erarbeitet haben.

Nach dem abstrakten Meta Model folgte anschließend noch eine Detaillierung der Daten in unserem Datenmodell, das wir „Business Object Model" nennen. Den Begriff „Business Object" haben wir gewählt, da alle Daten im Kontext des Business entstehen und ein Objekt im Business repräsentieren. Ich will zunächst das Meta Model erläutern.

Das Meta Model

Wie wurde das Meta Model entwickelt? In der Herleitung bin ich vom absolut Notwendigsten ausgegangen und habe dann immer mehr Themen hinzugenommen und die dabei auftretenden Begriffe einsortiert. Im nächsten Schritt habe ich das Verständnis der Begriffe in den verschiedenen Abteilungen ermittelt und anschließend einen Kompromiss ausgehandelt. Um die recht mühsamen Kompromissverhandlungen zu beschleunigen, habe ich einen Vorschlag auf Basis der bestehenden Verständnisse erstellt und diesen als Diskussionsgrundlage genutzt. Zu meiner Überraschung wurden viele Vorschläge akzeptiert, aber nicht alle.

Operatives Meta Model

Zur Herleitung des Meta Models werden zunächst Bereiche definiert, in die die Begriffe später einsortiert werden. Diese Bereiche sind unsere Datendomänen.

Als absolutes Minimum benötigt man etwas, was man als Anbieter einem Kunden verkauft, also zum Beispiel ein Produkt, das man einem Geschäftspartner oder einem Endkunden anbietet. Somit haben wir eine Marktproduktdomäne und eine Parteiendomäne („Party Domain"), wobei eine „Partei" jede individuelle Person oder ein Unternehmen sein kann. Ein Produkt ist in diesem Verständnis irgendetwas Materielles, eine Dienstleistung oder eine Mischung von beidem.

Bevor Geld fließen kann, müssen Unternehmen Verträge in diverser Form abschließen: Verträge mit Kunden, Lieferanten und Partnern. Diese Domäne haben wir Vertragsdomäne („Agreement Domain") genannt (vgl. Abb. 6.1).

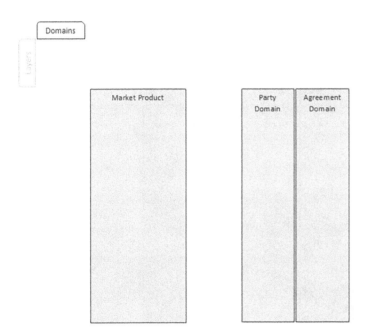

Abb. 6.1: Ausgangspunkt des Meta Models: Produkt, Kunde und Vertrag.

Um den Produktbereich besser verwalten zu können, haben wir ihn in zwei Subbereiche aufgeteilt: Zum einen beschreibt ein Katalog alles rund um das Produktportfolio mit allem, was dazu nötig ist. Und zum anderen erfasst das Inventar, was alles schon produktiv im Einsatz ist. Um das zu verdeutlichen, erhalten alle Katalogobjekte den Zusatz „Definition" und alle Inventarobjekte den Zusatz „Instance". Die Produktinstanz enthält somit auch die Produkte, die nicht mehr angeboten werden, aber Bestandskunden noch haben. Auch sind Abweichungen vom angebotenen Produkt in der Instanz festgehalten, was oft bei B2B-Kunden der Fall ist.

Für ein Telekomunternehmen besonders wichtig ist die Geografiedomäne. Neben der Lokation der Kabel und Funkantennen zählen auch die Adressen von Kunden, Lieferanten und eigene Büros dazu. Die nächste wichtige Domäne ist die Finanzdomäne. Später wird diese noch verallgemeinert zur Unternehmensdomäne („Enterprise Domain"), die neben Finanzen auch andere zentrale Daten enthält, zum Beispiel Unternehmenswissen.

Schließlich: Um erfolgreich Geschäfte zu machen, muss eine Interaktion des Unternehmens mit der Umwelt erfolgen. Dies umfasst unter anderem die Kommunikation mit Kunden und Lieferanten. Das gehört zur Transaktionsdomäne.

Diese sieben Datendomänen (vgl. Abb. 6.2) bilden bei Swisscom das Gerüst des Meta Models. Zudem gibt es eine weitere Struktur, die orthogonal zu den Datendomänen existiert und mehr auf Fähigkeiten basiert ist. Wir nennen dieser Struktur „Layers" (vgl. Abb. 6.3).

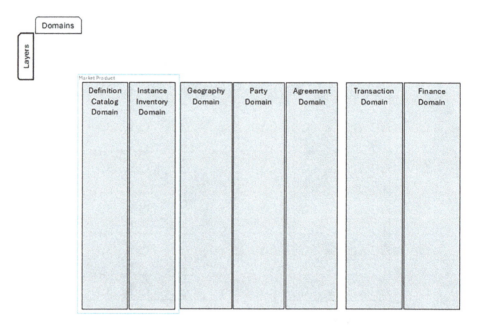

Abb. 6.2: Die sieben Datendomänen der Swisscom.

Die Ressourcenebene beinhaltet alle logischen und physischen Ressourcen, die nötig sind, um das Geschäft zu betreiben. Logische Ressourcen sind zum Beispiel Applikationen und physische sind zum Beispiel Kabel oder Antennen. Auf dieser Ebene befinden sich alle Begriffe in Beziehung zu den Ressourcen, wie beispielsweise der Lieferant (Parteiendomäne), die Kosten (Finanzdomäne) etc. Im Gegensatz zu anderen bekannten Modellen haben wir die Mitarbeiter nicht zu den Ressourcen gezählt, um die Mitarbeiter nicht mit einer Sache auf eine Stufe zu stellen.

Mit den Ressourcen erstellen die Geschäftsbereiche ihre Services. Hierbei beschreibt der Service etwas, das der Konsument nutzen kann. Ein Service hat immer klare Abgrenzungen und Zuständigkeiten sowie Eigenschaften, die die enthaltenen

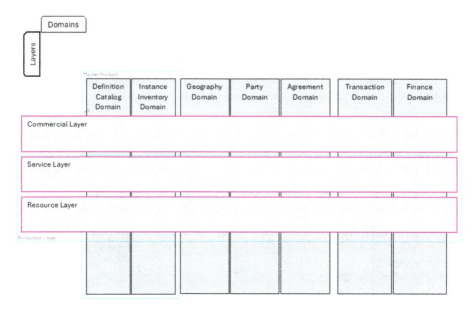

Abb. 6.3: Ebenen („Layers") bilden eine weitere Struktur des Meta Models.

Funktionalitäten beschreiben. Außerdem hat jeder Service sogenannte „User Journeys", die beschreiben, was der Konsument beim Gebrauch des Services wahrnehmen kann. Ein Konsument kann ein externer oder interner Kunde sein, aber auch ein weiterer Service. Alles rund um den Service ist bei uns auf der Serviceebene („Service Layer") versammelt.

Auf der kommerziellen Ebene („Commercial Layer") ist alles gebündelt, das zum Kunden hin orientiert ist. Das sind zum Beispiel die Angebote („Offerings") mit ihren Preisen und Bedingungen, die in Abgrenzung zum Service einen rein kommerziellen Charakter haben. Ein Angebot kann man kaufen, einen Service kann man nutzen. Im Angebot ist auch beschrieben, welche Services der Kunde nutzen kann.

Die Kombination der zwei Ebenen „Ressourcen" und „Service" nennen wir intern auch Produktionsebene („Production Layer"), da diese die Produktion der am Markt angebotenen Produkte darstellt und auch organisatorisch in einer Geschäftseinheit erbracht wird.

An dieser Stelle möchte ich einen Ausflug in die Begriffsfindung machen. Was wir bei Swisscom „Offering" nennen, heißt in anderen Modellen (etwa das Information Framework SID des TM Forum) „Produkt". Dieser Begriff war aber in verschiedenen Abteilungen anders belegt und intensiv genutzt. Somit sind wir auf den Begriff „Offering" ausgewichen. Diesen Ansatz, einen neuen, unverbrauchten Namen für einen Begriff zu wählen, haben wir mehrfach verfolgt, um Umbenennungen und Umbauten aus dem Weg zu gehen.

Eine Ebene fehlt noch, die wir Unternehmensebene („Enterprise Layer") genannt haben. Hier verstecken sich nach innen gerichtete Begriffe, wie beispielsweise das Budget oder das Wissen der internen Mitarbeiter. Wenn man das bisher Genannte zusammenführt und einige wichtige Begriffe darin platziert, erhält man das folgende Bild (vgl. Abb. 6.4).

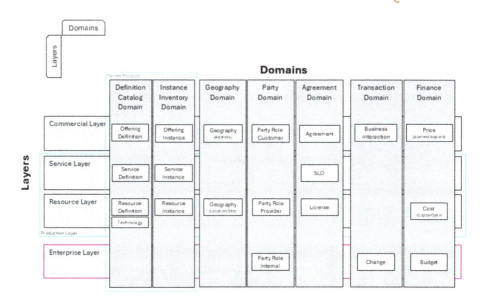

Abb. 6.4: Erweiterung des Meta Models um den „Enterprise Layer".

Geschäftssicht

Dieses Modell haben wir noch um eine Geschäftssicht ergänzt, die orthogonal zu dem obigen, eher operativen Meta Model steht und sich auf das gesamte Modell auswirkt. Es ist eine klassische Geschäftsarchitektursicht auf die Dinge und liefert die Grundlage, um das operative Modell am Laufen zu halten (vgl. Abb. 6.5).

In der Geschäftssicht starten wir mit der Geschäftsstrategie, die die Geschäftsziele und das Geschäftsmodell vorgibt. Daraus leiten sich die Geschäftsfähigkeiten („Business Capabilities") ab. Diese definieren, welche Fähigkeiten das Unternehmen haben muss, um die Geschäftsziele zu erreichen. Das umfasst zum Beispiel die Fähigkeit, Kunden zu akquirieren oder die Finanzen zu verwalten. Verknüpft man die Geschäftsfähigkeiten zum Beispiel mit den Applikationen, erkennt man schnell eine Doppelspurigkeit oder eine Inkonsistenz und kann die Architektur entsprechend anpassen.

Die Geschäftsprozesse beschreiben, wie ich die geforderten Fähigkeiten umsetze. Die Geschäftsfähigkeiten sind das „Was" und die Geschäftsprozesse das „Wie" der Realisierung. Bei den Geschäftsprozessen unterscheiden wir aktuell Prozesscluster, die ähn-

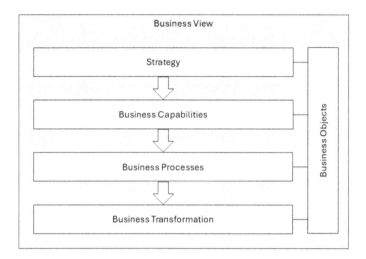

Abb. 6.5: Die „Business View" steht orthogonal zum operativen Meta Model.

liche Prozesse gruppieren, Prozessketten, die eine Sicht vom Anfang bis zum Ende eines Ablaufs über Abteilungen hinweg abbilden, sowie die zentral gepflegten Prozesse und die dezentral gepflegten Subprozesse.

Um in den gewünschten Zielzustand zu kommen, bedarf es Änderungen, die in den Geschäftstransformationen abgebildet werden. Das sind zum Beispiel Projekte oder im agilen Arbeitsmodell sogenannte Epics.

In der Geschäftssicht finden inhaltliche Begriffe Verwendung, die wir Geschäftsobjekte („Business Objects") nennen. Dies umfasst zum Beispiel Begriffe wie „Service Definition", „Address", „License". Die Taxonomie und Struktur dieser Geschäftsobjekte werden im Business Object Model definiert (siehe weiter unten).

Vollständiges Meta Model

Führt man den operativen Teil und den Geschäftsteil des Meta Models zusammen, ergibt sich das vollständige Meta Model. In Abb. 6.6 ist das vollständige Meta Model mit allen Abhängigkeiten dargestellt, um zu zeigen, wie umfangreich es geworden ist. Auf einer internen Wiki-Seite sind alle Begriffe detailliert beschrieben, inklusive der eventuell vorhanden Typen, Kategorisierungen, Abhängigkeiten etc.

Vereinfachtes Meta Model

Wie Abb. 6.6 verdeutlicht, überfordert das vollständige Meta Model schnell die Nutzer, und für viele Diskussionen reicht ein vereinfachtes Modell, das sich gut in Swisscom

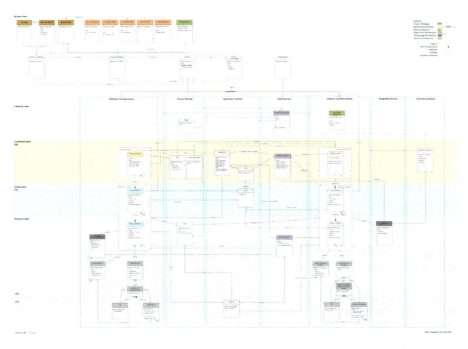

Abb. 6.6: Vollständiges Meta Model.

etabliert hat (vgl. Abb. 6.7). Hierbei haben wir uns auf die Begriffe der Geschäftssicht und die des Produktmodells konzentriert.

Auf der Katalogseite sind das die Definitionen der Ressourcen („Resource Definition"), der Services („Service Definition") und der Angebote („Offering Definition"). Dies ist somit die Portfoliosicht auf die Entstehung der Marktprodukte. Die Inventarsicht mit Ressourcen-, Service- und Angebotsinstanzen („Resource Instance", „Service Instance", „Offering Instance") stellt die Sicht auf die reale Welt dar. Hier sind Kosten und die operative Welt zu Hause. Die „Offering Instance" beschreibt das, was man mit dem Kunden vereinbart hat, also eine Blaupause für das, was man liefern muss. Die „Service Instance" ist die Realisierung dessen, was pro Kunde geliefert wird. Eine „Resource Instance" bildet alle realisierten Installationen von Hardware und Software ab. Das können Installationen pro Kunde sein, aber auch Test- und Integrationsinstallationen (vgl. Abb. 6.8).

Business Object Model

Das Geschäftsobjektmodell („Business Object Model") ist unser konzeptionelles Datenmodell, das die Datenobjekte und ihre Abhängigkeiten beschreibt (vgl. Abb. 6.9). Wir unterscheiden dabei zwischen „Enterprise Business Object Model" (EBOM) und „Busi-

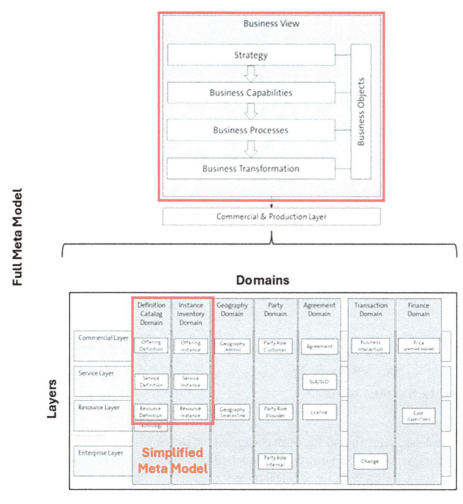

Abb. 6.7: Vereinfachtes Meta Model (schematisch).

ness Object Model" (BOM). Das EBOM bietet eine sehr vereinfachte Datensicht auf das Unternehmen, stellt also die Daten des Unternehmens auf einer DIN-A4-Seite dar. Dies hilft oft bei Diskussionen mit Geschäfts- und anderen datenfernen Einheiten. Das eigentliche Datenmodell, das BOM, geht dann weiter und bildet die sieben Datendomänen ab.

Die sieben Datendomänen werden durch die „Entrusted Domains" ergänzt. Dies sind uns anvertraute Daten von Kunden, die wir speziell behandeln müssen. Das konzeptionelle Datenmodell wird dann mit den realen Datenmodellen, bei uns „Application Object Model" genannt, gemappt. Dieses ist zum Beispiel beim Datenqualitätsmanagement („Data Quality Management", DQM) von Bedeutung, wo Datenflüsse über verschiedene Applikationen ermittelt werden, um die korrekte Replikation der Daten zu messen. Ein und dasselbe Datenobjekt ist dann in den unterschiedlichen Applikationen mit ver-

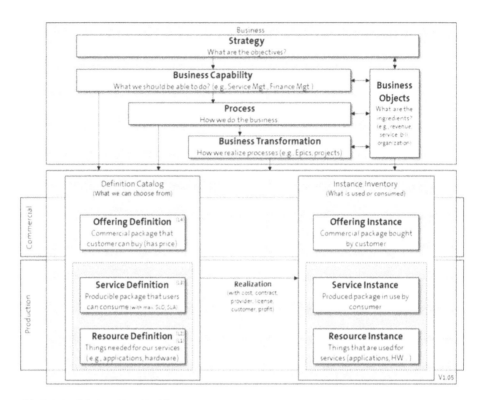

Abb. 6.8: Vereinfachtes Meta Model.

schiedenen Namen belegt. Durch Mappen zum BOM stellt man sicher, dass man stets das Gleiche versteht und in Reports einen standardisierten Namen nutzt (vgl. Abb. 6.10).

Ein virtuelles Team aus Mitgliedern verschiedener Abteilungen pflegt jede der Domänen, prüft sie anhand eines Prozesses und gibt sie frei. Die Mitglieder kommen aus der Praxis und können die Bedürfnisse daher gut einschätzen.

Data Mesh & Data Products

Eine Anwendung und Verankerung des Business Object Models sind die Datenprodukte („Data Products"), die neu bei Swisscom entstehen. Die Datenprodukte publizieren Daten in definierter Qualität per Schnittstelle (API). Hierbei gehört ein Datenprodukt zu einer Datendomäne, für die eine klare Verantwortlichkeit besteht. Die Datendomänen für die Datenprodukte sind Teildomänen der oben beschrieben Domänen. Eine Selbstbedienungsplattform publiziert die Datenprodukte mit einer zugesicherten Spezifikation und liefert weitere Dienstleistungen. Bei Swisscom haben wir diese Plattform „Data Management Platform" genannt. Jeder, der gerade Bedarf an diesen Daten hat, kann die

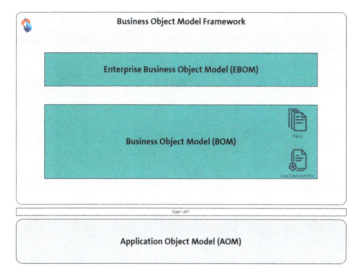

Abb. 6.9: Business Object Model.

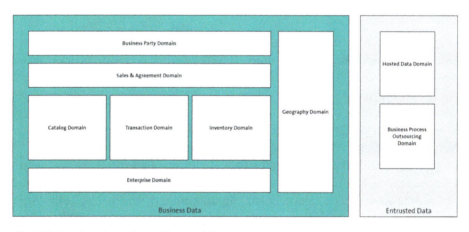

Abb. 6.10: Domänen des Business Object Models.

Datenprodukte nutzen. Mit einer automatisierten und verteilten Steuerung (Governance) stellen wir die Qualität der Datenprodukte sicher.

Bei den Datenprodukten unterscheiden wir drei Typen (vgl. Abb. 6.11).

Die quellenbezogenen Datenprodukte („Source-aligned Data Products") präsentieren die Daten so, wie sie im Quellsystem vorhanden sind. Die Zuständigkeit liegt bei den Teams, die das Quellsystem verantworten. Somit erfolgt die Strukturierung dieser Datenprodukte entlang der Teamstruktur und ihrer Quellsysteme.

Der zweite Typ sind die „Conformed Data Products". Dies sind Datenprodukte, die entlang eines Datenmodells standardisiert sind, also bei Swisscom entlang des oben be-

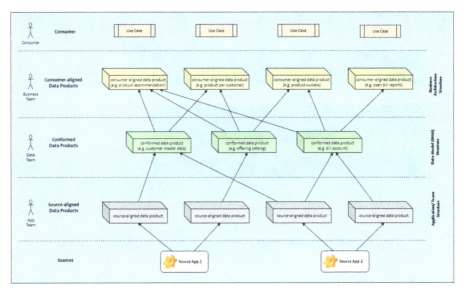

Abb. 6.11: Quellenbezogene, standardisierte und konsumentenbezogene Datenprodukte.

schriebenen Business Object Models. Die Verantwortung liegt bei noch zu definierenden Fachteams, die auch Anwenderkenntnisse rund um das publizierte Datenobjekt haben. Dieser Typ erfordert die größte übergreifende Steuerung und Kontrolle (Governance).

Der dritte Typ sind die konsumentenbezogenen Datenprodukte („Consumer-aligned Data Products"). Diese sind nahe am Geschäft und am Anwender. Jeder kann diese stark demokratisch organisierten Datenprodukte im Rahmen gegebener Regeln erstellen. Meist bringen konkrete Anwendungsfälle diesen Typ hervor.

Eine dezentrale Datenarchitektur („Data Mesh") und Datenprodukte sind derzeit bei Swisscom im Aufbau. Derzeit klären wir, wie die Datenprodukte genau geschnitten und wie die Governance-Regeln definiert und automatisiert werden sollen. Wir starten mit einem Piloten, um zu lernen, wie wir das angehen können und welche Herausforderungen es zu meistern gibt. Als Pilot haben wir uns gleich ein großes Datenprodukt gewählt: die Daten des Endkunden.

Business Object Model: Einsatzweise, Ergebnisse, nächste Schritte

Neben dem Gebrauch für die Datenprodukte im Data-Mesh-Ansatz nutzen wir das Business Object Model (BOM) schon intensiv im Datenqualitätsmanagement. Im zentralen Datenmanagement wird der Einsatz verstärkt. Neben den Datenprodukten ist auch in der Integrationsarchitektur der Einsatz standardisierter APIs geplant, die sich auf dem

BOM-Datenmodell stützen. Diese Aktivitäten werden wir noch mit verschiedenen ergänzenden Maßnahmen unterstützen, beispielsweise Best-Practice-Empfehlungen für häufige Einsatzfälle.

Nachdem das Meta Model ein großer Erfolg ist und auf allen Stufen im Unternehmen genutzt wird, ist es beim Datenmodell etwas schwieriger. Im Datenqualitätsmanagement wird es intensiv genutzt, da die Struktur und Spezifikationen ihnen hilft, Fehler in der Datenreplikation zu finden. Oft werden Daten falsch interpretiert und damit die falschen Werte weitergeleitet. Beim Neubau und der Integration von IT-Lösungen ist es unumgänglich, die Schnittstellen an die Umsysteme anzupassen. Hier geht es immer um Daten und um die richtige Interpretation der Daten, damit keine falschen Daten genutzt werden. Hier hat in der Vergangenheit das Datenmodell wichtige Beiträge in den intern sogenannten Workpackages geleistet. Ein Workpackage ist bei Swisscom ein Neubau- oder Integrationsprojekt.

Die Herausforderung, ein Datenmodell zu etablieren, ist, dass im Management viele keine praktische Erfahrung haben und den Nutzen für den Engineer/Architekt nicht verstehen und somit nicht unterstützen. Eine weitere Schwierigkeit ist, dass die meisten in Prozessen und Funktionen denken und den Daten dabei zu wenig Aufmerksamkeit schenken. Das wird sich hoffentlich mit dem datenzentrischen Unternehmen ändern.

Im Kontext des Data Meshs und des Bedarfs, unser bestehendes Geschäftsobjektmodell wieder zu erneuern, haben wir eine Initiative gestartet, um das BOM zu modernisieren, dezentral zu managen und besser im Unternehmen zu verankern.

Auf der Reise zum datenzentrischen Unternehmen gibt es noch viele Aktivitäten, die wir angehen müssen. Für mich ist die größte Herausforderung, das Verständnis und die Denkweise aller Beteiligen auf allen Ebenen des Unternehmens zu verändern. Mit der Einführung einer gemeinsamen Sprache für alle Swisscom-Geschäftsbereiche ist dafür ein erster Schritt getan.

Über den Autor

Peter Klappetek

Dipl.-Ing. Peter Klappetek ist Senior Enterprise Architect bei Swisscom Schweiz AG. Als Teil der Enterprise Architecture Governance befasst er sich mit der Strukturierung und mit den Taxonomien des Unternehmens. Dazu zählten u. a. das Meta Model, Produktmodell, Datenmodell sowie Strukturen rund um Portfoliomanagement, Governance und IT-Architektur. Er ist seit 30 Jahren auf verschiedenen Positionen in der IT tätig gewesen. Sein Werdegang ging vom IT-Engineering über Information Security und IT-Architektur hin zur Enterprise-Architektur.

Segun Alayande

7 Warum Datenstandardisierung einem Flughafen Wettbewerbsvorteile bringt

Zusammenfassung: In diesem Artikel wird ein Flughafen als ein Geschäftsökosystem beschrieben, in dem die Akteure zusammenarbeiten, um Dienstleistungen für einen gemeinsamen Kunden, den reisenden Passagier, zu erbringen. Desto besser die Akteure dabei zusammenarbeiten, desto besser ist die Gesamtleistung des Ökosystems Flughafen im Hinblick auf die Kundenzufriedenheit. Eine Grundlage für die Qualität der Zusammenarbeit ist wiederum die Qualität der zwischen den Akteuren ausgetauschten Daten. Datenqualitätsprobleme, die sich aus semantischer Mehrdeutigkeit ergeben, können mithilfe eines klassischen semantischen Rahmens, dem „Bedeutungsdreieck" von Ogden & Richards,[40] beschrieben werden. Das „ACI ACRIS Semantic Model"[41] beruht auf dem semantischen Rahmen von Ogden & Richards und löst semantische Mehrdeutigkeiten mithilfe von Datenstandards auf. Dieser Artikel beschreibt, wie der Flughafen Heathrow das ACI ACRIS Semantic Model implementiert und für den Bereich Flughafensicherheit erweitert hat.

Das Geschäftsökosystem Flughafen

Jeder Flughafen ist ein Geschäftsökosystem mit regionaler oder globaler Reichweite. Es besteht aus einer Reihe von Unternehmen, die Werte schaffen, indem sie Ressourcen einsetzen, um für einen gemeinsamen Kunden Dienstleistungen zu erbringen (vgl. Abb. 7.1). Diese Unternehmen sind oft voneinander abhängig und umfassen die Flughafenorganisation, Fluggesellschaften, Bodenabfertigungsunternehmen und viele lokale Unternehmen. Sie alle sind Teil eines Wertschöpfungsnetzes, dessen Vernetzungsgrad für die Gestaltung und Erbringung hochwertiger Luftverkehrsdienstleistungen für die Kunden des Flughafens von entscheidender Bedeutung ist.

Der Flughafen verfügt auch über andere Arten von Netzwerken, darunter die Governance- und Normungsnetzwerke. Das Governance-Netzwerk implementiert Regeln und Gesetze. Zu seinen Mitgliedern gehören die Branchenverbände International Civil Aviation Organization (ICAO), Airports Council International (ACI) und die International Air Transport Association (IATA). Das Normungsnetzwerk entwickelt Best Practices und Normen. Je nach den Bedingungen, unter denen Governance- und Nor-

---

40 Charles Kay Ogden, Ivor Armstrong Richards, The Meaning of Meaning, 1923.
41 https://aci.aero/airport-advocacy/airport-information-technology/acris/.

Segun Alayande, Data Governance Lead, Heathrow Airport Limited, The Compass Centre, 234 Bath Road, Hounslow, United Kingdom, e-mail: segun.alayande@heathrow.com

https://doi.org/10.1515/9783111048673-007

mungsgremien eingerichtet wurden, kann ein Normungsgremium in ein Governance-Gremium eingebettet sein, wie bei der IATA. Eine Normungsorganisation kann eine separate Organisation oder eine Wissensgemeinschaft sein. Ein Beispiel für Letzteres ist ACI ACRIS. Diese setzt sich aus Mitarbeitern von Flughäfen, Fluggesellschaften und anderen Organisationen zusammen. Sie wurde gegründet, um Wissen und Best Practices im Bereich der Entwicklung von Datenstandards auszutauschen.

In allen Flughäfen gibt es Menschen, die eine Gemeinschaft zur Bewirtschaftung gemeinsamer Ressourcen wie Flugzeuge, Gepäckstücke, Infrastruktur und Passagiere bilden. Diese werden als Diskursgemeinschaften bezeichnet. Sie verfügen über ein geteiltes oder gemeinsames Vokabular. Die Begriffe in den Vokabularen können in den verschiedenen Gemeinschaften unterschiedliche Bedeutungen haben.

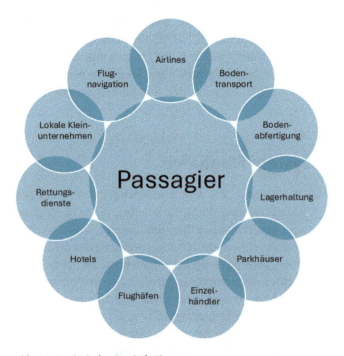

Abb. 7.1: Ein Flughafen-Geschäftsökosystem.

Die Kunden des Flughafens sind Passagiere, die in verschiedene Teile der Welt reisen. Die Akteure des Ökosystems Flughafen müssen effektiv kommunizieren, um effizient arbeiten und die Passagiere bedienen zu können. Die Mitarbeiter der verschiedenen Unternehmen müssen nicht nur mit denen anderer Unternehmen zusammenarbeiten, sondern auch mit Kollegen aus verschiedenen Abteilungen innerhalb ihres eigenen Unternehmens. Diese Zusammenarbeit erfordert vertrauenswürdige Informationen, die eine optimale Entscheidungsfindung und Koordination zwischen Teams, Abteilungen und den Gemeinschaften ermöglichen (vgl. Abb. 7.2).

Abb. 7.2: Ökosystemwissen, Kollaboration und Arbeitskoordination.

Aussagekräftige Daten, die einen Wissensaustausch ermöglichen, sind der Treibstoff für eine effektive Zusammenarbeit. Um effektiv zu kommunizieren, muss eine kontextabhängige Bedeutung in die verbale und digitale Kommunikation eingebettet werden.

Jeder Wirtschaftsakteur im Flughafen Geschäftsökosystem verfügt über IT-Lösungen, die seine Geschäftstätigkeit unterstützen. Die Gesamtheit der IT-Lösungen der Akteure, die über verschiedene Schnittstellen miteinander verbunden sind, um den Informations- und Datenfluss zu ermöglichen, wird als digitales Ökosystem bezeichnet (vgl. Abb. 7.3).

Abb. 7.3: Digitales Ökosystem und geteiltes Datenökosystem.

Geteilte Daten im Ökosystem Flughafen

Die von den Flughäfen gehaltenen Daten über Flugzeuge, Flugzeugbewegungen, Passagiere, Passagierbewegungen und das Wetter sind gemeinsame Ressourcen des Ökosystems. Sie werden von verschiedenen Akteuren erstellt, aber im gesamten Ökosystem verändert und gemeinsam genutzt (vgl. Abb. 7.4).

Im Flughafen fließen Daten von unterschiedlicher Qualität durch das digitale Ökosystem. Einige dieser Datenqualitätsprobleme sind systembedingt, andere sind nicht systembedingt und können daher leicht durch die Anwendung defensiver Datenqualitätsstrategien gelöst werden, einschließlich der Entwicklung von Datenqualitäts-Firewalls in Schnittstellentechnologien und Datendrehscheiben.

Die systembedingten Datenqualitätsprobleme sind oft das Ergebnis fehlender oder mangelhafter Metadaten. Wenn Metadaten als die Bedeutung von Daten definiert werden, verhindert ihr Fehlen das Verständnis der Daten, was sich direkt auf deren Nutzbarkeit auswirkt. Hinzu kommt: Wenn sich Daten im Ökosystem eines Flughafens und in IT-Systemen von Partnern bewegen, ändern sich ihre Bedeutung, Struktur, ihr Format und ihre Darstellung. Diese Änderungen werden oft nicht dokumentiert oder gepflegt, was sich negativ auf das Verständnis und die Verwendbarkeit der Daten auswirkt.

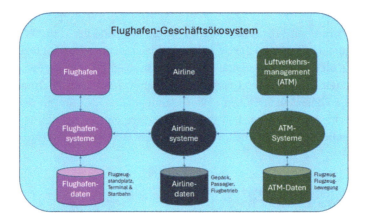

Abb. 7.4: Der Fluss von gemeinsam genutzten Daten in einem Flughafenökosystem.

Aussagekräftige Daten haben in verschiedenen Geschäftskontexten eine angemessene Bedeutung, die es den Empfängern der Daten ermöglicht, sie in diesem Kontext zu verstehen. Damit erlauben sie angemessene Aktionen und Verhaltensweisen im geschäftlichen Ökosystem.

Eine häufige Ursache für Qualitätsprobleme bei gemeinsam genutzten Daten ist das Vorhandensein von semantischer Mehrdeutigkeit in den Daten. So könnte zum Beispiel der Begriff „Flug" je nach Kontext des Diskurses für drei Ideen oder Konzepte stehen (vgl. Abb. 7.5).

Im Kontext der Flugnavigation ist der Flug die Bewegung des Flugzeugs. Im Kontext der Flugbuchung ist der Flug die Dienstleistung, die der Fluggast erwirbt. In einem Gespräch zwischen zwei Passagieren kann sich „Flug" auf ihre Reiseerfahrungen beziehen.

Wenn bei der Entwicklung von Systemen der Begriff „Flug" verwendet wird, um IT-Lösungen zu schaffen, ohne die Konzepte zu berücksichtigen, für die sie stehen, wird es Probleme bei der Integration der Daten geben. Wenn IT-Systeme mit unterschiedlichen Datenmodellen innerhalb derselben Geschäftsfunktion für dieselben Aufgaben verwendet werden, wird dies als semantische Heterogenität bezeichnet.

Aussagekräftige Daten sind kein Zufall, sondern sind mit Absicht so konzipiert, dass sie in verschiedene Geschäftskontexte passen. Die Bedeutung von Daten ist in ihren geschäftlichen und technischen Beschreibungen enthalten. Diese Datenbeschreibungen werden als geschäftliche und technische Metadaten bezeichnet. In der Informationswissenschaft werden Metadaten als „Informationen über Daten" bezeichnet.

Der in Abb. 7.5 dargestellte Rahmen ist als das „Bedeutungsdreieck" von Ogden & Richards bekannt und bildet die Grundlage für die Entwicklung des ACI ACRIS Semantic Model, eines Informationsrahmens für die Flughafengemeinschaft (vgl. Abb. 7.7).

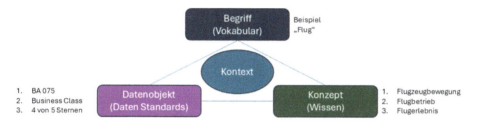

Abb. 7.5: Lösung der semantischen Mehrdeutigkeit in einem Flughafen-Datenökosystem.

Ein Informationsrahmen ist ein strukturiertes Schema, das eine Grundlage bietet für die Organisation und Verwaltung von Informationen innerhalb einer Gemeinschaft, eines Geschäftssystems oder einer Organisation. Es hilft, zu definieren, wie Informationen erfasst, gespeichert, verarbeitet und gemeinsam genutzt werden.

Abbildung 7.6 veranschaulicht, wie das semantische Modell von ACI ACRIS die Eckpunkte des Bedeutungsdreiecks in Abb. 7.5 widerspiegelt. Die Geschäftsbegriffe, die ein Vokabular bilden, stellen die erste Schicht des ACI ACRIS Semantic Model dar und werden als Sprachschicht bezeichnet. Bei den Begriffen handelt es sich um Wörter, Nomina und Verben, die aus der Analyse eines Textes stammen, der Geschäftsvorfälle oder andere wirtschaftliche Ereignisse beschreibt. Die Beschreibung der Begriffe enthält zusätzliche Informationen über die beschriebenen Ideen und den Kontext.

Abb. 7.6: Vom Dreieck der Bedeutung zum ACI ACRIS Semantic Model.

Die Ideen oder Konzepte, die aus den Begriffen der Sprachebene entwickelt wurden, werden in der Wissensebene mittels Beschreibungen ihrer Bedeutung und der Beziehungen zwischen den Konzepten dokumentiert. Der Zweck der Wissensschicht besteht darin, zu dokumentieren, was die Geschäftswelt über die Geschäftsdomäne weiß.

Die Beziehungen zwischen den Konzepten sind Ausdruck von Aussagen über geschäftliche Fakten. Die Aussage eines geschäftlichen Faktums stellt das kleinste Körnchen von Geschäftswissen dar. Die Kombination vieler miteinander verbundener Geschäftskonzepte wird visuell durch eine Konzeptkarte dargestellt, deren Umfang durch die untersuchte Geschäftsdomäne (auch: Diskursdomäne) definiert wird.

Abb. 7.7: Das ACI ACRIS Semantic Model.

Die in der Wissensschicht entwickelten Konzeptkarten werden zur Entwicklung von Datenstandards in der Datenelement-Bibliothek verwendet. Ein Datenelement ist eine strukturierte Darstellung der Daten, die ein Geschäftskonzept beschreiben. Die Datenelemente, die die Bewegung eines Flugzeugs beschreiben, ähneln beispielsweise denen eines Bodenfahrzeugs, unterscheiden sich aber von denen eines Flugdienstes, der Essen oder Warenverkauf auf einem Flug beinhaltet.

Die Darstellung von Geschäftswissen und dessen Verwendung bei der Definition von Datenstandards ist es, was das ACI ACRIS Semantic Model von den traditionellen Datenmodellen der Branche unterscheidet. Das zweite Unterscheidungsmerkmal ist die Verwendung eines formalen Konzeptklassifizierungsschemas, das es mit dem IATA Airline Industry Data Model gemeinsam hat. Es stellt sicher, dass die Konzepte korrekt im richtigen Geschäftskontext positioniert werden, und es unterstützt die semantische Interoperabilität.

Die technische Realisierungsschicht enthält Programm- und Projektartefakte. Dazu gehören projektspezifische oder anwendungsbezogene Anwendungsfälle und „User Stories" sowie ein Domänenmodell, das aus der Wiederverwendung von Datenstandards abgeleitet ist. Die Wiederverwendung von Datenstandards gewährleistet die Nachvollziehbarkeit von Informationskomponenten und hilft bei der Einhaltung von Datenstandards.

ACI ACRIS Semantic ist ein Informationsrahmen, der Datenstandards liefert, die auf das gemeinsame Wissen der Flughafen-Community abgestimmt sind und damit eine grundlegende Infrastruktur für die Transformation der Datenqualität im digitalen Ökosystem.

Governance der gemeinsam genutzten Daten des Flughafen-Ökosystems

Bei der Daten-Governance werden bewährte Datenmanagement-Methoden eingesetzt, um die Datenqualität zu verbessern. Das ermöglicht Effizienz und Innovation im Geschäftsbetrieb. Daten-Governance bringt die Ziele des Ökosystems Flughafen mit seinen Datenmanagement-Aktivitäten in Einklang. Die Geschäftsstrategie des Ökosystems ist wiederum die Grundlage für die Ziele der Daten-Governance.

Ein Ansatz zur Lösung der systemischen Datenqualitätsprobleme ist die administrative Kontrolle der gemeinsam genutzten Daten des Flughafenökosystems unter Verwendung gemeinsamer Metadatenstandards auf Ökosystem-, Branchen-, Unternehmens- und Programmebene. Dieser Ansatz reduziert Datenrisiken, die mit semantischer Mehrdeutigkeit verbunden sind.

Die Daten-Governance in einem Flughafenökosystem umfasst das Governance-Netzwerk, das die Branchenorganisationen ACI, IATA, FAA, CAA und ICAO einschließt. Dieses entwickelt Richtlinien und Vereinbarungen, auf deren Grundlage Datenstandardisierungsnetzwerke Standards entwickeln. Die Daten-Governance-Mitarbeiter der Akteure des Flughafenökosystems arbeiten im Standardisierungsnetzwerk, um gemeinsame und offene Standards zu definieren.

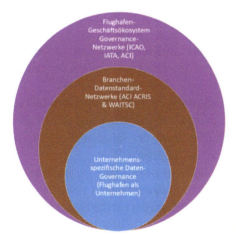

Abb. 7.8: Governance-Netzwerke in einem Flughafen-Geschäftsökosystem.

Auf der Branchenebene werden Datenstandards entwickelt, die das Wissen der Geschäftswelt auf der Grundlage eines gemeinsamen Vokabulars nutzen. Diese Strategie verringert das mit semantischer Mehrdeutigkeit verbundene Datenrisiko.

Daten-Governance-Teams in Flughäfen können Branchendatenstandards in Datenmanagement-Programmen und -projekten verschiedener Unternehmen wiederverwenden. Das verbessert die Qualität der Arbeit an Datenstandards auf der Unternehmensebene und die Qualität der Datengestaltung.

Nutzung der ACI-ACRIS-Datenstandards beim Flughafen London Heathrow

Es kann für einen Flughafen aus mehreren Gründen interessant sein, sich an der Datenstandardisierungsarbeit eines der Branchennetzwerke zu beteiligen. Er kann damit:
- Daten mittels Branchenstandards organisieren, um seine Datenkompetenz zu erhöhen;
- die Entwicklung von Branchenstandards antizipieren, um sie in die Entwicklung neuer IT-Lösungen einfließen zu lassen und Kosten für IT-Investitionen zu reduzieren;
- die Entwicklung von Schnittstellenstandards für gemeinsam genutzte Gepäck-, Flug- und Passagierdaten beeinflussen, um bestehende und bevorstehende IT-Investitionen zu schützen;
- die Qualität von Gepäck-, Flug- und Fluggastdaten durch gemeinsame Datenstandards beeinflussen;
- die Kosten für IT-Projekte senken, indem gemeinsame Anforderungen für die gesamte Flughafenbranche in Form von Standarddatenmodellen im ACI ACRIS Semantic Model festgelegt werden;
- und das Lieferantenverhalten beeinflussen, indem Datenstandards durch die Leitungsgremien des Flughafenökosystems vorgegeben werden.

Der Flughafen London Heathrow entwickelte einen Ansatz mit dem Ziel, die Nutzung seiner Daten durch Datenwissenschaftler und das gesamte Ökosystem zu verbessern, um die betriebliche und geschäftliche Effizienz zu steigern. Das Ziel der Daten-Governance-Gruppe dieses Flughafens war es, Datenkompetenz zu vermitteln.

Datenkompetenz ist die Fähigkeit, Daten im Kontext zu lesen, zu schreiben und zu kommunizieren, einschließlich eines Verständnisses der Datenquellen und -konstrukte, der angewandten Analysemethoden und -techniken sowie der Fähigkeit, den Anwendungsfall und den daraus resultierenden Wert zu beschreiben.

Um eine bessere Datennutzung und Datenkompetenz zu ermöglichen, muss die Bedeutung der Daten den Datennutzern und Informationskonsumenten vermittelt und von ihnen verstanden werden. Das Daten-Governance-Team des Flughafens stellt sicher, dass der Geschäftskontext für die Datennutzung, ihre Bedeutung und Änderungen oder die Abstammung in einer vereinbarten gemeinsamen Form durch die in Abb. 7.9 dargestellte Informationswertschöpfungskette fließen. Dies wird durch die Anwendung von Best Practices und Datenstandards erreicht.

Datenstandards sind dokumentierte Vereinbarungen über die Darstellung, das Format, die Definition, die Strukturierung, die Kennzeichnung, die Übertragung, die Manipulation, die Verwendung und die Verwaltung von Informationen zur Unterstützung des Geschäftsbetriebs.

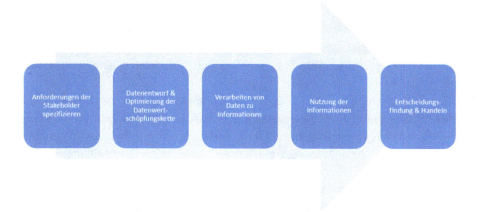

Abb. 7.9: Die Daten- und Informationswertschöpfungskette eines Flughafens.

Anhand der Informationswertschöpfungskette hat das Daten-Governance-Team des Flughafens drei Interessengruppen identifiziert, nämlich die Datenlieferanten, die Datennutzer und die Informationskonsumenten im weiteren Sinne. Abbildung 7.10 zeigt, dass alle drei Interessengruppen von Aktivitäten zur Verbesserung des Daten-verständnisses profitieren würden. Da es sich bei einem Flughafen um ein Geschäfts-ökosystem handelt, gehören zu den Informationsverbrauchern auch Geschäftspartner, die lokale Wirtschaft und Verwaltung sowie staatliche Regulierungsbehörden. Abbil-dung 7.10 fügt die internen und externen Datenlieferanten als Stakeholder hinzu.

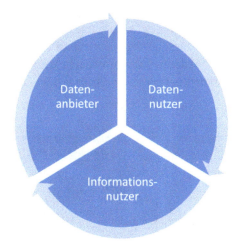

Abb. 7.10: Die Daten-Stakeholder eines Flughafens.

Am Flughafen werden Daten über Flüge, Passagiere, Flugzeuge und Gepäckstücke ausgetauscht, um betriebliche Entscheidungen zu treffen, aber die Qualität dieser Informationskategorien variiert zwischen den Partnerorganisationen des Flughafens. Die genannten Datenkategorien werden von den Geschäftspartnern des Flughafens und von Drittanbietern bezogen. Die Verwaltung dieser Datenkategorien ist ohne Datenstandards, die ein gemeinsames Format für ihre Darstellung definieren, eine Herausforderung.

Eine Verbesserung der Qualität dieser Informationsbestände ist durch eine vereinbarte gemeinsame Darstellung der Daten und Metadaten möglich. Diese vereinbarten gemeinsamen Datendarstellungen sind Datenstandards, die eine nahtlose Integration und gemeinsame Nutzung von aussagekräftigen Daten für die Entscheidungsfindung in Unternehmen ermöglichen. Diese Datenstandards müssen auf einem gemeinsamen Geschäftsvokabular für das gesamte Ökosystem des Flughafens beruhen.

Der Flughafen London Heathrow nimmt an ACI ACRIS-Projekten teil, die zu Datenstandards führen, die das Verständnis von Daten durch die Definition von konsistenten Geschäftsmetadaten ermöglichen. Die Datenstandards werden in einem Sparx Systems Enterprise Architect Repository und Microsoft-Purview-Datenkatalog verwaltet, die die Verwaltung von Metadaten zur Verbesserung der Datenqualität ermöglichen.

Das Daten-Governance-Team des Flughafens London Heathrow ist mit den Daten-Governance-Institutionen verbunden, dazu gehören das Airport Council International (ACI ACRIS), die Arbeitsgruppe zum Thema Gepäck der International Air Transport Association (IATA), die European Organisation for Civil Aviation Equipment (EUROCAE) Airport Collaborative Decision Making WG111 und die International Civil Aviation Organisation (ICAO).

So wurden zum Beispiel für die Entwicklung der ACRIS-Sicherheitsdatenstandards die Anforderungen in Form von Anwendungsfällen von Flughäfen auf der ganzen Welt, Lieferanten von Sicherheitsausrüstungen und Aufsichtsbehörden für Flughafensicherheit eingeholt. Das ACRIS „Security Semantic Model" wurde entwickelt, und die zugrunde liegenden Datenstandards werden angewandt, um die Daten-Governance für das Sicherheitsprojekt des Flughafens zu erleichtern. Abbildung 7.11 veranschaulicht die Beziehung zwischen der Daten-Governance auf Branchenebene und derjenigen des Flughafens.

Abb. 7.11: Fluss von Datenstandards für das Flughafenökosystem von Governance-Netzwerken zu einem Flughafenunternehmen.

Mehrwerte eines Datenstandards für ein Flughafenunternehmen

Flughäfen, die sich aktiv an der Entwicklung von Normen beteiligen, senken Kosten, steigern ihre Effizienz, erleichtern und halten den Marktzugang aufrecht und haben einen größeren Wettbewerbsvorteil als diejenigen, die sich nicht beteiligen.

Ohne den Einfluss und den Beitrag eines Flughafens können seine Konkurrenten durch den Inhalt einer Norm die Art und Weise diktieren, wie er sein Geschäft betreibt. Ein Flughafen profitiert außerdem von spezifischen Vorteilen in den folgenden Bereichen:

- **Verbesserte Qualität des Informationsaustauschs und Effizienz und Qualität der Dateninhalte:** Datenstandards an einem Flughafen ermöglichen die gemeinsame Nutzung hochwertiger betrieblicher Informationen, die für eine optimale Entscheidungsfindung erforderlich sind und sich auf die Unternehmensleistung auswirken.
- **Mehr Innovation mit Daten:** Die Bereitstellung von Qualitätsinformationen über den Passagier ermöglicht es dem Flughafen und seinen Partnern, andere Bereiche zu identifizieren, in denen neue oder verbesserte Dienstleistungen gewinnbringend angeboten werden könnten.
- **Geringere IT-Forschungs- und -Entwicklungskosten:** Durch die Mitwirkung an Standards kann ein Flughafen seine F&E-Kosten durch die Wiederverwendung von Prototyp-Anwendungsdiensten senken, die in Standardisierungsorganisationen entwickelt wurden.
- **Geringere Kosten für die IT-Beschaffung:** IT-Lieferanten müssen sich an die von den Normungsorganisationen vorgegebenen Industriestandards halten. Wenn ein Flughafen dies als Anforderung in seine Beschaffungsausschreibung aufnimmt, werden die Lieferanten nach einem gemeinsamen Standard liefern, was die Beschaffungskosten senkt.
- **Verbesserte IT-Anforderungsspezifikation und verbesserte Datenprodukte:** Industrielle Datenstandards enthalten mehrere Analysemuster und Vorlagen, die das Management der Benutzeranforderungen an einem Flughafen verbessern können. Dadurch wird der Zeitaufwand für das Sammeln und Spezifizieren von Anforderungen reduziert und die Qualität des an den Flughafen gelieferten IT-Produkts verbessert.
- **IT-Wartungskosten:** Eine häufige Herausforderung für Unternehmen ist die Pflege der Systemdokumentationen, wenn diese sich weiterentwickeln, was die Wartungskosten im Laufe der Zeit erhöht. Die Verwendung von Informationsstandards bei der modellgesteuerten Entwicklung und Implementierung von IT verringert die Wartungskosten im Laufe der Zeit, da die Systemdokumentation das Modell, der Informationsstandard, ist.

Fazit

Wenn sich ein Flughafen an der Entwicklung von Datenstandards beteiligt, bringt er auch seine Anliegen und Bedürfnisse in den Standardisierungsprozess ein. Ein Flughafen hat zwei Möglichkeiten: Entweder er setzt sich an den Tisch der Normungsgremien und beteiligt sich am Normungsprozess, oder er lässt sich von seinen Konkurrenten und deren Zulieferern vorschreiben, wie er seine Geschäfte zu führen hat.

Die Kunden eines Flughafens wollen Produkte und Dienstleistungen, die von hoher Qualität, zuverlässig, konsistent und sicher sind. Der Rückgriff auf Datennormen und Konformitätsprüfungen trägt dazu bei, diese wichtigen Eigenschaften zu demonstrieren und die Kundenbindung eines Flughafens zu stärken.

Über den Autor

Segun Alayande

Segun Alayande ist Data Governance Lead am Flughafen Heathrow. Er verfügt über mehr als 27 Jahre IT-Erfahrung in verschiedenen Branchen, darunter Pharma, IT-Beratung, Einzelhandel, Strafverfolgung, High-Tech-Produktion und Luftfahrt. Zu seinen Fachgebieten gehören Enterprise Architecture Management, Information Architecture Design, Business Model Analysis, Business Ecosystems und Knowledge Management. Segun entwarf das ACRIS Semantic Model des Airport Council International (ACI) und leistete einen wichtigen Beitrag zum Entwurf des IATA Airline Industry Data Model (AIDM). Segun war Vorsitzender der EUROCAE-Arbeitsgruppe 111, die technische Spezifikationen für das Airport Collaborative Decision Making (A-CDM) definierte. Segun leitete einen Workshop, der die Vor-SESAR-Version des ICAO Air Traffic Management Information Reference Model (AIRM) entwarf.

Stephan Sachs und Markus Singer

8 DSGVO als Beschleuniger der datenzentrischen Organisation

Zusammenfassung: Das Inkrafttreten der Datenschutz-Grundverordnung (DSGVO) im Mai 2018 löste im Vorfeld bei vielen Unternehmen große Befürchtungen und hektische Betriebsamkeit aus. Den Firmen wurde dabei ihre fragmentierte Datenhaltung schmerzlich bewusst. Die Audi AG nutzte diese Situation als Chance und etablierte eine neue Datenarchitektur als Grundlage für eine weitgehende Automatisierung der erwarteten Anfrageprozesse. Damit wurde das DSGVO-Projekt zum Beschleuniger einer datenzentrischen Organisation.

Ausgangssituation

Die Bedeutung des Themas lässt sich mit fünf Buchstaben zusammenfassen: DSGVO. Völlig richtig, die Datenschutz-Grundverordnung, die am 28. Mai 2018 europaweit in Kraft getreten ist, im Vorfeld für viel Aufregung gesorgt hat und deren Auswirkungen bis heute deutlich spürbar sind. Neben den Effekten für betroffene Personen – um in der Sprache der DSGVO zu bleiben – ergaben sich daraus für Unternehmen eine Vielzahl von Pflichten, die in fundamentaler Weise den Umgang mit Daten, insbesondere mit personenbezogenen Daten, beeinflussen.

Betrachtet man die Aufgabenstellung jedoch etwas allgemeiner, ergaben und ergeben sich noch immer – nicht zuletzt durch die Vorbildwirkung auf internationale Rechtsordnungen – immense Chancen.

Winter 2017: Die Datenschutz-Grundverordnung steht bevor

Der Winter 2017 war noch nicht beendet und für einen der Autoren stand ein erholsames Wochenende im Bayerischen Wald bevor. Der Erholung stand nur noch die Begutachtung eines Konzeptpapiers zur Umsetzung der DSGVO im Weg – zu eben dem Thema, das seit vielen Wochen und Monaten durch so ziemlich alle Abteilungen der unterschiedlichen Geschäftsbereiche geisterte. Von manchen wurde sie gar als Sargnagel der IT gedeutet, der das unweigerliche Ende der Datenverarbeitung im Unternehmen bringen würde.

Stephan Sachs, AUDI AG, Auto-Union-Str. 1, 85057 Ingolstadt, Deutschland, e-mail: stephan.sachs@audi.de
Markus Singer, techmatrix consulting GmbH, Münchener Str. 11, 85540 Haar, Deutschland, e-mail: markus.singer@techmatrix.de

https://doi.org/10.1515/9783111048673-008

Ausführlich wurden die fachlichen Aspekte der Verordnung in diesem Dokument dargelegt. Die Rechte betroffener Personen wurden beschrieben, Betroffenengruppen definiert, Prinzipien des Datenschutzes herangezogen, Varianten zur Identifikation von Personen formuliert. Es wurden Systeme benannt, die bekanntermaßen personenbezogene Daten verarbeiten und eine lange Liste von Systemen ausgewiesen, die vermutlich ebenfalls personenbezogene Daten speichern. Nicht zuletzt wurden Prozesse für eine Fallbearbeitung entworfen, um die Anfragen der betroffenen Personen entgegenzunehmen und im Rahmen der zeitlichen Vorgaben abwickeln zu können.

Deutlich weniger hingegen war über die Umsetzung und Erfüllung der beschriebenen Anforderungen gesagt. Der begutachtende Autor meldete der Auftraggeberin aus der IT sein Resümee zum Konzept zurück. Er benannte für eine IT-gestützte Umsetzung drei Schwerpunktbereiche:

– **Bestandsaufnahme der datenhaltenden Systeme durchführen**
  Es galt herauszufinden, in welchen Systemen welche personenbezogene Daten gespeichert werden.
– **Modellierung der zusammengeführten Daten zur Weiterverarbeitung in den Betroffenenprozessen**
  Aufgrund der verteilten Verantwortung für die Systeme war mit sehr heterogenen Datenmodellen zu rechnen. Es war erforderlich, ein gemeinsames Modell zu finden, das die Zusammenführung der Quelldaten und darauf basierend die Bearbeitung der Anfrage ermöglichte.
– **Automatisierungslösung zur Einbindung der Systeme in die Prozesse**
  Aufgrund der dezentralen Speicherung personenbezogener Daten musste ein Weg gefunden werden, die Systemverantwortlichen in die Bearbeitung der Anfragen der betroffenen Personen einzubinden. Dabei wurde frühzeitig eine vollautomatisierte Lösung angestrebt.

Mit Automatisierung gegen Datenchaos und Überlastung

Vor denselben oder ähnlichen Herausforderungen standen vor dem Mai 2018 viele Unternehmen. Personenbezogene Daten wurden in einer Vielzahl von Systemen, Datenbanken und Data Lakes gespeichert. Über Datenpipelines wurden die Daten weitergereicht, angereichert und neu gespeichert. Die Herkunft der Daten wurde kaum dokumentiert, der Zweck der Verarbeitung war nur eingeschränkt beschrieben. Bei der Verteilung der Daten standen Architekturentscheidungen im Vordergrund. Eine rechtliche Bewertung oder eine Überprüfung des Verarbeitungszweckes erfolgte nur in Ausnahmefällen.

Die Datenschutz-Grundverordnung betrifft jede Organisation und jedes Unternehmen mit Systemen, die Daten europäischer Bürger verarbeiten, ungeachtet des Firmenstandorts. So wurden in Vorbereitung auf den Stichtag im Mai 2018 vielerorts unternehmensweite Initiativen, Programme und Projekte gestartet. Und niemand konnte vorhersehen, wie intensiv die neu geschaffenen Rechte der DSGVO von den betroffenen Personen genutzt würden. Pessimistische Schätzungen befürchteten im Vorfeld mehrere Hundert Anfragen jede Woche, deren Abarbeitung die Unternehmen vollständig lahmlegen würden.

Trotz der Schwarzmalerei entwickelte sich die DSGVO zu einem Erfolg für die betroffenen Personen. Aber auch für manche Unternehmen geriet sie geradewegs zum Beschleuniger auf dem Weg hin zu einer datengetriebenen Organisation, wie auch im vorliegenden Beispiel.

Die beiden Autoren des Artikels begleiteten die Aktivitäten über einen langen Zeitraum und dokumentieren hier als Chronisten ihre Erfahrungen. Stephan Sachs war ab der sehr frühen Phase beteiligt und stellte intern die Weichen für die langfristige Ausrichtung. Der zweite Autor Markus Singer kam als externer Begutachter mit Fokus auf die IT-Aspekte an Bord.

Das Projekt trat wenige Monate vor dem Inkrafttreten der DSGVO in eine sehr intensive Phase ein. Die technische Implementierung der Betroffenenrechte startete. Aufgrund der Neuartigkeit der Regelungen waren die Unsicherheiten groß. Im Internet kursierten Fragebögen und Anfragevorlagen, die sehr umfassende Anfragen erlauben sollten. Entsprechend hoch wurde der Arbeitsaufwand eingeschätzt. Nicht nur bei der zentralen Bearbeitung, sondern auch dezentral, in den datenhaltenden Systemen. Es stand die Befürchtung im Raum, dass die Bearbeitung der Anfragen die dafür zuständigen Mitarbeiter nahezu vollständig auslasten würde, sodass sie ihre eigentlichen Linienaufgaben nur noch stark eingeschränkt erledigen können.

Zur Abwehr dieser Arbeitslast riefen die IT-Architekten nach Automatisierung: Automatisierung der Anfrageverteilung und -überwachung, Automatisierung der Anfrageverarbeitung in den datenhaltenden Systemen und Automatisierung der Weiterverarbeitung der Einzelantworten an zentraler Stelle.

Request-Response-Architektur als Basis für die Automatisierung

Zur Automatisierung der Betroffenenprozesse wurde eine Request-Response-Architektur konzipiert (vgl. Abb. 8.1). Von zentraler Stelle, sozusagen aus der Mitte der Anfragebearbeitung, sollten die relevanten Details der Betroffenenanfragen an alle datenhaltenden Systeme geschickt werden.

Nicht zuletzt wegen der Vielzahl von Systemen mit personenbezogenen Daten war es nicht praktikabel, direkte Verbindungen zu etablieren. Die zentrale Stelle der automatisierten DSGVO-Anfragebearbeitung – kreativerweise und wegen der Vorliebe für englische Begriffe in der IT schlicht GDPR-Service genannt – verpackte die relevanten An-

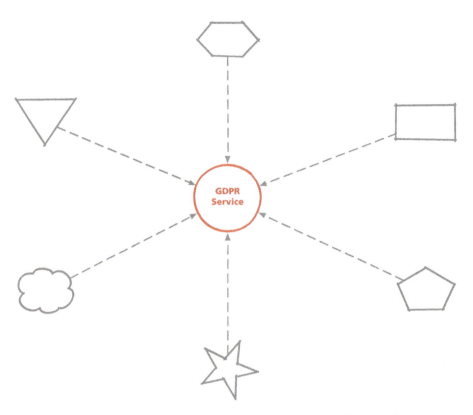

Abb. 8.1: Request-Response-Architektur zur Automatisierung der DSGVO-Betroffenenprozesse.

fragedaten in eine JSON-Struktur und übergab diese an eine nachrichtenbasierte Middleware. Diese Middleware stellt sicher, dass die Anfragenachricht an alle Empfänger übergeben wird, und nimmt nach der Verarbeitung bei den Empfängern die Antworten entgegen, um sie an den zentralen GDPR-Service zu übermitteln. Auf der technischen Kommunikationsebene entkoppelt die Middleware damit die beiden Fraktionen der Anfrageverarbeitung: den GDPR-Service als Anfragesteller und die datenhaltenden Systeme als Anfrageverarbeiter.

Als Kommunikationstechnologie wurde ein zentral bereitgestellter Kafka-Cluster zum Einsatz gebracht. In diesem wurden Topics eingerichtet, getrennt jeweils für Anfragen und Antworten zu den unterschiedlichen Betroffenenrechten. Systeme mit personenbezogenen Daten empfangen die notwendigen Identifikationsmerkmale über die Anfrage-Topics und antworten mit ihren Daten über die Antwort-Topics.

Eine Herausforderung ergab sich jedoch bei der Identifikation der Systeme mit personenbezogenen Daten: Welche Systeme verarbeiten und speichern diese Daten? Die technologieorientierten Architekturdokumentations-Datenbanken enthielten nur rudimentäre Informationen über die verwalteten Daten. Stattdessen bildete das neu geschaffene Verzeichnis über alle Verarbeitungstätigkeiten, das zur rechtlichen Prüfung genutzt wurde, die zuverlässige Basis.

Initial wurden dafür regelmäßige Exporte aus der Datenbank gezogen und in eine Systemliste überführt. Anhand dieser wurden die relevanten Systeme identifiziert und in die betroffenen Prozesse aufgenommen.

Ausgestattet mit einer voll gefüllten Systemliste fühlten wir uns gut gewappnet für die nächsten Schritte. Jetzt sollte es schließlich nur noch darum gehen, der Reihe nach die Systeme anzubinden.

Datenmodellierung

In den Gesprächen mit den Systemverantwortlichen aus der Systemliste ergab sich schnell eine weitere Problemstellung. So ziemlich jedes System hatte die personenbezogenen Daten unterschiedlich modelliert. Manchmal nur in Nuancen, oftmals jedoch fundamental anders. Bei genauerer Betrachtung nicht wirklich überraschend. Schließlich wurden sie für unterschiedliche Zwecke und Prozesse erdacht und konzipiert. Unser naiver Ansatz, den Systemen das Format und die Inhalte freizustellen währte nur sehr, sehr kurz.

Spätestens als ein erstes System ankündigte, ihre personenbezogenen Daten als Screenshots einer Terminalanwendung zu liefern, wurde klar, dass für die Weiterverarbeitung und Aufbereitung der Daten Vorgaben für die Bereitstellung erforderlich waren. Damit der zentrale GDPR-Service die Einzelantworten der Systeme sinnvoll zusammenführen konnte, brauchte er ein übergreifendes Verständnis der Daten und noch grundlegender: eine einheitliche Datenrepräsentation.

Die einheitliche Datenrepräsentation wurde schnell gefunden: JSON (vgl. Abb. 8.2). Flexibel, halbwegs menschenlesbar und nicht zuletzt – was Datenformate anbelangt – als größter, gemeinsamer Nenner von allen gängigen Programmiersprachen nutzbar. Jede Nachricht wurde zudem in die Sektionen „Header" und „Payload" unterteilt. Im „Header" werden Metadaten der Nachricht übertragen, zum Beispiel Sendedatum und Sendeidentifikation. Die „Payload" war für die Daten des Senders vorgesehen. Mit dieser Zweiteilung war der grundlegende Aufbau festgelegt, jedoch keine Aussagen über die konkreten Inhalte der Payload gemacht.

Ein allgemeines Datenmodell für personenbezogene Daten wurde auf Basis einer Vorauswahl von Systemen **zentral** definiert. Angebundene Systeme sollten ihre Daten in dieses Schema abbilden. Dieses Datenmodell konnte der GDPR-Service in seiner ersten Version *verstehen* und somit weiterverarbeiten. Er konnte die Einzelantworten der Systeme zu einer Gesamtantwort konsolidieren und die kundentaugliche Aufbereitung durchführen.

Leider ergaben sich aus der zentralen Definition des Datenmodells mehrere Probleme, die bald das Ende dieser Herangehensweise bedeutete.

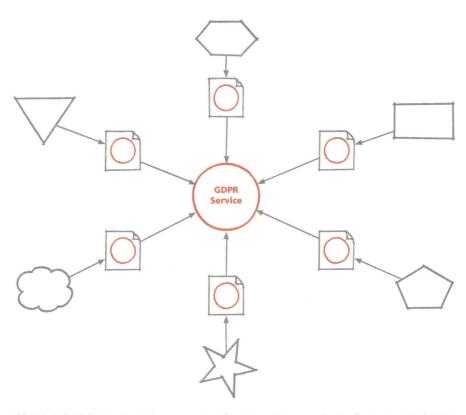

Abb. 8.2: Einheitliche Repräsentation von personenbezogenen Daten aus den Quellsystemen mittels JSON.

Erstens war das vorgegebene Datenmodell schlicht zu eingeschränkt, um alle Daten aus allen Systemen zu repräsentieren. Es konnte nur einen kleinen Ausschnitt darstellen. Für nicht enthaltene Daten bedeutete diese Einschränkung, dass Daten entweder falsch oder – noch dramatischer – gar nicht abgebildet werden konnten. Manche Daten ließen sich schlichtweg überhaupt nicht in das vorgegebene Zielformat übersetzen. Diese Daten konnten deshalb nicht auf diesem Wege übertragen werden und brauchten alternative Kanäle.

Zweitens führte der naheliegende Versuch, das übergreifende Datenschema weiter von zentraler Stelle zu detaillieren, zu einem hohen Arbeitsaufwand. Einerseits um das Modell zu pflegen, weiterzuentwickeln und die Änderungen zu kommunizieren – andererseits ergaben sich auch Anpassungsbedarfe in den bereits angebundenen Systemen. Durch die sinnvolle Harmonisierung und zur Vermeidung von Redundanzen war es erforderlich, die Daten neu in die Antwortformate abgebildet, wofür Code-Änderungen in den liefernden Systemen notwendig wurden.

Drittens hätte sich aus der Zentralisierung der Schemapflege ein organisatorischer Flaschenhals ergeben. Die Pflege musste stärker in die Hände der Systemverantwortlichen gelegt werden.

Aufbauend auf den erfolgreichen Aspekten der Lösungsarchitektur – dezentrale Datenbereitstellung und flexibles Datenrepräsentationsformat – musste ein skalierbarer Weg für die Definition der Datenmodelle gefunden werden.

Datenkatalogisierung

Die ersten Schritte zur Skalierung der Datenmodellierung wurden tatsächlich schon früh unternommen. Um zum ersten Entwurf des zentral definierten Datenmodells zu kommen, wurden die Datenfelder aus den Systemen – nach bester IT-Manier – in einem Excel-Dokument erfasst. Zusammen mit ergänzenden Angaben wie Quellsystem, Beschreibung und Datentyp wuchs so eine erste Liste von Datenfeldern in den datenhaltenden Systemen. Die sogenannte Datenfeldliste war geboren.

Im Kern stellt die Datenfeldliste eine Sicht auf die Schemata der Quelldatenbanken dar. Sie erlaubt eine datenfeldorientierte Attribuierung von beschreibenden Informationen. Zu jedem Datenfeld können beliebige Metadaten gemanagt werden. Über Metadaten konnte die Relevanz eines einzelnen Datenfelds aus einem spezifischen System für die DSGVO erfasst werden. Mit zunehmendem Befüllungsgrad entwickelte sich die Datenfeldliste mehr und mehr zu einem Datenkatalog. Ein vollständiges Abbild der erfassten Quellen entstand.

Im Gesamtkontext konnte damit das ehemals zentral definierte Datenmodell abgelöst werden. Damit der GDPR-Service die Daten der Quellen verstehen konnte, waren keine systemspezifischen Erweiterungen oder Änderungen in dessen Logik erforderlich. Er konnte sich voll auf die Beschreibungen in der Datenfeldliste abstützen.

Datenhaltende Systeme konnten ihre Daten gemäß dem zuvor dokumentierten Datenschema an den GDPR-Service liefern. Dabei konnten die Strukturen je System separat erfasst und beschrieben werden. Es mussten für die Lieferung keine Querbeziehungen berücksichtigt werden. Nach Erfassung der Datenfelder eines Systems konnte ein spezifisches JSON-Schema bereitgestellt werden, das als Vorlage für die Nachrichten diente (vgl. Abb. 8.3).

Die initiale Umsetzung der Datenfeldliste in Excel wurde recht bald durch einen Datenkatalog in einer Kauflösung ersetzt. Dieser Wechsel brachte zusätzliche Möglichkeiten zur Strukturierung der Metadaten und war dem prognostizierten Umfang und der Anzahl an Metadaten deutlich besser gewachsen. Ein feingranulares Berechtigungsmodell im Datenkatalog ebnete den Weg für die Zusammenarbeit zwischen zentralem Pflegeteam und den Systemexperten.

Der GDPR-Service konnte aus dem Katalog gespeist werden mit Konfigurationen zur systemübergreifenden Konsolidierung, um Datenredundanzen zu minimieren – bis hin zu Layoutfestlegungen.

Die freie Attribuierung ermöglichte die Einbettung des Datenkatalogs in das BIAT-Modell des Unternehmens. Dabei handelt es sich um ein Datenmodellierungsrahmen-

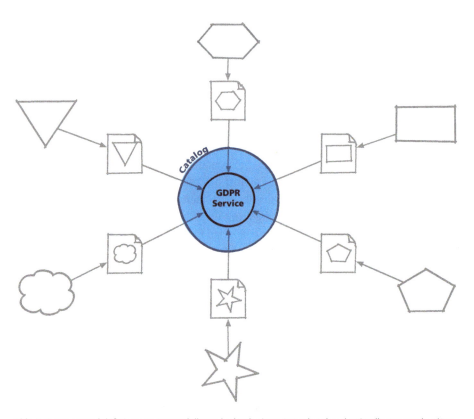

Abb. 8.3: Das zentral definierte Datenmodell wurde durch einen Datenkatalog der Quellsysteme abgelöst. Nachrichten an den GDPR-Service werden über ein spezifisches JSON-Schema bereitgestellt.

werk mit vier aufeinander aufbauenden Ebenen: Business, Information, Applikation und Technologie. Während die beiden letztgenannten eher die typische Betrachtungsweise seitens der IT darstellen, wird mit einer abstrahierten Informationsschicht die Verknüpfung zu der Business-Ebene geschaffen. Collibra unterstützt in seinem exemplarischen Datenmodell ebenfalls diese Unterscheidung, und nun beteiligten wir uns an zahlreichen Diskussionen mit IT-Architekten und Fachbereichsvertretern, um hier eine einheitliche Sichtweise zu finden.

Fazit und Ausblick

Die Datenkatalogisierung war der notwendige Enabler, der die übergreifende Datenmodellierung ermöglichte und die weitreichende Automatisierung der Betroffenenrechte erlaubte.

Dieser Datenkatalog bildet das Rückgrat der Betroffenenrechte und verschafft einen detaillierten Überblick der Datenhaltung in den Systemen des Unternehmens.

Alleine mit den dokumentierten Datenfeldern einen Kontext zu den Daten geben zu können, der auch von Nicht-IT-Spezialisten verstanden werden kann, war bestechend. Lesender Zugriff auf die Informationen erforderte keine kostenpflichtigen Benutzerlizenzen, was für die Verbreitung ein großer Vorteil war. So erreichte die geschaffene Basis weitere Use Cases, andere Fachbereiche und den gesamten Konzern.

Danksagung

Was geschaffen wurde, ist nicht alleine das Werk der Autoren, sondern das Ergebnis vieler smarter und fleißiger Köpfe innerhalb und außerhalb des Unternehmens. Es ist den Umständen zu verdanken, dass das Thema von Anfang an hoch in der Organisation durch das oberste Management priorisiert wurde. Dieses übertrug einem hoch motivierten, selbst organisierten Team die Aufgabe, einen stabilen, skalierbaren und funktionierenden Betroffenenrechteprozess zu etablieren, der das Unternehmen nicht gegen die Wand fährt. Durch eine besondere Fügung war das Team zeitgleich für die Fachlichkeit und für die Technik zuständig, was viele Entscheidungsprozesse beschleunigte.

Bei Audi gehörte zu diesem Team die Datenschutzorganisation – verantwortet vom Rechtswesen –, unser Bereich „VX Digital Business" in der Sales- und Marketing-Organisation und hervorragende Helfer aus der Audi IT, die uns auf unserem Weg begleitet und mitgeholfen haben. Auch hierfür vielen Dank!

Extern waren es die Experten von Capgemini Invent, GPI, Hewlett Packard Enterprise, Iteratec, Techmatrix und vision11, denen wir so viel zu verdanken haben. Gemeinsam und auf Augenhöhe haben wir unser Data Privacy Empire gemeinsam geschaffen!

Über die Autoren

Stephan Sachs

Stephan Sachs ist Senior Expert im Geschäftsbereich Digital Business der AUDI AG und seit Herbst 2017 als Business Owner für den Agile Release Train „Data Privacy Empire" im Themengebiet Betroffenenrechteprozess tätig. Vorher leitete er als Programmmanager geschäftsbereichsübergreifende Transformationsprojekte im Bereich Sonderausstattung, CO_2-Management und Analytics. Vor seiner Zeit bei Audi war er im internationalen Handelsumfeld in Frankreich und Holland und zuvor als kaufmännischer Leiter einer Systemkooperation in der Entsorgungswirtschaft tätig.

Markus Singer

Markus Singer leitet den Bereich Consulting und Datenmanagement bei der techmatrix consulting GmbH.

Teil III: **Modelle, Architekturen und Technologien**

Carsten Adam

9 Die Bedeutung des einheitlichen Informationsmanagements für das datenzentrische Unternehmen

Zusammenfassung: Der Artikel beschreibt, wie ein einheitliches Informationsmanagement die Fragmentierung historisch gewachsener IT-Umgebungen überwinden kann, ohne die Autonomie einzelner Domänen zu beeinträchtigen. Im ersten Schritt zeichnet der Beitrag die historische Genese der heutigen IT-Landschaften nach, umreißt sodann Methoden und Best Practices des Aufbaus eines Unified Information Model (UIM) und schließt mit einem Fallbeispiel aus der Telekommunikationsbranche.

Rolle des Informationsmanagements im Zeitalter der Digitalisierung

Entwicklung der Informatik in den vergangenen 30 Jahren

Um die Bedeutung des Informationsmanagements in der zunehmenden Digitalisierung von Unternehmensabläufen zu verstehen, wollen wir im ersten Schritt die Entwicklung der Informatik in den vergangenen 30 Jahren betrachten.

a. Das Silodenken oder die Entstehung der Domänensicht

Vor 30 Jahren war es völlig ausreichend, sich bei der Umsetzung von fachlichen Anforderungen in der Applikationsentwicklung auf die funktionalen Anforderungen eines spezifischen Fachbereichs (Domäne) zu konzentrieren. Hier liegt die Basis für ein ausgeprägtes Silodenken, das sich in den nachfolgenden Jahren in den Unternehmen etablierte. Ein vernetztes bzw. fachbereichsübergreifendes Denken und Arbeiten wurden zwar propagiert, aber gelebt wurde es nicht. Ein Faktor, der das Silodenken unterstützte, war unter anderem die Verantwortung und Verwaltung der IT-Budgets durch die Fachbereiche. Somit konnten sich Fachbereiche ihre eigene IT-Infrastruktur aufbauen, die ihre Domäne und deren spezifische Funktionsanforderungen unterstützt.

Mit diesem Ansatz etablierte sich in Unternehmen die heterogene Applikationsinfrastruktur, wie wir sie heute kennen. Manuelle Datenübertragungen und einfache technische Schnittstellen zwischen Applikationen regelten den Datenaustausch zwischen den Fachbereichen. Standardisierte Schnittstellen oder auch Datenformate waren nicht etabliert, obwohl der Bedarf damals schon erkennbar war. Warum soll man zum Beispiel

Carsten Adam, Dierichsweiler Unternehmens- und Prozessberatung GmbH, Alexander-Diehl-Straße 2A, 55130 Mainz, Deutschland, e-mail: c.adam@dup.de

https://doi.org/10.1515/9783111048673-009

im Vertrieb etwas für den Finanzbereich vordenken und in einer Applikation umsetzen, wenn der Finanzbereich kostentechnisch nicht beteiligt ist und es augenscheinlich im Vertrieb wiederum keinen Vorteil bringt? Rahmenwerke wie The Open Group Architecture Framework (TOGAF) unterstützten in den Neunzigerjahren diese Sichtweise. Grundansatz war, dass sich die technischen Anforderungen an Funktionen und Datenobjekte der Applikationen aus den fachbereichsspezifischen Geschäftsprozessen und -objekten ableiten, die wiederum aus der Geschäftsstrategie abgeleitet sind. Eine ganzheitliche und domänenübergreifende Betrachtung der Sachverhalte war nicht gefordert und wurde auch nicht gefördert.

b. „More is better" – Die Diversifikation der Software

Standen am Ende er Achtzigerjahre – technologisch bedingt – noch hochintegrierte Applikationen im Vordergrund, stiegen im Laufe der Neunzigerjahre die Anforderungen an systemgestützte Arbeit und Abläufe aus den unterschiedlichen Fachbereichen. Anbieter von betriebswirtschaftlich integrierten Applikationen – wie zum Beispiel die SAP AG mit R/2 und R/3 – erhoben zwar den Anspruch, Unternehmen ganzheitlich zu unterstützen, hatten aber auch ihre funktionalen bzw. domänenspezifischen Schwerpunkte – bei der SAP AG etwa die Unterstützung der Funktionen für Rechnungswesen und Controlling. Zwar unterstützten sie weitere funktionale Anforderungen wie zum Beispiel die Produktionssteuerung, konnten aber den Bedarf der Fachbereiche nicht so umfänglich erfüllen wie in ihren Kernfunktionen.

Ein gutes Beispiel ist die Etablierung von Shopsystemen, um den Anforderungen des digitalen Handels (E-Commerce) gerecht zu werden. Hier gab es in den Neunzigerjahren keine Standardanbieter. Etablierte Anbieter betriebswirtschaftlicher Applikationen wie Oracle oder SAP hatten hierfür zunächst kein passendes Funktionsmodul im Portfolio. Somit konnten sich neue Softwareanbieter in dem rasant wachsenden Markt für digitale Shopsysteme etablieren. Gleichzeitig stieg durch die wachsende Anzahl von Applikationen für unterschiedliche funktionale Anforderungen die Summe der Schnittstellen zwischen Systemen massiv.

Hierdurch entstand gegen Ende der Neunzigerjahre ein neues Marktsegment – die Middleware. Im Fokus der Middleware stand in erster Linie die Übertragung von Daten von einem System in ein anderes. Hatte man zuvor eher einzelne Punkt-zu-Punkt-Verbindungen (P2P) zwischen den Applikationen entwickelt und verwaltet, sollten sie mit Middleware übergreifender bzw. einheitlicher verwaltet werden können.

In der danach folgenden Evolutionsstufe – Enterprise Application Integration (EAI) – war eines der Ziele, aus einer Datenquelle heraus mit einem standardisierten Datenformat mehrere Applikationen zu versorgen. Wie in allen neuen Märkten konnten sich neue Systemanbieter mit unterschiedlicher Technik etablieren.

Diese Diversifikation in der anwendungsorientierten sowie infrastrukturellen Applikationsentwicklung fand mehr oder minder zur selben Zeit statt. Das bedeutete, dass IT-Abteilungen und Fachbereiche vor der Herausforderung standen, kurzfristig Entscheidungen über die Implementierung von Applikationen unterschiedlichster Art treffen zu müssen, die für das jeweilige Unternehmen von wesentlicher Bedeutung waren – und das ohne ganzheitliche Übersicht über alle Geschäftsanforderungen an die IT-Infrastruktur! Dies führte zusammen mit dem zuvor beschriebenen Silodenken zu den heute vorhandenen heterogenen Applikationsinfrastrukturen.

c. Die „moderne Inquisition" oder auch Dokumentation genannt

Während dieser Entwicklungen in den vergangenen 30 Jahren wurde eine nachvollziehbare und nachhaltige Dokumentation für Applikationen und IT-Lösungen vernachlässigt. Das heißt nicht, dass man die Anforderungen und Lösungen nicht in entsprechenden Dokumenten – etwa Prozessbeschreibungen, Lastenheften, Schnittstellenbeschreibungen, Use Cases – erfasst hat, im Gegenteil. Gerade größere Unternehmen legten viel Wert auf die Dokumentation und trieben einen großen Aufwand dafür – in erster Linie veranlasst durch externe Auflagen wie zum Beispiel ISO-Zertifizierung oder die Einführung von ITIL. Aber aufgrund der eingesetzten Medien – Textverarbeitung-, Tabellenkalkulation- und Visualisierungsprogramme – hatte die Dokumentation mehr den Charakter einer „Schrankware". Die Dokumentation war – und ist auch heute noch – selten auf dem neuesten Stand und dementsprechend nicht für einen operativen Einsatz im Alltagsgeschäft geeignet. Selbst die sukzessive Einführung von Applikationen – wie zum Beispiel JIRA – zur Unterstützung der agilen Softwareentwicklung, hat letztlich an diesem Zustand wenig geändert. In der Konsequenz können Neuerungen aus der Geschäftswelt selten zeitnah in die Systeme von Unternehmen implementiert werden. Und das in einer Welt, in der Schnelligkeit einen Marktvorteil bringt, und die immer mehr von Komplexität und Vernetzung geprägt ist.

Bedeutung eines ganzheitlichen Informationsmanagements für die datenzentrische Architektur

Wie anfangs erwähnt, verfolgten Architektur-Rahmenwerke wie TOGAF zunächst keinen ganzheitlichen Ansatz und berücksichtigten das Informationsmanagement nicht. Mit Einführung der „Information Map" in der Version 10 von TOGAF änderte sich das grundlegend. Die TOGAF-Entwickler der Open Group erkannten, dass man ohne eine semantische und logische Konzeptionssicht die Informations- und Datenflut nicht in den Griff bekommt. Der Vorteil der übergreifenden Konzeptionssicht liegt darin, dass man frei von technischen Restriktionen Lösungen für das ganze Unternehmen konzipieren kann statt nur für eine einzige IT-Applikation.

Die Menge an Informationen und Daten ist aber nicht der einzige Aspekt, der letztlich zu einem Umdenken führen sollte. Vor 30 Jahren waren Applikationen noch in einer sequenziell ablaufenden Informationsverarbeitung über Schnittstellen fest miteinander verbunden – heute müssen wir durch die mit der Digitalisierung einhergehende Parallelisierung der Informationsverarbeitung immer stärker vernetzt denken. Darin liegt bei der Konzeption von technischen IT-Lösungen ein fundamentaler Unterschied zum bisherigen Denkmodell.

Um der heutigen Komplexität der parallelen Informationsverarbeitung zu begegnen, empfiehlt es sich, die bisherige funktionale Infrastruktur sukzessive in eine modulare Infrastruktur zu überführen. Und hier zeigt sich, wie das Informationsmanagement den Aufbau einer datenzentrischen Architektur unterstützen kann: Ein ganzheitliches Informationsmanagement schafft eine Übersicht über die geschäftlichen Anforderungen bis hin zu denen an die zugrunde liegende IT-Infrastruktur. Somit unterstützt das Informationsmanagement bei der notwendigen Architekturmodularisierung sowie bei der Transformation von einer applikationszentrischen zu einer datenzentrischen Architektur.

Begriffe wie „ganzheitlich" und „übergreifend" könnten einen erhöhten Aufwand durch das Informationsmanagement vermuten lassen. Dies ist aber nicht der Fall. Im Folgenden stellen wir eine Methodik und ein Fallbeispiel vor, die das Gegenteil aufzeigen. Man kann sogar davon ausgehen, dass man im Vergleich zu klassischen Vorgehensweisen und Methoden ca. 30 Prozent an Konzeptions- und Umsetzungsaufwand einsparen kann! Und das gilt für klassische ebenso wie für agile Vorgehensweisen bei der Applikationsentwicklung.

Aufbau eines Unified Information Model (UIM)

Das Informationsmanagement bietet eine Übersetzungs- und Normierungsschicht an, die in der Fach- und IT-Bebauung eine eindeutige formale Sprache festlegt. Dies dient dazu, unterschiedliche Interpretationen von Begriffen und Objekten auszuschließen. Zu einer formalen Sprache gehören unter anderem das Vokabular sowie eine Grammatik, die dessen Verwendung regelt. Hier kommt dem Informationsmodell eine zentrale Rolle zu.

Kernelemente des Unified Information Management

In der Softwareentwicklung nimmt die Abstimmung zwischen Fachbereich und IT oft sehr viel Zeit in Anspruch. Diesen Aufwand kann man im ersten Schritt durch ein gemeinsam vereinbartes Vokabular senken, das keinen semantischen Interpretationsspielraum zulässt. Im zweiten Schritt kann man den Aufwand zusätzlich verringern, indem am Ende der Fachbebauung maschinenlesbare Formate wie BPMN und UML erzeugt werden. Um das zu erreichen, braucht es klare Regeln oder genauer: eine durchdachte Ontologie.

Als Schlüsselelement beim Aufbau eines Unified Information Model (UIM) hat sich in der Praxis das Konzept des Prozessreferenzpunkts bewährt. Dieser beschreibt einen festgelegten Punkt im Prozessablauf, an dem eine Übergabe von Prozessergebnissen zwischen abgebenden und aufnehmenden Verantwortlichkeiten verbindlich vereinbart ist.

Die an einem Prozessreferenzpunkt zu übergebenden Prozessergebnisse werden durch die beteiligten Verantwortlichkeiten bestimmt. Die zu übergebenden Ergebnisse sind eine situationsgerechte Auswahl aus allen im Prozess entstehenden Prozessergebnissen. Der Begriff Prozessergebnis bezeichnet eindeutig definierte Bausteine, wie Geschäfts- bzw. Informationsobjekte.

Referenzpunkte innerhalb der Modelle der Fachbebauung sind eineindeutig bestimmt. Wie in Abb. 9.1 erkennbar, beschreiben die Prozessreferenzpunkte (PNP) a) den Übergang von der Geschäfts- zur Informationsebene und b) den Übergang von der Informations- zur Datenebene.

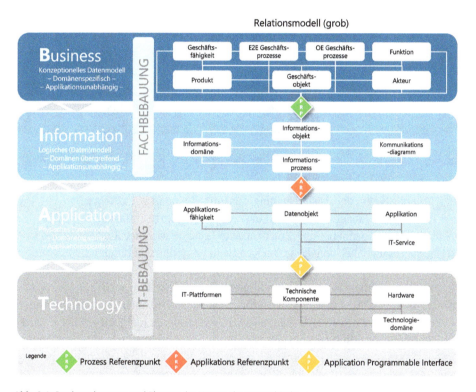

Abb. 9.1: Strukturelemente und Ebenen der Unternehmensarchitektur.

Den Architekturebenen sind Strukturelemente wie zum Beispiel Geschäfts-, Informations- oder Datenobjekte mit ihren jeweiligen Entitäten zugeordnet und zeigen die Vernetzung untereinander in einer vereinfachten Form auf. Außerdem benötigt es je Ebene und Strukturelement eine Zuordnung von Ergebnistypen, welche in Summe erforderlich sind, um Anforderungen der Fachbebauung an die IT-Applikationsinfrastruktur zu beschreiben.

Abbildung 9.2 zeigt, wie die unterschiedlichen Ergebnistypen miteinander verbunden sind. Die integrierte Nummerierung ist keine Vorgabe für eine sequenzielle Abarbeitung der Ergebnistypen. Sie dient lediglich der Sortierung. Man kann, je nach Ausgangssituation, Vorhaben und Dokumentationslage, auf jeder Ebene beginnen, zu arbeiten. Und je nachdem, auf welcher Ebene und mit welchem Ergebnistyp man zu arbeiten beginnt, kann man Ableitungen zu weiteren Ergebnistypen vornehmen.

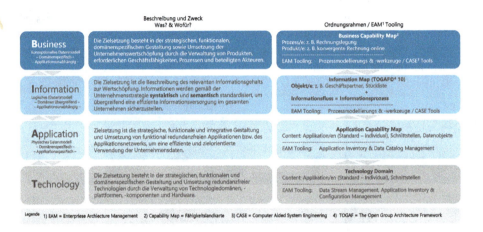

Abb. 9.2: Bedeutung und Verwendung der Strukturelemente.

Alle Ergebnistypen der Fachbebauung zusammengenommen beschreiben ein Unified Information Model (UIM) – also das „allgemeingültige Informationsmodell". Ergebnistypen der Fachbebauung sind abstrakte Ergebnisse in der Konzeption des UIM, welche sich maßgeblich von der bisherigen Dokumentation von Kundenanforderungen sowie auch IT-Konzeptionen unterscheiden (vgl. Abb. 9.3).

Streng genommen reicht eine zweidimensionale Darstellung nicht aus, um die Realität mithilfe des UIM vollständig zu beschreiben. Daher sind auch klassische Dokumente wie Kunden- oder auch IT-Lastenhefte als Ergebnistypen nicht aufgeführt, da diese die Mehrdimensionalität und die teils komplexen Sachverhalte nicht abbilden können. Um ein mehrdimensionales oder vernetztes Modell dokumentieren zu können, benötigt man CASE-Werkzeuge (Computer-Aided Software Engineering) wie zum Beispiel ARIS der Software AG (vgl. Abb. 9.4).

Eine der wesentlichen Anforderungen an das CASE-Werkzeug besteht darin, dass man die Informationsprozesse und -objekte ohne weitere manuelle Anpassung in BPMN- sowie UML-Formate übersetzen und exportieren kann. So kann das Projektteam sie an Drittapplikationen übergeben, zum Beispiel an den SAP Solution Manager oder auch an Low-Code-Plattformen, die über entsprechende Import- und Exportfunktionen verfügen.

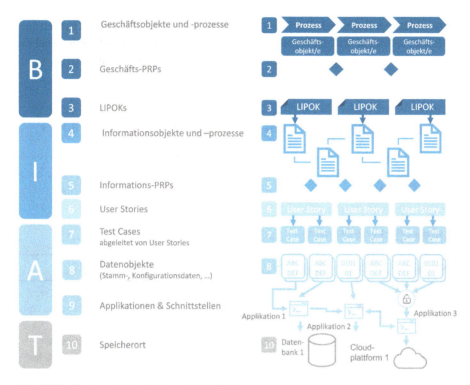

Abb. 9.3: Verbindung der Ergebnistypen der Fachbebauung.

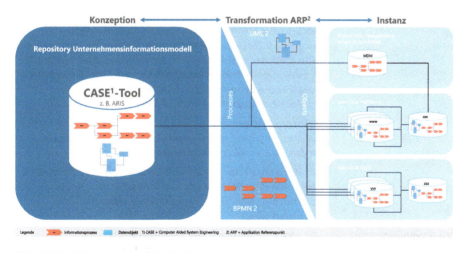

Abb. 9.4: Das Prinzip des Round-Trip-Engineering mit einem zentralen Repository des UIMs.

Das UIM zielt darauf ab, Arbeitsergebnisse und Ergebnistypen der Fachbebauung digital an Applikationen zur Weiterbearbeitung zu übergeben. Idealerweise sollten die technischen Schnittstellen bidirektional nutzbar sein, damit im Änderungsmanagement die Veränderungen wechselseitig übertragen werden können und das Informationsmodell immer aktuell dokumentiert sowie versioniert ist. War bis dato zum Beispiel die Dokumentation der Geschäftsprozesse eher mit „Bildermalen" gleichzusetzen, so erlaubt es das UIM, dass nun die „Bilder laufen lernen".

Best Practices für den Aufbau eines Unified Information Model

Die Ergebnistypen haben ihren Ursprung nicht in der Fachbebauung bzw. im UIM selbst, sondern sind etablierte Best-Practice-Ergebnistypen aus unterschiedlichen Vorgehensmodellen. Tabelle 9.1 zeigt eine Übersicht der Ergebnistypen und ihre Herkunft.

Tab. 9.1: Best-Practice-Ergebnistypen.

Ergebnistypen	Herkunft
Geschäftsprozess- und Informationsprozessdokumentation als eEPK	Erweiterte EPK auf Basis der „ereignisgesteuerten Prozesskette (EPK)"; entwickelt an der Universität des Saarlandes unter der Leitung von Prof. Dr. August-Wilhelm Scheer
Prozessreferenzpunkt (PRP)	Ein Prozessreferenzpunkt beschreibt einen festgelegten Punkt im Prozessablauf, an dem die Übergabe von Prozessergebnissen zwischen abgebenden und aufnehmenden Verantwortlichkeiten verbindlich vereinbart ist. Diese Vereinbarung gewährleistet Klarheit und Verantwortlichkeit für alle beteiligten Parteien
	Die Prozessergebnisse, die an einem Prozessreferenzpunkt übergeben werden sollen, werden durch die beteiligten Verantwortlichkeiten festgelegt. Diese Ergebnisse sind eine situationsgerechte Auswahl aus allen im Prozess entstehenden Prozessergebnissen. Unter dem Begriff Prozessergebnis werden eindeutig definierte Artefakte verstanden, wie beispielsweise Geschäfts- oder Informationsobjekte sowie deren Kommunikationsbeziehungen und -abläufe
	Referenzpunkte innerhalb der Modelle der Fachbebauung sind eindeutig definiert, um jegliche Mehrdeutigkeit zu vermeiden. Jeder Referenzpunkt ist daher klar identifizierbar und unterscheidbar
	Der Referenzpunkt fungiert als Synchronisationspunkt für den Wechsel zwischen verschiedenen Sichten. Dies stellt sicher, dass der Übergang zwischen den unterschiedlichen Perspektiven reibungslos und koordiniert erfolgt
Applikationsreferenzpunkt	Der Applikationsreferenzpunkt beschreibt den Übergang von der fachlichen Konzeption (Fachbebauung) zur technischen Umsetzung (IT-Bebauung). In diesem Referenzpunkt werden konzeptionelle Artefakte, wie Informationsprozesse und spezifizierte Datenobjekte, aus dem konzeptionellen Repository in die technische Entwicklungsumgebung zur Weiterbearbeitung überführt

Tab. 9.1 (Fortsetzung)

Ergebnistypen	Herkunft
	Die technische Umsetzung der Überleitung hängt von der vorhandenen technischen Infrastruktur ab. Wesentlich ist, dass Änderungen an den übergebenen Artefakten bidirektional übermittelt werden können. Der Applikationsreferenzpunkt muss einmalig definiert werden, um die Grundlage für ein „Round-Trip-Engineering" zu schaffen. Dies gewährleistet, dass die Konzeption und technische Umsetzung nahtlos miteinander verbunden sind und Änderungen in beiden Richtungen synchronisiert werden können
LIPOK (deutsche Abkürzung für SIPOC)	Basiert auf dem SixSigma-Werkzeug „SIPOC"
Lieferant → Input → Prozess → Output → Kunde	Eine **SIPOC**-Darstellung ist eine zeilenweise Darstellung eines Ablaufs und wie folgt aufgebaut:
	S = Supplier ⇒ Lieferant eines Eingangswerts **I** = Input ⇒ Eingangsgröße **P** = Process ⇒ Verarbeitung des Eingangswert **O** = Output ⇒ Ausgabe des Ergebnisses **C** = Customer ⇒ Empfänger des Ergebnisses
User Story = Anwenderbeschreibung	Eine praxisnahe und anwender-/rollenbasierte Beschreibungsform aus dem Umfeld des Extreme Programmings. Klassischerweise erfolgt die Beschreibung aus der Sicht einer am Prozess beteiligten Person und in umgangssprachlicher Form

Es hat sich bewährt, die Erfassung der Informationsabläufe in Form einer SIPOC (bzw. LIPOK) in Zusammenarbeit mit dem Fachbereich und mit Unterstützung des IT-Bereichs auf einem Brown Paper gemeinschaftlich zu erarbeiten. Hier entsteht in der Regel ein Ablauf, den der Fachbereich und die IT gemeinschaftlich bestätigen. Zudem wird herausgearbeitet, welche Informationsobjekte in dem Ablauf genutzt und bearbeitet werden.

In einem nächsten Schritt erfolgt eine Übertragung des ersten Modellentwurfs in ein CASE-Werkzeug. Das ist der erste Schritt zur Digitalisierung der Konzeption und somit auch der erste Schritt für den Aufbau des Informationsmodells. Nach erfolgreicher Übertragung und Bestätigung durch die beteiligten Fach- und IT-Bereiche ist das Informationsmodell die alleinige Arbeitsgrundlage für die künftige Zusammenarbeit im Rahmen der fachseitigen Konzeption.

Die Ergebnistypen der Fachbebauung durchlaufen mehrere Iterationen, um die notwendige Reife für die nachfolgende IT-Bebauung zu erreichen. Es gibt keine zwingende Reihenfolge, wann man mit welchem Ergebnistyp zu beginnen hat. Erfahrungsgemäß ist es aber der Informationsprozess, den man gemeinsam mit der Fachseite und der IT aufnimmt und beschreibt. Alle weiteren Ergebnistypen werden dann in der nachfolgenden Zusammenarbeit abgeleitet oder erarbeitet.

Zusammenhang zwischen der datenzentrischen Architektur und dem Unified Information Model

Ein Informationsmodell und eine datenzentrische Architektur sind eng miteinander verbunden und ergänzen sich in mehreren Aspekten der Systementwicklung und -verwaltung. Hier ist eine kurze Erklärung der Zusammenhänge:

Informationsmodell

Ein Informationsmodell ist eine abstrakte Repräsentation der Informationsstrukturen innerhalb eines Unternehmens. Es beschreibt, welche Daten existieren, wie sie organisiert sind und wie sie zueinander in Beziehung stehen. Ein Informationsmodell beinhaltet:

1. **Informationsstrukturen**: Definition von Entitäten, Attributen und Beziehungen.
2. **Informationsflüsse**: Wie Daten durch das System fließen und transformiert werden.
3. **Geschäftsregeln**: Regeln und Bedingungen, die die Informationsintegrität und -konsistenz sicherstellen.

Datenzentrische Architektur

Eine datenzentrische Architektur stellt Daten ins Zentrum des Systementwurfs und -betriebs. Hauptmerkmale sind:

1. **Zentralisiertes Datenmanagement**: Quelldaten können in der gesamten Infrastruktur entstehen und zentral über einen Data Hub verwaltet werden, d. h. gespeichert, gepflegt und bereitgestellt werden.
2. **Service-orientierte Datenzugriffe**: Anwendungen greifen auf Daten über standardisierte Services und APIs zu.
3. **Datenintegration**: Starker Fokus auf Datenintegration und -konsistenz über verschiedene Systeme hinweg.
4. **Skalierbarkeit und Flexibilität**: Die Architektur ist darauf ausgelegt, große Datenmengen effizient zu verarbeiten und zu skalieren.

Zusammenhang

1. **Grundlage der Architektur**: Das Informationsmodell dient als Grundlage für die datenzentrische Architektur. Es definiert die Strukturen und Beziehungen der Informationen, die zentral gespeichert und verwaltet werden sollen.
2. **Datenintegration**: Ein gut definiertes Informationsmodell erleichtert die Datenintegration in einer datenzentrischen Architektur, indem es klare Richtlinien für die Datenstruktur und -beziehungen liefert. Dies ist entscheidend für die Konsistenz und Integrität der Daten in zentralen Speichern.
3. **Service-Definition**: Die in der datenzentrischen Architektur verwendeten Services und APIs basieren auf den im Informationsmodell definierten Datenstrukturen.

Das Informationsmodell hilft dabei, die Schnittstellen und Zugriffsmechanismen zu standardisieren.

4. **Geschäftslogik und Regeln**: Geschäftsregeln und Bedingungen, die im Informationsmodell definiert sind, werden in der datenzentrischen Architektur implementiert, um Datenintegrität und -konsistenz zu gewährleisten. Diese Regeln können sowohl in den Datenbanken als auch in den zugreifenden Services durchgesetzt werden.

5. **Skalierbarkeit und Flexibilität**: Durch die klare Struktur und Definition im Informationsmodell kann eine datenzentrische Architektur effizient skaliert und flexibel an neue Anforderungen angepasst werden. Das Modell dient als Blaupause für die Erweiterung und Anpassung der Datenstrukturen.

Fazit

Das Informationsmodell und die datenzentrische Architektur sind komplementär. Das Informationsmodell liefert die Semantik – die detaillierte inhaltliche Beschreibung der Informations- und der Datenobjekte auf Attributebene – und die Syntax – die technische Struktur der Daten. Die datenzentrische Architektur setzt diese Strukturen in einer skalierbaren, integrierten und flexiblen Umgebung um. Zusammen ermöglichen sie eine konsistente, effiziente und adaptive Datenverwaltung innerhalb einer Infrastruktur.

Fallbeispiel

Ein Telekommunikationsanbieter startete ein Projekt, um die Basis für sein künftiges Cloud-Computing-Geschäft zu legen. Dazu musste die Leistungserbringung massiv automatisiert werden, um preislich mit den etablierten Cloud-Anbietern konkurrieren zu können, und um eine ebenso konkurrenzfähige Flexibilität und Schnelligkeit zu erreichen.

Eine der größten Herausforderungen dabei war die organisatorische Trennung zwischen den kaufmännischen (Business Support Systems, BSS) und den technischen (Operations Support Systems, OSS) Architekturen und Applikationen.

Jeder kann sich denken, was die Konsequenz dieser Trennung war: Beide Bereiche hatten ihre eigene Applikationslandschaft, und von Zusammenarbeit konnte nicht die Rede sein. Für den Aufbau eines voll automatisierten Cloud-Computing-Angebots war eine Zusammenarbeit zwischen den beiden Bereichen allerdings unausweichlich – gerade weil beide zusätzlich ihre jeweils eigenen Herausforderungen zu lösen hatten.

Für den kaufmännischen Bereich waren das in erster Linie die Automatisierung der digitalen Vertriebswege, das Auftragsmanagement inklusive Vertragsanlage und die Abrechnung von verbrauchs- und nutzungsabhängigen Entgelten. Im technischen Bereich lag die Herausforderung in der Automatisierung der Produktion.

Unabhängig davon stand die Frage im Raum, ob die technische Produktion auch die kaufmännischen Funktionen des Order-to-Cash-Prozesses übernehmen sollte, da die vorhandene Plattform des Herstellers BMC ebenfalls über ein Bestandsmanagement verfügte. Man entschied sich aber dafür, die Cloud-Produkte getrennt nach den jeweiligen fachlichen Schwerpunkten zu organisieren. Die BSS-Organisation übernimmt die Verantwortung und Umsetzung der Hauptprozesse für den Prozess Request-to-Offer/Contract als auch für den Nachfolgeprozess Order-to-Cash, und die OSS-Organisation übernimmt die Verantwortung und Umsetzung für den Production-to-Delivery-Prozess.

Ein wichtiger Grund für die Entscheidung war, dass nur die BSS-Organisation mit der Plattform SAP Billing and Revenue Innovation Management (SAP BRIM) über ein leistungsfähiges Abrechnungssystem für nutzungs- und verbrauchsabhängige Daten verfügte.

Referenzpunkt und Informationsmodell als Grundlage der Vernetzung von BSS- und OSS-Prozessen

Nachdem die Verantwortung und die Technik geklärt waren, standen wir als Projektteam vor der Frage, wie wir die Prozessketten Order-to-Cash und Production-to-Delivery intelligent vernetzen können, anstatt sie nur statisch und proprietär miteinander zu verbinden bzw. hart miteinander zu verdrahten.

Es war dem BSS- und OSS-Projektteam von Anfang klar und bewusst, dass wir keine konventionelle Standardschnittstelle zwischen den Plattformen der SAP und der BMC konzipieren und bauen konnten. Zudem war klar – um für die Zukunft flexibel zu bleiben –, dass weder BSS noch OSS Vorgaben zur technischen Umsetzung der Schnittstelle machen konnte.

Schnell waren das Konzept des „Referenzpunkts" und der Aufbau eines Informationsmodells auf dem Tisch (vgl. Abb. 9.5). Als Erstes wurde hierfür festgelegt, in welchem Verhältnis die Verkaufsprodukte (externes Produkt) zu den Fertigungsprodukten (interne Produkte) stehen, und wie sie vernetzt sind. Im nächsten Schritt wurde für den Aufbau des Informationsmodells die LIPOK erstellt, die beschreibt, wie ein Kundenauftrag in ein oder mehrere Produktionsaufträge aufgeteilt werden kann. Damit konnte im Rahmen des Informationsmodells der Informationsprozess für die User Story „Kunde bestellt einen Cloud-Dienst" beschrieben werden.

Eine weitere LIPOK beschreibt den Ablauf, wenn nach Bereitstellung des Cloud-Dienstes dessen Nutzungsdauer dem Kunden in Rechnung gestellt wird, um die User Story „Kundenabrechnung" erfüllen zu können. Und so wurde mit derselben Vorgehensweise sukzessiv jede einzelne „User Story" bearbeitet und umgesetzt. Am Ende konnte der Referenzpunkt zwischen der BSS und der OSS vollständig beschrieben werden, damit der Cloud Service nach IMAC/D (ITIL) prozessiert und betrieben werden kann:

- Installieren (Install)
- Verschieben (Move)
- Ergänzen (Add)

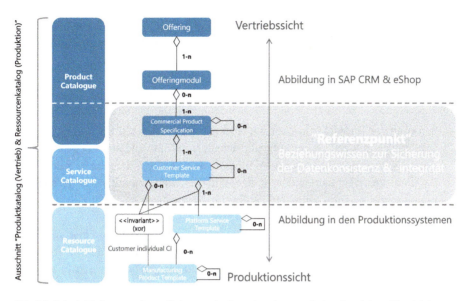

Abb. 9.5: Beispiel Referenzpunkt zur Sicherung der Datenkonsistenz zwischen Vertrieb und Produktion.

– Ändern (Change)
– Löschen (Delete)

Ergebnisse

Mit dem Ansatz des Referenzpunkts und des Informationsmodells konnte gewährleistet werden, dass beide Bereiche ihre Architektur und Infrastruktur künftig autark voneinander konzipieren und betreiben können.

Und nicht nur das. Folgende Nebenziele konnten ebenfalls noch erreicht werden:

– **Flexibilität durch definierten Daten-Referenzpunkt**
Neben der hausinternen Produktion des OSS-Bereichs wurde mit Einführung des Referenzpunkts die Möglichkeit geschaffen, weitere Produktionsbereiche (intern wie extern) an die kaufmännischen Systeme der BSS anzuschließen.

– **Transparenz durch Modellierung des Informationsmodells**
Durch die Modellierung eines übergreifenden Informationsmodells konnte eine Transparenz über die relevanten Informations- und Datenobjekte in den BSS- und OSS-Bereichen hergestellt werden. Daher konnten in der Konzeption kritische Attribute, etwa die Übertragung von Klarnamen, im Datenfluss im Vorfeld erkannt und gemäß Vorgaben aus der Datenschutzkonvention bearbeitet und verschlüsselt werden. Damit konnte verhindert werden, dass Drittanbieter die Kundendaten des Telekommunikationsanbieters unverschlüsselt übermittelt bekommen.

– **Autonomie durch definierten Daten-Referenzpunkt**
Bei der Konzeption des Referenzpunktes war berücksichtigt, dass einer der beiden Bereiche im Laufe der Zeit seine Infrastruktur und Applikationswelt verändern will

– in dem Fall sollte der Austausch von technischen Komponenten kein Problem darstellen, solange die Anforderungen des Referenzpunkts weiterhin erfüllt werden. Dies hat sich bewährt, da ca. fünf Jahre nach Einführung der OSS-Plattform eine andere Plattform für das operative Cloud-Management eingeführt wurde. Der BSS-Bereich musste deswegen keine größeren Änderungen oder eine Migration vornehmen.

– **Senkung der Entwicklungszeit durch gemeinsame Konzeption**
Die Entwicklungszeit konnte aufgrund der gemeinsamen und iterativen Konzeption um ca. 50 Prozent gesenkt werden. Dies wurde erreicht, indem die Regeln für den Datenaustausch im Rahmen der Konzeption des Referenzpunkts gemeinschaftlich und übergreifend erarbeitet und verabschiedet wurden.

In den vorhergehenden Abschnitten wurde die These aufgestellt, dass man durch die konsequente Verwendung des Informationsmanagements nach UIM die Entwicklungszeit für Applikationen um gut 30 Prozent senken kann. Letztendlich wird die Frage, wie das erreicht werden kann, hiermit beantwortet! Die Kombination aus Flexibilität (Agilität), Transparenz, Autonomie sowie des Ansatzes einer gemeinsamen Fach- und IT-Konzeption sind die wesentlichen Parameter, um die Kostensenkung realisieren zu können. In dem beschriebenen Fall konnten sogar mehr als 30 Prozent an Kosten eingespart werden, außerdem wurden die Vorgaben für Zeit und Qualität eingehalten.

Über den Autor

Carsten Adam

Carsten Adam ist Senior Consultant bei der Dierichsweiler Unternehmens- und Prozessberatung GmbH. Seit 1994 ist er als Schnittstelle und Vermittler zwischen Fachbereich und Applikationsentwicklung tätig. Er ist ausgewiesener Experte für den Kernprozess Order-to-Cash, mit dem Fokus auf maximale Automatisierung sowie Experte für das Unified Information Modell, das die Grundlage einer modellgetriebenen Softwareentwicklung und der datenzentrischen Architektur liefert. Carsten Adam war als Projektmanager und Organisationsentwickler für Digitalisierungsprojekte wie zum Beispiel Digital Invoice & Reporting, Intercompany Exchange sowie Cloud-Management vorwiegend in der Telekommunikationsbranche verantwortlich. Zu seinen bisherigen Arbeitgebern und Auftraggebern gehören global agierende Unternehmen wie T-Systems, PwC und Audi.

Michael Jochem

10 Der Weg zum digitalen Champion

Durch digitale Transformation zur Datenökonomie

Zusammenfassung: Der Beitrag skizziert das Ziel einer digitalisierten Produktion bis 2030 und betont die zentrale Rolle von Daten, insbesondere in multilateralen Kontexten. Es beschreibt die aktuellen Probleme des bilateralen Datenaustauschs und präsentiert strukturierte Lösungswege, insbesondere durch die Referenzarchitektur Industrie 4.0. Die Voraussetzungen für multilaterales Datenteilen werden erläutert, ebenso wie der notwendige Kontext der Datenbeherrschung in den Dimensionen Ökonomie, Recht, Technik und soziokultureller Rahmen.[42]

Zielbild einer digitalisierten Produktion im Jahr 2030

Das Leitbild 2030 der Plattform Industrie 4.0[43] strebt danach, die deutsche Industrie wettbewerbsfähiger, widerstandsfähiger und nachhaltiger zu machen, um globalen Herausforderungen besser zu begegnen. Fokus liegt auf Souveränität, Interoperabilität und Nachhaltigkeit. Souveränität betont die Freiheit aller Marktakteure, um selbstbestimmte Entscheidungen zu treffen. Interoperabilität ermöglicht flexible Vernetzung für agile Wertschöpfungsnetze über Unternehmens- und Branchengrenzen hinweg. Nachhaltigkeit integriert ökonomische, ökologische und soziale Aspekte in Industrie-4.0-Technologien.

Im Zielbild einer digitalisierten Produktion im Jahr 2030 ist die Digitalisierung in der produzierenden Industrie fortgeschritten, Wertschöpfungsketten sind weltweit vernetzt, und Unternehmen agieren in multilateralen Kooperations- und Wettbewerbsmodellen. Daten werden als Produkt betrachtet, wobei die Souveränität der Akteure Trans-

---

42 Der Beitrag ist die Kurzfassung einer neuen Publikation der Projektgruppe Collaborative Condition Monitoring der Plattform Industrie 4.0 „Der Weg zum digitalen Champion" (April 2024), Herausgeber: Bundesministerium für Wirtschaft und Klimaschutz (BMWK), Öffentlichkeitsarbeit, 11019 Berlin; www. bmwk.de. Diese Publikation soll Unternehmen einen kompakten Wegweiser bieten, um digitale Champions zu werden, unterstützt bei der Identifizierung von Handlungsbedarfen und der schrittweisen Lösungsgestaltung. In weiteren Kapiteln wird beispielhaft aufgezeigt, wie kollaboratives Datenteilen als ökonomisches Erfolgsmodell gelingen kann. CC-Lizenzierung: Soweit nicht anders gekennzeichnet, stehen die Inhalte dieses Beitrags unter einer „Creative Commons Namensnennung 4.0 International Lizenz (CC BY 4.0)".

43 Plattform Industrie 4.0 – Positionspapier Leitbild 2030 für Industrie 4.0, https://www.plattform-i40. de/IP/Redaktion/DE/Downloads/Publikation/Positionspapier%20Leitbild.html.

Michael Jochem, Robert Bosch GmbH, Robert-Bosch-Platz 1, 70839 Gerlingen-Schillerhöhe, Deutschland, e-mail: Michael.Jochem@de.bosch.com

https://doi.org/10.1515/9783111048673-010

parenz und Nachhaltigkeit gewährleistet. Produkt und Produktion sind verschmolzen, digitale Zwillinge interagieren über den gesamten Lebenszyklus. Die Asset Administration Shell (AAS)[44] strukturiert und ermöglicht semantische Interoperabilität. Software bestimmt die Eigenschaften der Produktionsmittel. Risikobasierte Cybersicherheit ist im Lebenszyklus physischer und digitaler Assets integriert. Die Unternehmenskultur und Denkweisen sind den veränderten Bedingungen gefolgt. Der Datenraum „Manufacturing-X"[45] gewährleistet geschützten Datenaustausch. Deutschland hat sich erfolgreich auf technologische Herausforderungen eingestellt und nimmt eine führende Rolle in den Kernindustrien ein.

Datenaustausch – Wo stehen wir heute?

In der Industrie sind bilaterale Schnittstellen zwischen Partnerunternehmen und innerhalb von Unternehmen üblich, in Abb. 10.1 exemplarisch durch eine Tier-Kette dargestellt. Das führt vielfach zu erhöhten Aufwänden und Kosten. Lieferanten müssen Daten bereitstellen, formatieren, hochladen, revisionssicher ablegen und auf rechtliche Konformität prüfen. Kunden hingegen müssen manuell überprüfen, korrelieren und rückfragen. Diese Punkt-zu-Punkt-Beziehungen innerhalb und zwischen Unternehmen erfordern erheblichen Aufwand in der Schnittstellenpflege und beschränken die Datenqualität.

Die Komplexität wird durch lokale Datenmodelle, fehlende Informationsmodelle auf höherer Ebene und uneinheitliche Semantik weiter erhöht. Daten stehen oft nicht

Abb. 10.1: Beispielhafter Informationsaustausch in einer Tier-Kette; (© Plattform Industrie 4.0 – https://creativecommons.org/licenses/by/4.0/).

---

44 Plattform Industrie 4.0 – Was ist die Verwaltungsschale aus technischer Sicht?, https://www.plattform-i40.de/IP/Redaktion/DE/Downloads/Publikation/2021_Was-ist-die-AAS.html.

45 Plattform Industrie 4.0 – Manufacturing-X, https://www.plattform-i40.de/IP/Redaktion/DE/Downloads/Publikation/Manx_Pres1.html.

zentral zur Verfügung, erschweren den unternehmensübergreifenden Datenaustausch und beeinträchtigen die Bereitstellung für die Nutzung im Datenökosystem.

Bereits im unternehmensinternen Datenaustausch sind die Punkt-zu-Punkt-Beziehungen ressourcenintensiv und führen zu Einschränkungen in der Skalierbarkeit. Abbildung 10.2 illustriert den sprunghaft steigenden, komplexen Datenfluss bei der Abfrage von Produkt-Carbon-Footprint-Werten.

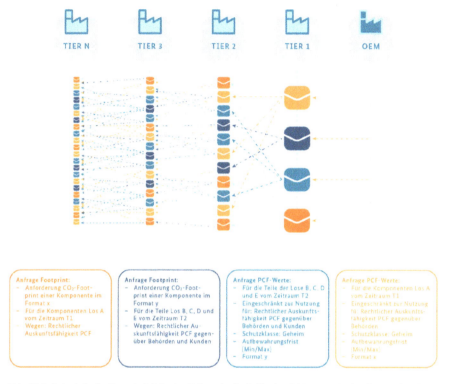

Abb. 10.2: Beispielhafte Komplexität in der Abfragekaskade für den PCF-Wert; (© Plattform Industrie 4.0 – https://creativecommons.org/licenses/by/4.0/).

Abfragen werden zu einem Kostenfaktor.

Zusätzlich wird der Datenaustausch innerhalb der Lieferkette durch regulatorische Anforderungen wie das Lieferkettensorgfaltspflichtgesetz[46] oder die Uyghur Forced Labor Prevention Act[47] gefordert.

---

46 BMAS, Lieferkettengesetz, https://www.bmas.de/DE/Service/Gesetze-und-Gesetzesvorhaben/ Gesetz-Unternehmerische-Sorgfaltspflichten-Lieferketten/gesetz-unternehmerische-sorgfaltspflichten- lieferketten.html.

47 Uyghur Forced Labor Prevention Act, U. S. Customs and Border Protection, https://www.cbp.gov/ trade/forced-labor/UFLPA.

Wie kann ein Unternehmen diesen Herausforderungen in einem zunehmend multilateral werdenden Kontext begegnen, um auch im Jahr 2030 noch wettbewerbsfähig zu sein?

Herausforderungen bei der unternehmensinternen Umsetzung des Zielbilds

a. Gestaltungsebenen (Layers) vom Business zum Asset

Als Brille für die digitale Sicht auf die unternehmensinterne Umsetzung des Zielbilds einer digitalisierten Produktion im Jahr 2030 eignet sich das in Abb. 10.3 dargestellte Modell der Gestaltungsebenen (Layers) aus der Referenzarchitektur RAMI 4.0.[48] Abgeleitet aus den Bedürfnissen des Business werden die Ebenen von „Business" bis „Asset" (physische Fabrik) durchlaufen, um Anforderungen zu sammeln und umzusetzen. Das Modell ermöglicht eine geordnete Planung und Umsetzung, indem es alle notwendigen Aspekte in klare Gestaltungsebenen und -elemente zerlegt, wodurch eine rasche Entscheidungsfindung gewährleistet und nichts übersehen wird.

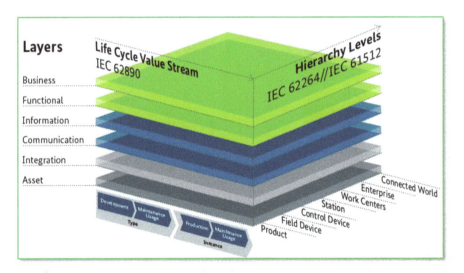

Abb. 10.3: RAMI 4.0 Referenzarchitektur; (© Plattform Industrie 4.0 und ZVEI – https://creativecommons.org/licenses/by/4.0/).

Die Perspektive „Life Cycle Value Stream" fokussiert auf industrielle Prozesse und differenziert zwischen Entwicklungs- und Produktionsprozessen. Die Perspektive „Hier-

---

48 Plattform Industrie 4.0 – RAMI 4.0 – Ein Orientierungsrahmen für die Digitalisierung, https://www.plattform-i40.de/IP/Redaktion/DE/Downloads/Publikation/rami40-eine-einfuehrung.html.

archy Levels" betrachtet die organisatorische Struktur von einzelnen Produkten bis hin zu ganzen Fabriken. „Layers" bezeichnet die digitale Perspektive, die mit der Ebene „Integration" beginnt und sich über „Communication", „Information" und „Functional" erstreckt. Hier werden IT- und technische Fähigkeiten mit den entsprechenden Daten kombiniert, um Geschäftsfähigkeiten zu schaffen.

Die „RAMI-Journey" ermöglicht eine ganzheitliche Betrachtung von Datenanforderungen (vgl. Abb. 10.4). Abhängig davon, ob die notwendige Veränderung vom Business ausgeht (Gestaltungsebenen hinabsteigen) oder auf der Asset-Ebene beginnt (Gestaltungsebenen hinaufsteigen): Alle Gestaltungsebenen der Referenzarchitektur sind zu durchlaufen, um eine umfassende Lösung zu entwickeln.

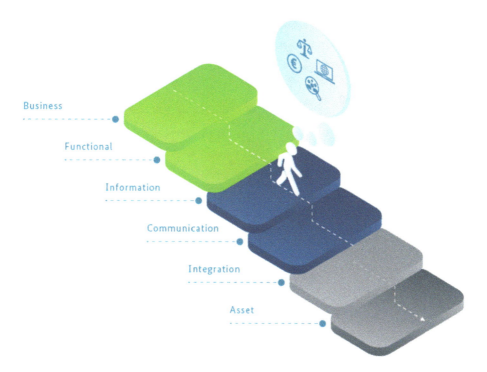

Abb. 10.4: RAMI-Journey, die Gestaltungsebenen hinabsteigen; (© Plattform Industrie 4.0 – https://creativecommons.org/licenses/by/4.0/).

Insgesamt bietet die Referenzarchitektur RAMI 4.0 eine strukturierte Vorgehensweise für die Planung und Umsetzung der digitalen Transformation, wobei strategische Entscheidungen auf verschiedenen Ebenen getroffen werden, um die Integration, Kommunikation, Information und Funktionen effektiv zu gestalten und Daten in wertschöpfende Geschäftsfähigkeiten umzuwandeln.

b. Das Produktionsmittel der Zukunft – physisch vs. virtuell

Im Zielbild aus dem ersten Abschnitt wird betont, dass zu jedem physischen Asset ein digitaler Zwilling über den gesamten Produktlebenszyklus existiert. In der Industrie 4.0 wird die Asset Administration Shell (AAS) als dieser digitale Zwilling betrachtet. Das Konzept der AAS hat sich als Strukturierungsmittel für semantische Interoperabilität und den Zugriff auf die Inhalte des digitalen Zwillings etabliert.

Eine Fabrik/ein Unternehmen kann somit als ein Netzwerk aus physischen Assets angesehen werden, die jeweils virtuell durch einen digitalen Zwilling repräsentiert werden. Exemplarisch für eine Maschine in einem Unternehmen illustriert Abb. 10.5 das Zusammenspiel von physischen und virtuellen Assets, in diesem Fall die AAS.

Abb. 10.5: Physische und virtuelle Welt; (© Plattform Industrie 4.0 – https://creativecommons.org/licenses/by/4.0/).

Die virtuelle Repräsentation eines Produktionsmittels bildet eine logische hierarchische „Baumstruktur", in der einzelne Applikationsobjekte (AAS) durch passende Applikationsintegrationen verwaltet werden müssen.

c. Die Logistik der Zukunft – physisch vs. virtuell

Die Digitalisierung beeinflusst sowohl Produktion als auch Logistik durch Technologien wie den digitalen Zwilling und die Asset Administration Shell. Diese ermöglichen die präzise Überwachung und Steuerung von Lieferketten sowie die Echtzeitsammlung und -analyse von Daten entlang des gesamten Lieferprozesses. Die Integration eindeutiger Seriennummern ist entscheidend für die Identifizierung und Rückverfolgbarkeit von Produkten sowie für die Erstellung präziser digitaler Zwillinge. Die Herausforderung besteht darin, sicherzustellen, dass diese Seriennummern physisch angebracht, verfolgt und digital dokumentiert werden. Dies erfordert Anpassungen auf verschiedenen Unternehmensebenen und Technologien wie RFID oder DMC zur Erfassung von Informationen. Die Gestaltungsebenen müssen bei jeder Iteration durchlaufen werden, um Interoperabilität und Konsistenz im Gesamtsystem sicherzustellen (vgl. Abb. 10.6).

d. Lösungsansatz zur Herstellung der Anschlussfähigkeit: Data-Mesh- Ansatz für den Aufbau einer datenzentrischen Architektur

Die fortschreitende Digitalisierung führt zu ähnlichen Herausforderungen im unternehmensinternen und unternehmensübergreifenden Datenaustausch. In vielen Unternehmen erfolgt der Datenaustausch noch manuell oder über Punkt-Schnittstellen, wobei Informationsmodelle, Master Data Management und Data Governance oft fehlen. Einige Vorreiter setzen jedoch datenzentrische Architekturen ein. Darin werden Daten nach dem Prinzip „Need to Share" in einen Data Hub publiziert und ermöglichen über eine attributbasierte Zugriffskontrolle den Datenzugriff nach dem Prinzip „Need to Know".

Die Data Governance und Klassifizierung der Daten sind in datenzentrischen Architekturen entscheidend, um sicherzustellen, dass Daten für konkrete, nachverfolgbare Zwecke genutzt und geschützt werden. Dies ist besonders wichtig im Kontext der Datenschutzbestimmungen, des Wettbewerbsrechts und der Datensouveränität. Auf dieser Grundlage ermöglichen datenzentrische Ansätze eine effektive Nutzung der Daten, insbesondere im Zusammenhang mit der zunehmenden Anwendung von Machine Learning und künstlicher Intelligenz, die eine umfangreiche Datenverfügbarkeit erfordern.

Datenzentrische Ansätze werden durch datenzentrische Domänenarchitekturen vorangetrieben, die als Grundlage für einen geregelten Datenaustausch dienen. Unternehmen nutzen diese Architekturen als Basis für die Schaffung eines Data Meshs. Dieses Konzept hebt Daten aus traditionellen Silos heraus und bringt sie auf Produktstufe. Mit einem Data Mesh können Unternehmen ihre Daten agil und flexibel für die Wertschöpfung nutzen.

Das Data-Mesh-Konzept basiert auf einer dezentralen Datenarchitektur, bei der Daten als eigenständige, autonome Einheiten betrachtet werden (vgl. Abb. 10.7). Unternehmen können Metadaten verwenden, um Daten zu beschreiben und zu verstehen,

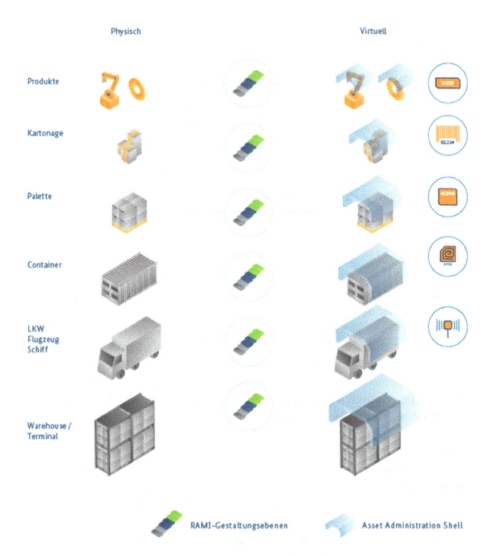

Abb. 10.6: Physische und virtuelle Ebene in der Logistik; (© Plattform Industrie 4.0 – https://creativecommons.org/licenses/by/4.0/).

ohne auf ein zentrales Data Repository angewiesen zu sein. Dies fördert Agilität, Skalierbarkeit und Flexibilität bei der Datenweitergabe. Ein Data Mesh unterstützt die Idee, Daten als Produkt zu betrachten, und fördert die Zusammenarbeit zwischen Unternehmen durch eine gemeinsame und dezentrale Dateninfrastruktur. Insgesamt bietet es eine flexible und kollaborative Umgebung für den effizienten Austausch und die Verbindung von Daten.

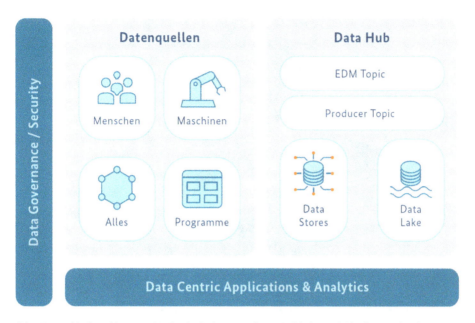

Abb. 10.7: Architekturvision Data Mesh mittels datenzentrierter Architektur; (© Plattform Industrie 4.0 – https://creativecommons.org/licenses/by/4.0/).

Eckpfeiler eines Datenraums Manufacturing-X

Die Etablierung eines kollaborativen Datenraums erfordert die Berücksichtigung unterschiedlicher Reifegrade der teilnehmenden Unternehmen. Während einige bereits eine datenzentrische Strategie verfolgen, müssen sich viele zunächst mit der unternehmensinternen Data Governance auseinandersetzen. Das RAMI-4.0-Modell hilft dabei, eine ganzheitliche Sicht auf relevante Unternehmensdaten zu entwickeln und ihre Relevanz in Bezug auf rechtliche, technische und ökonomische Aspekte zu bewerten.

a. Vier verflochtene Dimensionen (3 + 1)

Für die Skalierungsfähigkeit eines Datenraums müssen die Anforderungen vieler Akteure in Einklang gebracht werden. Das in Kapitel 4 der zweiten Publikation[49] der Projektgruppe Collaborative Condition Monitoring eingeführte „Data Exchange Framework" (Datenaustauschrahmenwerk) zur Festlegung der Rahmenbedingungen (technisch, rechtlich und ökonomisch) für den unternehmensübergreifenden Datenaustausch wird hier um die sozio-kulturelle Dimension erweitert (vgl. Abb. 10.8). Die somit vier verflochtenen Dimensionen dienen als Eckpfeiler zur Etablierung eines Datenraums.

---

[49] Plattform Industrie 4.0 – Multilaterales Datenteilen in der Industrie, https://www.plattform-i40.de/IP/Redaktion/DE/Downloads/Publikation/Multilaterales_Datenteilen.html.

Abb. 10.8: Data Exchange Framework mit soziokultureller Dimension als Fundament; (© Plattform Industrie 4.0 – https://creativecommons.org/licenses/by/4.0/).

In der **ökonomischen Dimension** liegt der Fokus auf der Identifikation und Realisierung von Mehrwerten, wobei Kosteneinsparungen, Zeiteffizienz und Qualitätserhöhung entscheidende Aspekte sind. Die Anpassung an verschiedene Reifegrade, Rollen und Investitionsniveaus der Datenraum-Teilnehmer ist dabei essenziell.

Die **rechtliche Dimension** beleuchtet die komplexen rechtlichen Herausforderungen beim Datenteilen, insbesondere im Hinblick auf die Datenschutz-Grundverordnung (DSGVO)[50] und kartellrechtliche Aspekte. Vertragliche Regelungen und die Ausgestaltung von Datenlizenzen sind Schlüsselfaktoren, um rechtliche Unsicherheiten zu minimieren. Auf Anforderungen aus dem Data Act[51] und AI Act[52] wird nicht explizit eingegangen.

Die **technische Dimension** zielt darauf ab, ein faires und transparentes Spielfeld für alle Teilnehmer zu schaffen. Dies erfordert klare Verantwortlichkeiten, technische Standards für Datenformate, die Gewährleistung der Datenzuverlässigkeit und sicheren Datenaustausch.

---

50 Datenschutz-Grundverordnung (DSGVO), https://dejure.org/gesetze/DSGVO.

51 Datengesetz – Gestaltung der digitalen Zukunft Europas, https://digital-strategy.ec.europa.eu/de/policies/data-act.

52 Ein europäischer Ansatz für künstliche Intelligenz – Gestaltung der digitalen Zukunft Europas. https://digital-strategy.ec.europa.eu/de/policies/european-approach-artificial-intelligence.

Die **soziokulturelle Dimension** betont die Bedeutung von Vertrauen, das durch unabhängige Garantien, Kontrollmechanismen und transparente Unternehmenskulturen gestärkt wird. Die Vielfalt der Unternehmenskulturen, Machtdynamiken und das Systemvertrauen beeinflussen die Bereitschaft zur Teilnahme.

Zusammenfassend erfordert die erfolgreiche Implementierung eines kollaborativen Datenraums eine ganzheitliche Betrachtung und Abstimmung entlang der vier Dimensionen. Dies ermöglicht eine nachhaltige Motivation zur Teilnahme und minimiert potenzielle Konflikte in den verschiedenen Bereichen. Keine Dimension kann einen Mehrwert etablieren, ohne die Anforderungen der anderen zu berücksichtigen.

b. Einflussnahme der vier Dimensionen auf die Gestaltungsebenen

Unternehmen müssen sich eigenständig mit den Gestaltungsebenen auseinandersetzen, um Daten für Geschäftsprozesse bereitzustellen. Die vier Dimensionen beeinflussen unternehmensintern bereits die Gestaltungsebenen. Auf jeder Ebene sind alle Datenraum-Dimensionen zu betrachten, um den erwarteten Mehrwert vor dem Hintergrund rechtlicher Anforderungen, technischer Möglichkeiten und soziokultureller Akzeptanz zu bewerten (vgl. Abb. 10.9).

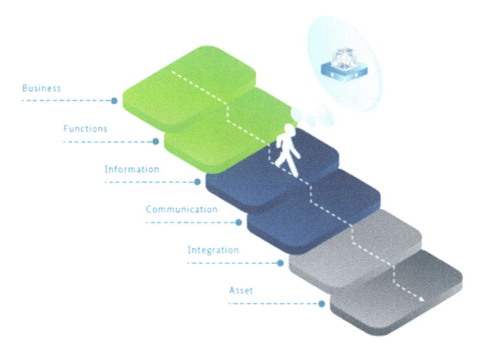

Abb. 10.9: Einfluss der vier Dimensionen auf alle Gestaltungsebenen; (© Plattform Industrie 4.0 – https://creativecommons.org/licenses/by/4.0/).

Die Gewichtung der Dimensionen variiert je nach Anwendungsfall und Motivation. Die Entscheidungen beeinflussen die Anschlussfähigkeit an einen Datenraum, wobei Einigkeit auf allen Ebenen und Mindestanforderungen aller Dimensionen erforderlich ist.

Über den Autor

Michael Jochem

Michael Jochem ist Director Business Chief Digital Office Industry bei der Robert Bosch GmbH. Der Diplom-Informatiker hat mehr als 30 Jahre Erfahrung im Bereich der Automatisierungstechnik in verschiedenen leitenden Funktionen bei der Bosch Rexroth AG und der Robert Bosch GmbH. Er ist Mitglied des Lenkungsausschusses Plattform Industrie 4.0, Vorsitzender des Arbeitskreises „Sicherheit vernetzter Systeme" der Plattform Industrie 4.0 und Vorsitzender des Arbeitskreises „Cybersecurity" beim Zentralverband Elektrotechnik- und Elektronikindustrie e. V.

Azmir Abdi, Winfried Bittner und Alexander John-Anacker

11 Der tolerante Leser

Wie bei der Datenintegration in einer Cloud-Umgebung Entkopplung erreicht werden kann

Zusammenfassung: In diesem Beitrag wird ein Weg aufgezeigt, wie kleine Cloud-Anwendungen entwickelt werden können, die sich rein auf die Generierung eines Mehrwertes für das Unternehmen konzentrieren und dabei störende Abhängigkeiten reduziert werden. Wir vergleichen die Schema Registry mit dem Ansatz des Tolerant Readers in Kombination mit Consumer-driven Contracts. Mit Letzterem wird die Fokussierung einer jeden Komponente auf das jeweilige Geschäftsmodell erhöht – das zeigen wir am Beispiel der Einführung des Frameworks Pact bei einem Finanzdienstleistungsunternehmen.

Fallbeispiel – ein neues Geschlecht

Die Softwarearchitektin Melanie arbeitet bereits seit einiger Zeit an der Umsetzung eines neuen Geschäftsmodells bei einer Finanzierungsbank für Privatkunden: Den Kunden der Bank soll kurz vor Ablauf ihrer bestehenden Finanzierung eine Folgefinanzierung mit einem ähnlichen, jedoch moderneren Produkt angeboten werden, denn wenn sich ein Kunde in der Vergangenheit bereits für ein Produkt entschieden hat, ist die Wahrscheinlichkeit hoch, dass es wieder zu einem Kauf kommt. Außerdem kennt die Bank den Kunden bereits und kann – bei guter Bonität – ein besseres Angebot liefern.

Die Umsetzung des Vorhabens verlief gut. Das Team um Melanie musste mehrere Datenquellen anbinden. Die Personendaten werden von einer klassischen CRM-Anwendung publiziert. Der Vertragsservice publiziert jegliche Veränderung der Vertragshistorie, und der Risikoservice gibt Aufschluss über die aktuelle Bonität des Kunden. Beide Services wurden in einer Microservice-Architektur bereitgestellt. Nach der etwas aufwendigeren und dennoch erfolgreichen Implementierung konnte die neue Komponente livegeschaltet werden und schickte bereits am ersten Tag Angebote per E-Mail an einige Kunden. Am dritten Tag dann das Ereignis schlechthin: Ein Kunde akzeptierte das Angebot. Da wurde gefeiert.

Doch bereits am Folgetag wurde Melanie von ihren Teamkollegen alarmiert. Die Komponente kann die Personendaten nicht mehr verarbeiten. Nach einer Recherche musste sie feststellen, dass die gelieferten Daten von der CRM-Anwendung in der neu-

Azmir Abdi, Data-Centric Architecture, Schlehenweg 19/1, 75395 Ostelsheim, Deutschland, e-mail: azmir@abdi.info
Winfried Bittner, Alexander John-Anacker, sidion GmbH, Reuchlinstraße 27, 70176 Stuttgart, Deutschland, e-mails: winfried.bittner@sidion.de, alexander.john-anacker@sidion.de

https://doi.org/10.1515/9783111048673-011

en Komponente nicht mehr kompatibel waren. Im Eifer der letzten Tage hatte sie die E-Mail übersehen, in der es hieß, dass aufgrund der gesetzlichen Bestimmungen die Personendaten in der CRM-Anwendung um die weitere Ausprägung „DIVERS" in der Enumerationsliste der Geschlechter erweitert werden. Wie kann es sein, dass ihre Komponente deswegen nicht mehr funktioniert, obwohl sie dieses Feld gar nicht benötigt? Schließlich wurde bei der Umsetzung explizit darauf geachtet, dass die Angebotstexte geschlechterneutral sind.

Nach einer kurzen Recherche im Unternehmen stellte sie fest, dass alle anderen Servicenutzer die notwendigen Anpassungen in ihren Komponenten vorgenommen hatten. Die Lösung war einfach: Es musste nur der Teil des generierten Codes, der die Verarbeitung der eingehenden Messages durchführt, mit dem aktualisierten Schema neu generiert werden, und schon war wieder alles im Lot. Nach mehreren Stunden Stress schaffte sie es, die Komponente mit einer Korrektur wieder lauffähig zu bekommen.

Natürlich musste sie darüber einen Bericht verfassen: Was war geschehen und wie konnte diese E-Mail übersehen werden? Wieso hat es bei den anderen Teams funktioniert und nur bei ihr nicht? Es wird sogar in der Kantine gewitzelt, dass die Einführung des neuen Geschlechts die Bank eine hübsche fünfstellige Summe gekostet hätte. Dadurch, dass CRM ein zentraler Service ist, dessen Daten von fast allen anderen Komponenten benötigt werden, mussten so ziemlich alle Komponenten aktualisiert werden.

Für Melanie war klar: So weitreichende Konsequenzen einer Unachtsamkeit müssen in Zukunft unbedingt vermieden werden. Deshalb begab sie sich auf die Suche nach einer Lösung, um datenkonsumierende Services unabhängiger zu machen. Es sollte möglich sein, beim Konsumieren der Daten nur die tatsächlich benötigten Informationen zu verwenden, aber wie?

Problemstellung: Die einzige Konstante ist die Veränderung – wie kapseln wir uns gegenüber irrelevanten Veränderungen ab, um das eigene Geschäftsmodell abzusichern?

Das Beispiel zeigt, dass es durchaus kostspielig sein kann, beim Aufbau datenzentrischer Geschäftsmodelle auf den Einsatz des sogenannten Tolerant-Reader-Patterns zu verzichten.

Die Daten werden an einer Schnittstelle (API) ausgelesen, um einen Mehrwert durch die Weiterverarbeitung generieren zu können. Damit diese Weiterverarbeitung funktioniert und nicht dem Zufall überlassen wird, sollte die Implementierung gewisse Qualitätsnormen erfüllen. Ähnlich wie ein Helm beim Fahrradfahren können solche Maßnahmen als störend empfunden werden, und ein erfahrener Experte kann ohne Qualitätssicherung schneller zum Ziel gelangen. Wann jedoch ist es zwingend von Vorteil, einen Helm zu tragen? Das ist dann der Fall, wenn sich das neue Geschäftsmodell aus verschiedenen Datenquellen bedient und aus vielen verteilten Komponenten in verschiedenen Unternehmensbereichen besteht (vgl. Abb. 11.1). Die damit erreichte Komplexität wird zu einem Geschäftsrisiko. Die Architektur ist dafür verantwortlich, die Komplexität der Verteilung zu beherrschen – doch wie kann sichergestellt werden, dass im Laufe der Zeit und angesichts kontinuierlicher Veränderungen das Gesamtsystem fehlerfrei funktioniert?

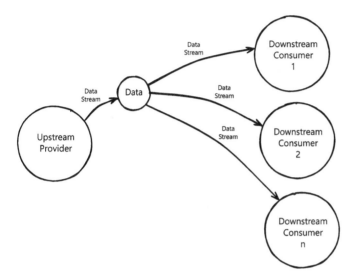

Abb. 11.1: Wenn dieselben Daten in unterschiedlichen Geschäftsmodellen verwendet werden, sind mehrere Datenkonsumenten davon abhängig.

Qualitätssicherung bei verteilten Systemen stellt eine Herausforderung dar. Klassischerweise wird das gleiche System ein zweites Mal aufgebaut, um nach jeder Änderung das fehlerfreie Zusammenspiel der Komponenten zu überprüfen. Dieses Vorgehen führt zu starren Release-Zyklen und jede Änderung muss den gesamten Testprozess durchlaufen, bevor sie produktiv genutzt werden kann.

In der heutigen, schnelllebigen Welt der Agilität gibt es IT-Komponenten, die eine viel schnellere Anpassung benötigen als es Release-Tests zulassen. Wenn diese Komponenten durch die Testumgebung und den Release-Prozess ausgebremst werden, verlängert sich der Zeitraum bis zur Markteinführung, und im schlimmsten Fall verpufft die Investition in die IT-Veränderung gänzlich.

Um eine individuelle Geschwindigkeit der Release-Zyklen zu ermöglichen, benötigen die datenkonsumierenden Downstream-Komponenten eine starke Entkoppelung vom Rest des Systems. Dabei sollten sie Folgendes umsetzen:

Eine asynchrone Kommunikation, bei der Daten als Ströme zentral verfügbar gestellt werden – auch bekannt als Event-driven Architecture oder, noch konsequenter, die in diesem Buch dargestellte datenzentrische Architektur.

Vermeidung zyklometrischer Abhängigkeiten bei den fachlichen Komponenten und Umsetzung eines klaren Upstream-Downstream-Datenflusses.

Komplette Unabhängigkeit von der Verfügbarkeit der benötigten Umkomponenten. Sowohl zur Laufzeit der Komponenten als auch zur Entwicklung und Lieferzeit sollen die fachlichen Komponenten unabhängig funktionsfähig sein.

Robustheit gegenüber den Veränderungen der Umkomponenten. Nicht alle Veränderungen der Upstream-Datenstrukturen sollen eine Anpassung der Implementierung nach sich ziehen.

Lösungsvariante 1 – Schema Registry mit rückwärtskompatiblen Änderungen

Wenn in verteilten Systemen eine lose Kopplung erreicht werden soll, wird üblicherweise auf eine Event-getriebene Architektur (Event-driven Architecture, EDA) gesetzt. Dabei kommen nicht die synchronen Aufrufe, wie zum Beispiel bei REST, zum Einsatz, sondern der asynchrone Publish-Subscribe-Ansatz. Damit kann verhindert werden, dass die Systeme bei der Verarbeitung von Daten aufeinander warten müssen und dadurch blockiert werden. Mittels der Entkoppelung durch den Einsatz asynchroner Technologien sind die Komponenten unabhängig voneinander funktionsfähig.

Das Format und die Struktur der Daten, die ausgetauscht werden, müssen abgestimmt werden. Diese Abstimmung erfolgt gewöhnlich über sogenannte Schemata (siehe Quellcode-Beispiel 1).

Quellcode-Beispiel 1: Apache Avro Schema einer einfachen Person.

```
01: {
02:    "namespace": "crm",
03:    "type": "record",
04:    "name": "Person",
05:    "fields": [
06:      {
07:        "name": "name",
08:        "type": "string"
09:      },
10:      {
11:        "name": "gender",
12:        "type": {
13:          "type": "enum",
14:          "name": "Gender",
15:          "symbols": [
16:            "female",
17:            "male",
18:            "diverse"
19:          ],
```

```
20:           "default": "diverse"
21:        }
22:     }
23:   ]
24: }
```

Die Veröffentlichung solcher Schemata der datenpublizierenden Komponente kann auf unterschiedlichen Wegen erfolgen. Eine der moderneren Möglichkeiten ist der Weg über eine Schema Registry.

Die Aufgabe einer Schema Registry ist unter anderem, Schemata zu verteilen und zu verwalten. Dabei können unterschiedliche Anbieter und unterschiedliche Serialisierungs-Frameworks zum Einsatz kommen. Der Umfang der Funktionen ist häufig sehr ähnlich. Der Provider erstellt ein Schema und registriert dieses in der Schema Registry. Serialisierungs-Frameworks erstellen aus einem Datensatz entsprechend dem Schema eine Nachricht, die letztendlich ausgetauscht werden kann. Wenn diese veröffentlicht wird, erhält sie eine Kennzeichnung, welches Schema verwendet wurde. Anhand dieser Information holt der Consumer das zutreffende Schema aus der Registry und ist in der Lage, die Informationen aus dem Event auszulesen (siehe Abb. 11.2). Die Serialisierungs-Frameworks übernehmen dabei auch die Kontrolle der Daten und validieren diese anhand der Schemata, damit keine ungültigen Daten im Data Stream landen.

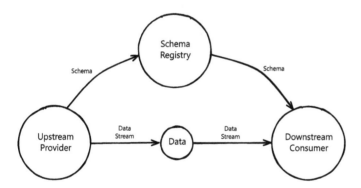

Abb. 11.2: Austausch der API-Schemata über die Schema Registry.

Weiterhin bieten Schema Registries auch die Möglichkeit der Versionierung von Schemata. Wenn eine Änderung am Schema vorgenommen werden muss – eine sogenannte Schema Evolution –, und diese veröffentlicht wird, erstellt die Schema Registry automatisch eine neue Version des Schemas und prüft diese auf die Kompatibilität mit vorherigen Versionen.

Durch die zentrale Haltung der Schemata in der Schema Registry wird die Zusammenarbeit von Teams und die Dokumentation der Schemata vereinfacht. Die Integration der Serialisierungs-Frameworks in aktuelle Entwicklertools vereinfacht und beschleunigt die Einbindung der Schemata in die jeweilige Quellcode-Basis. Es ist auch möglich, ein Schema nach dem Code-First-Ansatz aus dem Quellcode generieren zu lassen. Die Frameworks bieten Lösungen, um die für die Schemata notwendigen Informationen im Quellcode zu verorten.

Trotz der vielen Vorteile sollte die Einführung einer Schema Registry nicht auf die leichte Schulter genommen werden. Es sollte geprüft werden, ob die Anforderungen der Systemlandschaft mit einer Schema Registry abgedeckt werden. So kann es bei der Schema Evolution zu sehr komplexen Situationen kommen – sie unterstützt zwar Abwärtskompatibilität, ihre Umsetzung ist aber nicht trivial und in manchen Situationen nicht möglich. Dies geschieht schnell, wenn Evolutionsschritte ohne Planung und/oder Weitsicht durchgeführt werden.

Lösungsvariante 2 – Tolerant Reader Pattern & Consumer-driven Contracts

Ein API Client, der gemäß dem Originalschema aus einer API Schema Registry generiert wurde – wie in Lösungsvariante 1 –, führt zu einer starken Kopplung mit der Upstream-Komponente. Es mag sein, dass dies keinen Schaden verursacht, dann ist der Punkt 4 unserer Zielanforderungen, bei dem die Robustheit gegenüber den Umkomponenten angestrebt wird, nicht erforderlich. Jedoch im Falle eines stark frequentierten API – wie in unserem Fallbeispiel – kommt es vor, dass die Upstream-Komponente Änderungen an dem API vornimmt, die für andere bestimmt sind. Aufgrund der Kopplung über das Schema werden wir jedoch gezwungen, auch unsere Komponente zu aktualisieren. Ein solches Umfeld erfordert Abstimmungen und führt erneut zu einem gemeinsamen Release-Verfahren, was einer zügigen produktiven Nutzung der neuen Funktionen im Wege steht.

Die Idee hinter dem Tolerant Reader, einem von Martin Fowler im Jahr 2011 veröffentlichen Ansatz, ist es dagegen, dass die konsumierende Downstream-Komponente den datenlesenden Code auf ihrer Seite des API so tolerant wie möglich gegenüber den Änderungen der Datenstrukturen implementiert. Das Tolerant Reader Pattern implementiert folgende Schlüsselkonzepte (Fowler, 2011):

- **Unbekannte Felder ignorieren:** Falls beim Lesen eines Datensatzes Felder auftreten, die unbekannt sind, sollte die Verarbeitung nicht abgebrochen werden. Die unbekannten Felder müssen lediglich ignoriert werden.
- **Flexible Datenverarbeitung:** Falls ein Datum nach der Deserialisierung nicht dem erwarteten Format entspricht, kann programmatisch reagiert werden: Es können entweder mehrere unterschiedliche mögliche Formate versucht oder der Wert ignoriert werden.
- **Standardwerte verwenden:** Wird ein erwartetes Feld nicht geliefert, dann wird die Verarbeitung mit einem Standardwert fortgesetzt, falls möglich.

– **Versionierung:** Die Daten sollen nach Möglichkeit eine Version der eigenen Datenstruktur als Metainformation führen, sodass Datenkonsumenten bei unterschiedlichen Versionen trotzdem genaue Informationen herauslesen können.

Das Tolerant Reader Pattern ist besonders nützlich in Komponenten, in denen Daten
von externen Quellen stammen, deren Datenstrukturen sich mit der Zeit weiterentwickeln können, ohne dass alle Clients gleichzeitig aktualisiert werden müssen. Dies trägt
dazu bei, die Abwärtskompatibilität zu bewahren und die Wartbarkeit von Systemen zu
erhöhen.

Folgende zwei Quellcode-Beispiele zeigen einen Ausschnitt aus unserem Fallbeispiel, das die Anwendung des Tolerant Reader Pattern verdeutlichen soll. Die datenpro-
duzierende Upstream-Komponente liefert wie gewohnt ein Schema an das API. Darin
ist das API vollständig beschrieben. Alle vom AI als Datensatz publizierten Informationen werden innerhalb des Schemas spezifiziert und beschrieben (siehe Quellcode-
Beispiel 2). Die Formulierungen sind dabei in der fachlichen Domänensprache der produzierenden Upstream-Komponente gehalten, da diese die Fachlichkeit verantwortet.

Quellcode-Beispiel 2: Fachliches Event Personendaten-Aktualisiert als Beispiel eines API-Schemas der
datenproduzierenden Upstream-Komponente.

```
01: {
02:    "$schema": "http://json-schema.org/schema\#",
03:    "type": "object",
04:    "properties": {
05:      "firstName": {
06:        "type": "string",
07:        "description": "The first name of the person."
08:      },
09:      "lastName": {
10:        "type": "string",
11:        "description": "The last name of the person."
12:      },
13:      "birthday": {
14:        "type": "string",
15:        "format": "date",
16:        "description": "The birthday of the person (represented as a
                           date)."
17:      },
18:      "gender": {
19:        "type": "string",
20:        "enum": ["male", "female", "divers"],
21:        "description": "The gender of the person. Allowed values:
                           'male', 'female', 'divers'."
22:      },
23:      "email": {
24:        "type": "string",
25:        "pattern": "^[a-zA-Z0-9._%+-]+@[a-zA-Z0-9.-]+\\.[a-zA-Z]{2,}$",
```

```
26:          "description": "The primary email address of the person."
27:       }
28:    },
29:    "required": ["firstName", "lastName", "age", "gender"],
30:    "additionalProperties": false
31: }
```

Der interessierte Downstream-Datenkonsument erstellt ein eigenes Schema aus der eigenen konsumierenden Perspektive. Es werden nur die benötigten Felder übernommen, und – ganz wichtig – unbekannte Felder werden ignoriert (siehe Quellcode-Beispiel 3, Zeile 17).

Quellcode-Beispiel 3: Beispiel eines API Client Schema der datenkonsumierenden Downstream-Komponente.

```
01: {
02:    "$schema": "http://json-schema.org/schema#",
03:    "type": "object",
04:    "properties": {
05:       "firstName": {
06:          "type": "string"
07:       },
08:       "lastName": {
09:          "type": "string"
10:       },
11:       "email": {
12:          "type": "string",
13:          "pattern": "^[a-zA-Z0-9._%+-]+@[a-zA-Z0-9.-]+\\.[a-zA-Z]{2,}$"
14:       }
15:    },
16:    "required": ["firstName", "lastName"],
17:    "additionalProperties": true
18: }
```

Damit ist die datenkonsumierende Downstream-Komponente unabhängig gegenüber den API-Veränderungen an den nicht konsumierten Inhalten des Datensatzes. Die erwünschte Unabhängigkeit und die Robustheit wären damit erreicht.

Das neue Risiko der Übertoleranz und Lösung mittels Consumer Contracts

Dem aufmerksamen Leser fällt an dieser Stelle auf, dass die Implementierung des Tolerant Readers ein neues Risiko mit sich bringt: Nicht rückwärtskompatible Änderungen der API können von der datenkonsumierenden Downstream-Komponente übersehen werden. Die robuste Implementierung könnte sie ignorieren oder sogar durch Standardwerte ersetzen. Damit der Tolerant Reader trotzdem erfolgreich eingesetzt werden kann, muss für das Risiko der Übertoleranz eine Gegenmaßnahme implementiert werden – und zwar in Form eines Vertrages (Contract) zwischen der datenkonsumierenden Downstream-Komponente (Consumer) und der datenpublizierenden Upstream-Komponente (Provider). Hierfür sind folgende Schritte (siehe auch Abb. 11.3) vonnöten:

1. Provider publiziert API.
2. Consumer definiert eigenen Consumer Contract.
3. Consumer publiziert Contract.
4. Provider verifiziert Contract.
5. Consumer kann die Implementierung nach erfolgreicher Verifikation produktiv nutzen.

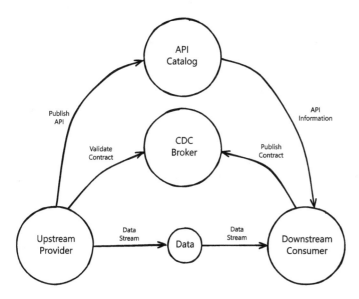

Abb. 11.3: Einigung von Provider und Consumer auf einen gemeinsamen Contract und Durchführung der Consumer-driven Contract Tests.

Wenn wir davon ausgehen, dass Provider in einem datenzentrischen Unternehmen alle Daten zur Verfügung stellen, werden sie dies in ihrer API-Dokumentation darstellen und diese in einem API-Katalog veröffentlichen. Entwickler einer Downstream-Komponente können nun anhand dieser Dokumentation entscheiden, welche Daten für sie notwendig sind, um eine bestimmte Anforderung zu implementieren. Basierend auf den fachlichen Anforderungen des Consumers und der Provider-API-Dokumentation erstellen Downstream-Entwickler einen Contract, den sie mit den Upstream-Entwicklern teilen, indem sie ihn auf einen Consumer-driven Contract Broker (CDC-Broker) publizieren. Die Upstream-Entwickler validieren den Contract im Rahmen eines CDC-Tests und bei erfolgreichen Tests können die Komponenten auf der produktiven Umgebung installiert und genutzt werden. Zur Laufzeit ist dann gewährleistet, dass beide Komponenten das gleiche Verständnis der ausgetauschten Daten haben.

Wie ist ein solcher Contract definiert, und was enthält er? Weiter oben haben wir in den Quellcode-Beispielen 2 und 3 die Schemata der Datenstrukturen gesehen, jeweils aus der produzierenden und konsumierenden Perspektive. Solchen Schemata fehlen allerdings weitere Informationen, die den Datenaustausch der beteiligten Parteien beschreiben. Im Falle eines eventbasierten Datenaustausches wird ein Provider interne Zustandsänderungen (Provider States) der Datensätze als Event publizieren. Solche Zustandsänderungen sind das Ergebnis fachlicher Prozesse der datenpublizierenden Komponente. Wenn ein Consumer an einer bestimmten Zustandsänderung interessiert ist, so kann man das mit einer konkreten Konversation (Conversation) für diese Zustandsänderung (Provider State) genau beschreiben. Die Konversation enthält alle Informationen, die beim Austausch von Nachrichten eines bestimmten fachlichen Geschäftsfalls für die erfolgreiche Integration beider Komponenten benötigt werden. Das sind:

– **Meta Data**: Metainformationen zum Contract, etwa seine Version.
– **Event Header**: Headerinformationen mit dem Namen des Events, das den fachlichen Zustandsübergang im Provider bezeichnet.
– **Event Payload**: Datenstruktur mit Feldern, die aus Consumer-Sicht relevant sind, dargestellt als Beispiel-Event.

Metadaten und Header enthalten Informationen, mit denen der Consumer die Verarbeitung des Events steuern kann. So dienen zum Beispiel der Eventname oder die Version dazu, bei der Verarbeitung der Payload den richtigen Code im Consumer anzusteuern. Die Payload enthält all jene Datenfelder des Events, die aus Consumer-Sicht relevant sind, um seine eigenen fachlichen Anforderungen erfüllen zu können. Ergänzend können auch im Contract reguläre Ausdrücke für die verschiedenen Felder angegeben werden, um den erwarteten Wertebereich zu definieren. Consumer mögen nun an mehreren solcher Conversations interessiert sein. Die Menge aller Conversations für ein Consumer-Provider-Paar nennen wir Consumer Contract (siehe Abb. 11.4). Aus Provider-Sicht bilden alle bestehende Consumer Contracts zusammen einen Consumer-driven Contract (Robinson, 2006).

Im Quellcode-Beispiel 4 sehen wir einen Consumer Contract, der zwei Konversationen enthält, die für den Consumer von fachlichem Interesse sind. Für den Fall, dass ein neuer Benutzer angelegt wird, publiziert der Producer ein *UserCreated* Event, und der Consumer interessiert sich für die Felder *userId*, *firstName* und *lastName*, um den Benutzer bei sich zu persistieren. Wenn ein Benutzer in der Producer-Komponente gelöscht wird, möchte der Consumer beim Empfang eines *UserDeleted* Events den Benutzer mit der gegebenen *userId* in der eigenen Datenbank löschen. Sollte der Producer weitere Felder im Event publizieren, so sind diese nicht von Belang und werden dank des Tolerant Reader Pattern ignoriert.

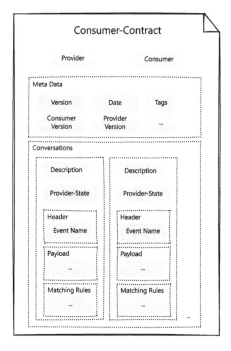

Abb. 11.4: Beispielhafte Darstellung eines möglichen Consumer Contracts.

Quellcode-Beispiel 4: Darstellung eines Consumer Contracts mit zwei Konversationen (Conversations).

```
01: {
02:   "provider": "UserService",
03:   "consumer": "DownstreamService",
04:   "conversations": [
05:     {
06:       "headers": {
07:         "eventname": "UserCreated"
08:       },
09:       "payload": {
10:         "userId": "1",
11:         "firstName": "Erika",
12:         "lastName": "Mustermann"
13:       }
14:     },
15:     {
16:       "headers": {
17:         "eventname": "UserDeleted"
18:       },
19:       "payload": {
20:         "userId": "1"
21:       }
22:     }
23:   ]
24: }
```

Ein Provider publiziert eventuell noch weitere Events bei anderen fachlichen Zustandsänderungen, doch sofern diese für den Consumer irrelevant sind, sind sie nicht Teil des Contracts.

Nachdem wir nun den Contract aus Consumer-Sicht definiert haben, stellt sich die Frage, wie der Provider davon Kenntnis erlangt, und wie wir während des Lebenszyklus der Provider- und Consumer-Komponenten sicherstellen können, dass beide Komponenten diesen Contract erfüllen. Das führt uns zum **Contract-Testing**. Wie wir in Quellcode-Beispiel 4 gesehen haben, lässt sich der vom Consumer erstellte Contract in einer Datei ablegen. Diese kann über verschiedene Wege (zum Beispiel Repository, Fileshare oder CDC-Broker) mit den Upstream-Entwicklern geteilt werden. Die Upstream-Entwickler können nun in einem Test sicherstellen, dass ihre publizierten Events den Contract erfüllen und damit den Contract verifizieren.

Die verschieden Payloads im Contract sind beispielhafte Events (genannt *Specification by Example*), die für die Verifikation beim Test verwendet werden können. Für jede Interaktion, die einer Zustandsänderung des publizierten Datensatzes im Provider entspricht, wird getestet, dass mindestens die Felder der entsprechenden Payload im Event vorhanden und mit den korrekten Werten befüllt sind.

Auch wenn die Entwickler einer Downstream-Komponente den Contract definieren, müssen sie sicherstellen, dass der eigene Quellcode diesen auch erfüllt. Die Entwickler implementieren für jede Konversation einen Test, bei dem verifiziert wird, dass sich ihre Fachlogik beim Empfang des Beispiel-Events aus dem Vertrag korrekt verhält. Mit den erfolgreichen Consumer-seitigen Tests darf der Contract mit den Upstream-Entwicklern geteilt werden, die dann ihre Tests durchführen und den Contract validieren. Wenn alle Tests erfolgreich sind, ist sichergestellt, dass beide Komponenten den Contract erfüllen und dass sie miteinander kompatibel sind. Insbesondere wird der Provider-Contract-Test fehlschlagen, wenn er eine nicht abwärtskompatible Änderung vornehmen möchte. Damit wäre das Problem der Übertoleranz bei der Verwendung des Tolerant Reader Patterns gelöst.

Da der Contract von den Downstream-Entwicklern erstellt wird und vom Provider zur Validierung verwendet wird, spricht man auch von Consumer-driven Contract (CDC) Tests. Die Ausführung der CDC-Tests in den Build Pipelines der beteiligten Komponenten stellt sicher, dass deren Kompatibilität auch über den gesamten Lebenszyklus gewährleistet bleibt. Des Weiteren haben wir den Vorteil, dass Fehler während der Entwicklungsphase auffallen und nicht erst viel später in den Integrationsumgebungen, wo die Fehlersuche viel aufwendiger ist; dies nennt man auch *Shift Left*.

Zusammenfassend kann man sagen, dass wir mit der Verwendung von CDC-Tests nicht nur unser ursprüngliches Problem der Übertoleranz lösen. Darüber hinaus werden, dank Shift Left, Inkompatibilitäten früher gefunden und können somit schneller und günstiger behoben werden. Das Tolerant Reader Pattern führt zudem in Kombination mit CDC-Tests zu deutlich resilienteren Systemen mit weniger Ausfallzeiten und neue Anforderungen können leichter, schneller und günstiger umgesetzt werden, da die

Kopplung der Komponenten verringert wird. Das resultiert in einer Reduktion der Total cost of Ownership (TCO) und einer höheren Zufriedenheit der Systemnutzer.

Tolerant Reader Pattern für Events, nicht für Commands

Wenn eine datenzentrische Architektur das Unternehmen nicht lähmen soll – wie das bei der serviceorientierten Architektur der Fall sein konnte – muss bei der Anwendung des Tolerant Reader Pattern die Agilität beachtet werden. Mit dem Domain-driven Design haben wir mittlerweile in der IT das Wissen, dass sich die IT-Architektur an der fachlichen Struktur des Unternehmens orientieren soll. Eine fachliche Domäne soll möglichst von einem bereichsübergreifenden Team mit den notwendigen IT-Komponenten digitalisiert werden. Dabei ist die Rede von einem vertikalen Schnitt der IT-Architektur. Dadurch wird erreicht, dass jede Änderung an der Fachlichkeit von lediglich einem verantwortlichen Team direkt in die IT-Komponenten umgesetzt werden kann, unabhängig von anderen Teams – was bei der serviceorientierten Architektur aufgrund des horizontalen technischen Schnitts nicht möglich war. Daher ist beim Domain-driven Design das wichtigste strategische Ziel der IT-Architektur die Unabhängigkeit der Domänen. Sie sollen auch in der IT möglichst voneinander getrennt sein, damit sie unabhängig voneinander agieren können, um die jeweilige Time-to-Market nicht gegenseitig negativ zu beeinflussen (Evans, 2004).

Aus Sicht des Domain-driven Designs kann dies mit einer Event-driven Architecture erreicht werden. Nach dieser wird ein Datensatz zu einem fachlichen Ereignis der fachlichen Domäne als Event publiziert. Dieser ist möglichst vollständig ausgeprägt und in der allgegenwärtigen Sprache der Domäne gehalten (Ubiquitous Language). Das Event ist nicht für einen spezifischen Konsumenten konzipiert, sondern allgemein gehalten. Damit beinhaltet es ausschließlich die Informationen über die Fachlichkeit der eigenen Domäne und sagt nur das aus, was unmittelbar in der Vergangenheit erfolgt ist. Bei einem solchen fachlichen Ereignis ist beim Domain-driven Design die Rede von einem Domain Event. Die Namen solcher Events sind nach der Empfehlung des Domain-driven Designs zusammengesetzt aus dem fachlichen Objekt des Datensatzes als Substantiv, gefolgt von der zuletzt geschehenen fachlichen Zustandsänderung als Verb. Einige Beispiele dafür wären Rechnung-Versendet, Auftrag-Eingegangen, Neukunde-Registriert, Bestellung-Aufgenommen.

Eine weitere denkbare Formulierung eines Event-Namens wäre die Kombination einer konkreten Information zu einer spezifischen, datenkonsumierenden Downstream-Komponente in der Form „Tue-Dies, Mache-Das" – etwa Geldbetrag-Überweisen, Rechnung-Versenden. Im Domain-driven Design nennt man diese Form einen Command. Dabei ist ein Datensatz so zusammengesetzt, dass er nur für einen konkreten Konsumenten bestimmt ist – es werden also zwei Domänen eng aneinandergekoppelt. Deshalb stellen Commands eine schlechte Architektur dar und gelten als Anti-Pattern.

Wozu der Exkurs zu Domain-driven Design an dieser Stelle? Wir sind überzeugt, dass die datenzentrische Architektur einen Schritt weiter geht als Domain-driven Design und Event-driven Architecture, hierin aber eine Grundlage finden. Damit ist es aus unserer Sicht wichtig, dass die Grundsätze des Domain-driven Design und der Event-driven Architecture in einer datenzentrischen Architektur ebenfalls enthalten sind. Während der Fokus beim Domain-driven Design darauf liegt, die IT auf die bestehenden Geschäftsmodelle des Unternehmens optimal auszurichten, geht die datenzentrische Architektur einen Schritt weiter, indem sie nicht nur das aktuelle Geschäft optimal unterstützt, sondern auch sehr einfach neue Geschäftsmodelle ermöglicht, indem sie die Daten vollumfänglich aus den bestehenden fachlichen Domänen nutzbar macht. Die datenzentrische Architektur beschleunigt nicht nur Veränderungen der bestehenden Geschäftsmodelle – sie hebt auch die Time-to-Market komplett neuer, bis dato nicht existierender Geschäftsmodelle auf ein neues Niveau.

Zurück zu unserem Tolerant Reader Pattern: Wichtig ist hier, dass beim Aufbau einer datenzentrischen Architektur die Daten als fachliche Events innerhalb der Datenströme publiziert werden. Mit den Commands lassen sich die Vorteile einer datenzentrischen Architektur nicht erreichen, da die Commands nur für einen bestimmten Konsumenten konzipiert sind. Mit Commands lassen sich keine neuen Geschäftsmodelle aufbauen. Damit sind Commands für den Tolerant-Reader-Einsatz irrelevant. Die Vorteile des Tolerant Reader Pattern kommen erst dann voll zur Geltung, wenn Daten konsumiert werden, die als reine fachliche Domain Events publiziert werden. Nur in einer solchen datenzentrischen Architektur sind diese Daten für die unterschiedlichen Konsumenten zentral zur Verfügung gestellt. Da ist es dann absolut ratsam, das Tolerant Reader Pattern anzuwenden.

Umsetzungsbericht

Für die Umsetzung haben wir uns im oben beschriebenen Fallbeispiel für Lösungsvariante 2 entschieden, da sie mehr Flexibilität bietet und im Ergebnis eine bessere Integration unserer Komponenten erlaubt. Das Konzept des Tolerant Readers in Verbindung mit Consumer-driven Contracts war für unsere Anforderungen passend. Konkret kommen als Message Broker Apache Kafka (Apache Kafka, 2025) und als Framework für die Consumer-driven Contracts Pact (Pact, 2025) zum Einsatz. Das Kommunikationsformat wurde auf schlichtes JSON festgelegt. So konnten weitere technischen Details an die Entwicklerteams delegiert werden, ohne diese bei der Technologie-Auswahl zu sehr einzuschränken.

Das Framework Pact und das Konzept der Consumer-driven Contracts waren nicht jedem Entwickler geläufig. Dementsprechend gab es anfangs eine gewisse Findungsphase, in welcher das Verständnis für Consumer-driven Contracts und Frameworks gestärkt und ausgebaut wurde. Die Teams definierten Wege, wie die Contracts am besten ausgehandelt und dokumentiert werden sollten. Viel Zeit wurde dabei in die Ausprägung der Provider States investiert, anhand welcher die unterschiedlichen fachlichen Geschäftsfälle innerhalb der Events beschrieben werden konnten, ohne dafür separate Schemata zu definieren.

Nach der Findungsphase wurden die Pacts (Consumer Contracts für das Framework Pact) in einigen fachlichen Komponenten implementiert und auf dem CDC-Broker (Pact Broker) veröffentlich. Eine Validierung der Contracts durch die Provider wurde sukzessive implementiert und dem CDC-Broker bekannt gemacht. Durch die Validierung wurden damit die ersten Contracts gültig. Durch die Integration der Tests in der CI/CD-Pipeline (vgl. Abb. 11.5) wurden die Contracts bei jedem Lauf bereits zur Entwicklungszeit geprüft. Wurde also ein Schema einseitig angepasst und führte zu einem Vertragsbruch, wurden die betroffenen Teams schnell durch ihre fehlgeschlagene Pipeline alarmiert und zur Handlung gezwungen.

Durch die Verwendung des Tolerant Readers konnten sich die Entwickler aus den Schemata nur ihre benötigten Untermengen extrahieren und diese mit CDC-Tests und ggf. mehreren Provider States versehen – sie wurden also nicht gezwungen, das komplette Schema zu übernehmen. Damit hat sich die Vision unserer Architektin Melanie also erfüllt. Die Systeme haben keine harte Kopplung über das Schema und es schellen frühzeitig die Alarmglocken, wenn es irgendwo Änderungen an einem vitalen Schema gibt, bevor dieses in Produktion geht. Alle lebten glücklich bis an das Ende ihrer Tage …

Naja, … in der Theorie funktioniert selbstverständlich alles, aber in der Praxis taten sich hier und da ein paar Lücken auf, denn Tests sind immer nur so gut wie die Entwickler, die sie schreiben. So stellte sich in der Vorproduktion, teilweise auch in der Produktion heraus, dass diese Tests wohl nicht so durchgängig implementiert wurden wie gewünscht. Das heißt, die Pact-Tests wurden nicht immer mit der Businesslogik verzahnt, so wie es eigentlich vorgesehen ist (Abdi and Bittner, 2022).

Abb. 11.5: Vereinfachte CI/CD-Pipeline von Entwicklung bis Deployment nach Produktion.

Das führte dazu, dass es zur Laufzeit zu Fehlern kam. Mal war der Inhalt eines Feldes zu lang, mal war eine enumerierte Ausprägung falsch geschrieben. Die Entwickler reagierten darauf und schlossen die Lücken nachträglich, jedoch zeigte sich, dass mittels Pact Frameworks eine sehr gute Entkopplung der Komponenten zur Entwicklungs-, Test- und Lieferzeit erreicht wurde. Es fehlte allerdings noch an der Sicherstellung der korrekten Verarbeitung zur Laufzeit, womit weiterhin eine Lücke offenblieb.

Was hat der Einsatz des Tolerant Readers bewirkt?

Durch unsere Beratung konnte Melanie ihre Komponente auf Tolerant Reader in Kombination mit Consumer-driven Contracts umstellen und das CRM-Team überzeugen, ihre Consumer Contracts zu verifizieren. Durch die Entkopplung der Komponente vom Provider-Schema und die Integration der Verifikation der Consumer-driven Contracts in die automatisierten CI/CD-Pipelines bei den Provider- und Consumer-Komponenten war es Melanies Team möglich, auf ein echtes Continuous Delivery umzustellen. Dabei kann das Team, angetrieben von eigenen Geschäftszielen, notwendige Änderungen nach eigenem Bedarf auch direkt auf die produktive Umgebung installieren, ohne sich mit anderen Teams im Release-Zyklus abstimmen zu müssen. Durch die vollständige fachliche Abdeckung der Geschäftsfälle mit den passenden Consumer-driven Contracts wurden auch die Integrationstests in die automatisierten Pipelines verlagert – daher entfiel die Abhängigkeit vom zentralen Testteam. Dies war nur möglich, weil das Team von Anfang an alle fachlichen Geschäftsfälle mit einer vollständigen, automatisierten Testabdeckung abgesichert hatte. Das Team hat sich aus eigenem Antrieb für die Umsetzung der Anforderungen nach Behavior-driven Development entschieden, was sich bei der Einführung von Consumer-driven Contracts als vorteilhaft erwies. Wir konnten feststellen, dass sich beide Ansätze gut miteinander kombinieren lassen (vgl. auch unseren Artikel „Wie die CD Pipeline mit CDC und BDD die E2E-Tests ablöst", Abdi and Bittner, 2022).

Durch die Möglichkeiten des Continuous-Delivery-Ansatzes florierte Melanies Geschäftsidee. Wir wissen, dass der Erfolg einer neuen Geschäftsidee stark von der ersten Phase, der Markteinführung, abhängt. Gerade bei neuen Geschäftsmodellen ist es umso wichtiger, Änderungen rasch umsetzen zu können und dabei unabhängig von den datenproduzierenden Komponenten zu sein. In der Fähigkeit, unmittelbar auf Kundenrückmeldung zu reagieren und zügig weitere Wünsche umzusetzen, sieht das Team einen Schlüssel zum Geschäftserfolg.

Die Einführung von Consumer-driven Contracts in Melanies Komponente wurde als Pilotprojekt behandelt, und das Finanzinstitut konnte von den offensichtlichen Vorteilen überzeugt werden. Es erteilte die Freigabe für die unternehmensweite Einführung des Verfahrens. Was verspricht sich das Unternehmen davon? Wir erinnern uns, dass der ursprüngliche Stein des Anstoßes durch die Einführung eines neuen Geschlechts hervorgerufen wurde – ein Szenario, dessen Wiederholung auf den ersten Blick vielleicht unwahrscheinlich erscheint. Doch auch jenseits dieses konkreten Falles finden wir eine ganze Reihe eklatanter Vorteile:

1. **Weniger Zeitverschwendung**: Unnötige API-Anpassungen der Konsumenten werden nicht mehr benötigt.
2. **Schnellere Umsetzung neuer Geschäftsmodelle:** Durch die Entkopplung der fachlichen Komponenten kann die Time-to-Market deutlich verbessert werden, was sich positiv auf eine erfolgreiche Einführung neuer Geschäftsmodelle auswirkt.

3. **Verschlankung der Infrastruktur:** Durch die Umstellung auf vollständige, automatisierte Testabdeckung kann langfristig auf die integrative Testumgebung verzichtet werden.

4. **Erhöhung der Produktivität:** Die Produktivität der Umsetzungsteams steigt, da sie durch die Entkopplung weniger ausgebremst werden und fokussiert an der Umsetzung eigener Vorhaben arbeiten können.

5. **Zukunftsfähigkeit:** Automatisierte Tests unterstützen Teams dabei, auch bei personellen Veränderungen die Fachlichkeit zu verstehen und optimal zu unterstützen. Damit wird sichergestellt, dass ein Geschäftsmodell auch in Zukunft erfolgreich durch die IT abgewickelt werden kann.

6. **Transparenz für die Monetarisierung:** Durch die Einführung von Consumer-driven Contracts ist jegliche fachliche Nutzung der Daten bekannt und nachvollziehbar. Damit ist noch genauer nachvollziehbar, welche Daten von welchen Konsumenten benötigt werden und zu welchem Geschäftserfolg des Unternehmens diese beitragen.

Zusammenfassung und Ausblick

Der Ansatz des Tolerant Readers mit Consumer-driven Contracts unterstützt das Ziel der datenzentrischen Architektur, die Daten zentral verfügbar zu machen, um dadurch neue Geschäftsmodelle zu ermöglichen. Auch wenn die aktuell marktgängigen Werkzeuge keine vollständige Unterstützung liefern, ist eine Umsetzung des Ansatzes in weiten Teilen möglich. Die folgende Tabelle (Tab. 11.1) stellt einen Überblick der Eigenschaften verschiedener Werkzeuge dar und sollte bei der Auswahl hilfreich sein.

Rückblickend ist die Entscheidung für die Lösungsvariante 2 die richtige gewesen. Mit dem Wissen und der Erfahrung, die bei der Umsetzung gesammelt wurde, ist die eingesetzte Pact-Lösung allerdings nicht ausreichend. Die Lösungsvariante 2, angereichert mit Teilen der Lösungsvariante 1, erscheint aus heutiger Sicht als die ideale Lösung.

Eine Stärke von Pact ist, dass Tests früh in der Entwicklung genutzt werden und den Entwicklern Leitplanken für die Implementierung an die Hand geben. Entwickler sollten die Flexibilität von Provider States bewusst einsetzen, um eine vollständige Testabdeckung der fachlichen Geschäftsfälle zu erreichen, obwohl jede Komponente für sich nur den eigenen Teil der übergeordneten End-to-End-Tests abdeckt.

Mit einer Schema Registry können jedoch zusätzlich zu Pact.io die konsumierenden Daten zur Laufzeit genauer kontrolliert werden. Je Provider State können auf der Consumer-Seite Schemata erstellt werden, welche auch – nebst Provider Schema – mit einer Schema Registry verwaltet werden. Technisch ist dies möglich. Dadurch wäre der Tolerant-Reader-Ansatz mittels Unterstützung einer Schema Registry auch zur Laufzeit abgesichert. Mit einer solchen Lösung können wir die Komponenten voneinander vollständig entkoppeln und dennoch eine Kompatibilität bei der Kommunikation gewähr-

Tab. 11.1: Gegenüberstellung der aktuell verfügbaren Werkzeuge für Consumer-driven Contracts.

	Pact (2025)	PactFlow (2025)	Spring Cloud Contract (2025)	(Confluent) Data Contracts (2025)
API-Catalog für Provider	nein	nein	nein	ja (Schema Registry)
CDC-Definition mit einem standardisierten Schema	nein	ja	nein	ja
CDC-Definition in unterschiedlichen Programmiersprachen	ja	ja	nein	nein
CDC-Definition mit Metadaten	ja	ja	ja	ja
CDC-Definition für unterschiedliche Geschäftsfälle	ja	ja	ja	nein
CDC-Broker mit Übersicht alle CDC-Verträge	ja	ja	ja (Pact Broker)	ja (Schema Registry)
Absicherung des CDC-Brokers mit Authentifizierung und Autorisierung	nein	ja	nein	ja (Schema Registry)
Consumer-Verifikation für konkrete Version der Consumer-API	ja	ja	ja	nein
Provider-Verifikation für konkrete Version der Consumer-API	ja	ja	ja	nein
Deployment-Entscheidung für die aktuelle Version	ja	ja	nein (?)	nein
Unterstützung der Verifikation zur Laufzeit	nein	nein	nein	ja
Open Source & Freeware	ja	nein	ja	nein

leisten: von der Entwicklung bis in die Produktion über einen nicht definierten Zeitraum hinweg.

Literatur

Martin Fowler: Tolerant Reader, Chicago, 2011, https://martinfowler.com/bliki/TolerantReader.html, [07.01.2024].

Ian Robinson: Consumer-Driven Contracts: A Service Evolution Pattern, Chicago, 2006, https://martinfowler.com/articles/consumerDrivenContracts.html [07.01.2024].

Eric Evans: Domain-Driven Design – Tackling Complexity in the Heart of Software, Addison-Wesley, Boston, 2004.

Azmir Abdi, Winfried Bittner: Wie die CD Pipeline mit CDC und BDD die E2E-Tests ablöst, Stuttgart, 2022, https://entwickler.de/testing/testingpipeline-cdc-bdd [07.01.2024].

Apache Kafka: https://kafka.apache.org/.

Pact: https://pact.io/.

PactFlow: https://pactflow.io/.

Spring Cloud Contract (SCC): https://spring.io/projects/spring-cloud-contract/.

Confluent Data Contracts: https://docs.confluent.io/platform/current/schema-registry/fundamentals/data-contracts.html.

Über die Autoren

Azmir Abdi

Azmir Abdi ist Wirtschaftsinformatiker und arbeitet als Software Architect und Lead Developer. Seine Schwerpunkte liegen auf der datenzentrischen Architektur und der Integration von künstlicher Intelligenz in moderne IT-Landschaften. Mit umfassender Erfahrung in der Umsetzung von Event-driven und Microservices-Architekturen setzt er sich nun verstärkt dafür ein, Unternehmen auf ihrem Weg zu einer echten datenzentrischen Architektur zu begleiten. Sein aktuelles Anliegen ist es, das Bewusstsein für die strategische Nutzung von Daten als zentralem Asset zu schärfen und KI-Technologien einzusetzen, um daraus Mehrwert zu generieren.

Winfried Bittner

Winfried Bittner ist Senior-Fullstack-Softwareentwickler und Teamleiter des Teams Software, Code and Infrastructure bei der sidion GmbH. In den letzten Jahren beschäftigte er sich hauptsächlich mit der Migration von monolithischen Webanwendungen hin zu den modernen Microservices-Systemen nach Domain-driven Design.

Alexander John-Anacker

Alexander John-Anacker ist Senior-Softwareentwickler bei der sidion GmbH. Er hat langjährige Erfahrung mit Big Data sowie verteilten Anwendungen auf AWS. Aktuell unterstützt er Kunden beim Design und der Implementierung ihrer Geschäftsprozesse mit Cloud-nativen Microservices.

Stefan Kehl

12 Die virtuelle Produktkomponente als Mittel für die domänenübergreifenden Datenintegration

Zusammenfassung: Dieser Artikel beschreibt einen methodischen Ansatz zur Konsolidierung von Daten in der marken- und domänenübergreifenden Zusammenarbeit bei der Entwicklung komplexer Produkte. Im Gegensatz zu vielen anderen zentralen Ansätzen bezieht dieser die dezentralen Domänen sowie deren jeweilige Sprachen sehr stark ein und sorgt durch einen klaren semantischen Rahmen für weitgehende Autonomie bei der dezentralen Erweiterung.

Dezentrale und domänenübergreifende Datenkonsolidierung

Mit steigender Unternehmensgröße wächst in der Regel auch die Menge der zu verwaltenden Daten. Gerade bei produzierenden Industrieunternehmen (zum Beispiel in der Automobilbranche) ist der Aufwand für die Verwaltung von produktbeschreibenden Daten eine komplexe Aufgabe. Mit der Menge und Komplexität der Daten wächst auch die Größe der benötigten IT-Infrastruktur.

Um eine derart gewachsene IT- und Datenlandschaft beherrschbar zu machen, stabil zu halten und auf Neuerungen wie Systemwechsel- oder -erweiterungen schnell reagieren zu können, bedarf es:
- geeigneter fachlicher Modelle (Informationsmodelle) zur Erfassung der systemübergreifenden Datensemantik und
- föderativer Methodiken zur dezentralen Erweiterung dieser Modelle.

Abschnitt 12.1 beschreibt zunächst die Herausforderungen in großen IT-Systemlandschaften. Abschnitt 12.2 befasst sich mit einem Vorschlag für ein föderativ verwaltbares Informationsmodell, dessen Vorteile Abschnitt 12.3 im Hinblick auf die Herausforderungen aus Abschnitt 12.1 abschließend zusammenfasst.

12.1 Problembeschreibung

Die Datenverarbeitung im betrieblichen Alltag umfasst typischerweise das Konsolidieren verschiedener Daten, deren Auswertung hinsichtlich bestimmter Anwendungsfälle

Stefan Kehl, Volkswagen AG, Berliner Ring 2, 38440 Wolfsburg, Deutschland, e-mail: stefan.kehl@volkswagen.de

https://doi.org/10.1515/9783111048673-012

und die Weitergabe der Ergebnisse an nachfolgende Prozesse. Je nach Anwendungsfall ist dafür der Zugriff auf diverse IT-Systeme mit teilweise sehr heterogenen Datenhaltungskonzepten, fachlichen Inhalten und Speichertechnologien notwendig. So erfordert die Herstellung von komplexen Produkten das Zusammenführen, Aufbereiten und Konsolidieren von Daten diverser Domänen (zum Beispiel Konstruktion und Softwareentwicklung).

Die Herausforderungen bei solchen domänen- und systemübergreifenden Aktivitäten bestehen in der korrekten *fachlichen Interpretation* und *quellenübergreifenden* Verknüpfung der zum Abfragezeitpunkt *relevanten* und zur Verfügung stehenden Daten. In der Praxis initiieren verantwortliche Manager häufig zentrale Projekte für die domänenübergreifende Konsolidierung. Diese Projekte beschäftigen sich mit der Erfassung und Modellierung von domänenübergreifenden Klassendiagrammen und semantischen Netzen. Projektbeteiligte müssen dazu die Sprachen und Prozesse aller Domänen verstehen und fehlerfrei interpretieren können. Aufgrund (i) der Vielzahl und Komplexität der Informationen, (ii) unterschiedlicher Sprachgebräuche und (iii) domänenspezifischer Entwicklungsprozesse sind solche zentral aufgestellten Projekte häufig von Beginn an zum Scheitern verurteilt. Bereits der Aufbau eines tiefen Verständnisses von zwei sehr unterschiedlichen Domänen wie der mechanischen Konstruktion und der Softwareentwicklung ist sehr zeit- und ressourcenintensiv.

Die fachliche Interpretation erfordert eine domänen- und systemübergreifende Konsolidierung der jeweiligen Informationsgehalte (Abschnitt 12.1). Für die Identifikation und Verknüpfung relevanter Daten ist darüber hinaus eine systemübergreifende Koordination unterschiedlicher Versionen der jeweiligen Datenobjekte notwendig (Abschnitt 12.2).

12.1.1 Abhängigkeit von Schemainformationen zur Entwurfszeit

Datenhaltende IT-Systeme gehören in der Regel zu einer bestimmten Domäne (wie beispielsweise Konstruktion oder Softwareentwicklung) und verwenden dementsprechend auch ein domänenspezifisches Vokabular. So bezeichnet man zum Beispiel Ergebnisse der Softwareentwicklung als *Releases* und die der Konstruktion als *Konstruktionsstände*. Beides meint allerdings jeweils ein freigegebenes und veröffentlichtes (Zwischen-)Ergebnis der jeweiligen Domäne (gemeinsame Semantik).

Für die domänenübergreifende Nutzung der Daten müssen Datenanalysten die Vokabulare fachlich konsolidieren und die Daten in Relation zueinander setzen, da beispielsweise für die Beschreibung von Steuergeräten direkte Beziehungen zwischen den Konstruktionsanteilen (Gehäuse bzw. Platinen) und der steuernden Software notwendig sind.

In Abb. 12.1 sind die Zusammenhänge zwischen datenhaltenden Systemen, enthaltenen Datenobjekten, daraus abgeleiteten fachlichen Informationen und den nutzenden Prozessen bzw. Auswertungen grafisch dargestellt. In der Praxis ist bereits der Da-

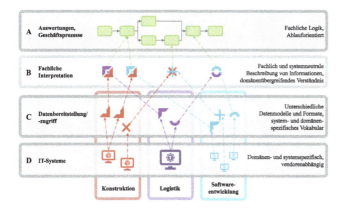

Abb. 12.1: System- und domänenübergreifender Zugriff auf Daten aus unterschiedlichen IT-Systemen.

tenaustausch zwischen Systemen derselben Domäne (Ebene D und Übergang zu C in Abb. 12.1) aufgrund unterschiedlicher Technologien und Datenhaltungskonzepte sehr aufwendig, langwierig und teuer. Domänenübergreifend (Übergang von Ebene C auf B in Abb. 12.1) wird dieser Aufwand noch größer, da hier zusätzlich unterschiedliche Entwicklungsmethoden und Prozesse (beispielsweise Konstruktion vs. Softwareentwicklung) sowie eigenständige Vokabulare zum Einsatz kommen.

12.1.2 Abhängigkeit von Instanzdaten zur Laufzeit

Der vorherige Abschnitt beschrieb die Herausforderungen, die mit der fachlichen Konsolidierung system- und domänenspezifischer Daten auf einer *schematischen* Ebene einhergehen. Das heißt, dass nach diesem Schritt klar ist, welche Objekttypen zu welchen anderen in Beziehung stehen (etwa Konstruktionsstände zu Software-Releases). Welche konkreten Ausprägungen (*Instanzen*) davon zu welchem *Zeitpunkt* zueinander gehören, hängt von den Entwicklungs- und Veröffentlichungsprozessen der einzelnen Domänen und der Verwendungszeitpunkte der Kombination in unterschiedlichen Produkten ab. Abbildung 12.2 zeigt exemplarisch die Entwicklung eines Konstruktionsergebnisses mit seinen Konstruktionsständen und die parallele Entwicklung einer Software mit ihren Releases. Je nach nutzenden Produkten können unterschiedliche Kombinationen aus Konstruktionsstand und Software-Release je Meilenstein der Entwicklungsprozesse gültig sein.

12.2 Herleitung und Beschreibung des Lösungskonzepts

Aus den oben beschriebenen Gründen haben wir ein mehrstufiges Konzept zur sukzessiven fachlichen Konsolidierung der Bestände unterschiedlicher datenhaltender Systeme

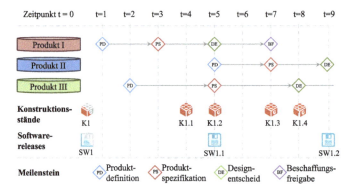

Abb. 12.2: Zeitlich versetzte Gültigkeiten von Daten (in Anlehnung an Kehl, Marken- und domänenübergreifendes Management industrieller Produktdaten, 2019, S. 76).

und deren fachlichen Logiken entwickelt. Im Gegensatz zu den zuvor beschriebenen zentralen Semantikprojekten geht dieses Konzept von einer starken dezentralisierten Modellierungsleistung aus. Dafür wird ein möglichst kleiner und stabiler semantischer Kern von Objekten definiert, der weitgehend autonom durch nahezu beliebige Domänen erweitert werden kann.

Das Konzept umfasst die folgenden grundlegenden Bausteine:[53]

- komponentenbasiertes und zentralisiertes Produktmodell, dessen Komponenten dezentral erweitert werden können (vgl. Abschnitt 12.2.1 Informationsmodell),
- Verwendungshistorie von Komponenten in verschiedenen Produkten (vgl. Abschnitt 12.2.2 Verwendung von virtuellen Produktkomponenten),
- Ableitung von strukturierten Sichten (vgl. Abschnitt 12.2.3 Datenmodelltransformationen).

12.2.1 Informationsmodell virtueller Produktkomponenten

Das hier beschriebene Informationsmodell ist komponentenbasiert und geht von einer aktiven Veröffentlichung von domänen- und systemspezifischen Änderungen aus. Die grundlegende Annahme ist, dass jede Domäne ihre Ergebnisse immer nach ähnlichen Prinzipien veröffentlicht. Innerhalb einer Domäne (Softwareentwicklung) nutzen die Entwickler domänenspezifische Systeme (Git) für die Verwaltung von Ergebnissen (Quellcode) und deren Entwicklungsständen (Commits). Einige der Entwicklungsstände werden veröffentlicht (Tags bzw. Releases) und andere nicht. In der Domäne Konstruktion entstehen Geometrien (Ergebnisse) in einem CAD-System. Nicht jede Änderung, die

---

53 Das Konzept basiert im Kern auf Kehl, Stiefel & Müller, Changes on Changes: Towards an agent-based apporach for managing complexity in decentralized product development, 2015; Kehl, Hesselmann, Stiefel & Müller, 2016; Deutschland Patentnr. DE102016212386A1, 2018; Kehl, Marken- und domänenübergreifendes Management industrieller Produktdaten, 2019.

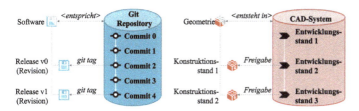

Abb. 12.3: Revisionskonzept am Beispiel der Domänen Softwareentwicklung und Konstruktion (nach Kehl, 2019, S. 208).

ein Konstrukteur vornimmt, wird jedoch für nachfolgende Prozesse veröffentlicht (Konstruktionsstand). In Abb. 12.3 ist dieses Konzept noch einmal grafisch dargestellt.

Eine übergreifende virtuelle Produktkomponente (VPK) fasst die jeweils in Abhängigkeit zueinander stehenden domänenspezifischen Ergebnisse zusammen und beschreibt, welche Kombinationen der jeweils freigegebenen Entwicklungsstände gültig sind. Wie in Abb. 12.3 zu sehen ist, entwickeln sich die Stände der einzelnen domänenspezifischen Ergebnisse meistens in für die jeweilige Domäne üblichen Entwicklungsintervallen. Aufgrund der Andersartigkeit der Inhalte und der Komplexitätsgrade der Ergebnisse können sich diese Intervalle von einer Domäne zur anderen relativ stark unterscheiden. So sind beispielsweise die Zeiträume, in denen neue Commits in einem Git Repository entstehen, deutlich kürzer als die, in denen neue CAD-Modelle entstehen. Analog zu den domänenspezifischen Ergebnissen nutzt eine VPK dasselbe Revisionskonzept, bei dem eine VPK-Revision alle domänenspezifischen Ergebnisstände sammelt, die in Kombination gültig sind und einen bestimmten Entwicklungsstand der übergeordneten Komponente beschreiben.

Abbildung 12.4 zeigt exemplarisch die Zuordnung von Konstruktionsständen und Software-Releases zu VPK-Revisionen, wodurch beispielsweise Steuergeräte beschrieben werden. Die erste Revision der VPK besteht dabei aus dem ersten Konstruktionsstand und dem ersten Software-Release. An der zweiten VPK-Revision hat sich lediglich die Version des Software-Releases geändert. Nicht jeder Zwischenstand der Software (Commit) muss aus Sicht der Domäne die erforderliche Reife für die Verwendung in einem Steuergerät erreichen (Release). Darüber hinaus bleibt die äußere Geometrie des Steuergeräts in der zweiten VPK-Revision unverändert. In der dritten Revision der VPK ändert sich hingegen nur die Geometrie (zum Beispiel veränderte Haltepunkte) und die Software bleibt unverändert.

Diese strikte Trennung von domänenspezifischen (Geometrie, Software) und domänenübergreifenden Ergebnissen (VPK) ermöglicht (i) separate Entwicklungsprozesse je Domäne, (ii) verschiedene Statuswerte und -netzwerke und (iii) eine lückenlose Historie der Gesamtentwicklung. Darüber hinaus ist die Beschreibung von VPKs mittels domänenspezifischer Ergebnisse um weitere Domänen erweiterbar, ohne Änderungen an der Arbeitsweise anderer Domänen oder der übergreifenden Komponentenbeschreibung zu erfordern.

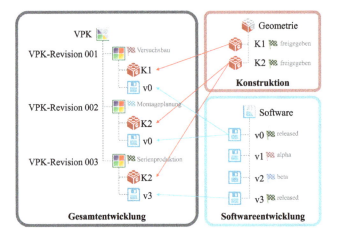

Abb. 12.4: Beschreibung von VPK-Revisionen durch domänenspezifische Teilergebnisse.

12.2.2 Verwendung von VPKs

Bis hierhin beschreiben VPKs und ihre Revisionen stets die Entwicklungsstände einzelner Komponenten unabhängig von deren Nutzung in einem oder mehreren Produkten. Für die Abbildung einer Verwendungshistorie wurde das VPK-Konzept um sogenannte *Verwendungen* erweitert. Dabei handelt es sich um eigene Modellelemente, die sowohl domänenspezifisch als auch domänenübergreifend instanziiert werden. Prinzipiell entsteht bei jeder Nutzung eines konkreten Entwicklungsstands einer Komponente (VPK-Revision) zunächst eine neue VPK-Verwendungsrevision je nutzendes Produkt. Diese Trennung zwischen VPK-Revisionen und ihren produktspezifischen Verwendungen erlaubt sowohl die produktübergreifende bzw. produktneutrale Entwicklung und Dokumentation von Komponenten als auch die produktspezifische Pflege von Einsatzzeitpunkten, Varianzen oder anderen Informationen, die für die Differenzierung unterschiedlicher Produkte auf Basis ähnlicher Komponenten notwendig sind.

Über die VPK-Verwendungsrevisionen hinaus entstehen ebenfalls eigene Verwendungen der domänenspezifischen Ergebnisse. Dadurch können wiederum domänenspezifische Informationen je Nutzung in einem Produkt dokumentiert werden. Aus Sicht der Konstruktion kann es sich dabei zum Beispiel um eine andere Positionierung in Relation zu anderen Komponenten in einem Produkt handeln. Aus Sicht der Softwareentwicklung sind unter Umständen produktspezifische Skripte für die Installation eben dieser Software-Releases notwendig. VPK-Verwendungen folgen wiederum demselben Revisionskonzept wie VPKs im Allgemeinen. Dadurch entsteht je Produkt sowohl Transparenz hinsichtlich der Wiederverwendung konkreter Entwicklungsstände als auch die Möglichkeit zur lückenlosen Dokumentation einer Verwendungshistorie je Komponente, da aufeinanderfolgende VPK-Verwendungsrevisionen zur selben VPK-Verwendung gehören. Abbildung 12.5 stellt den Zusammenhang zwischen VPKs, VPK-Revisionen und den jeweiligen Verwendungen noch einmal grafisch dar.

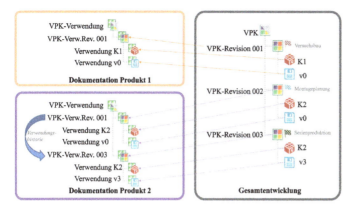

Abb. 12.5: Verwendung einer VPK und ihrer Revisionen in unterschiedlichen Produkten.

12.2.3 Ableitung von strukturierten Sichten

Die zwei vorherigen Abschnitte beschrieben eine domänenübergreifende Methodik zur Dokumentation von Komponenten und deren Verwendung in unterschiedlichen Produkten. Besonderes Augenmerk lag dabei immer auf der Verknüpfung von Ergebnissen aus unterschiedlichen Domänen zu übergreifenden Einheiten (VPKs).

Um wiederum eine domänenspezifische Arbeitsweise auf den VPKs zu ermöglichen, ist die Ableitung von strukturierten Sichten unerlässlich. Unter einer strukturierten Sicht versteht man die Anordnung von domänenübergreifenden Komponenten oder auch domänenspezifischen Ergebnissen in einer streng hierarchischen Baumstruktur, die ein Gesamtprodukt in kleinere Teilbereiche zerlegt. Ein typisches Beispiel aus dem betrieblichen Umfeld sind Strukturstücklisten.

Im Gegensatz zu solch klassischen Strukturen geht das hier beschriebene Konzept von nicht nur einer, sondern mehreren solcher hierarchischen Strukturen aus. Jede dieser Strukturen ist dabei in ihrem generellen Aufbau statisch (Knoten zu Kindknoten) in ihrer Befüllung aber dynamisch (welche *Komponente* hängt in welchem Zweig der Struktur). Dafür ist es zwingend erforderlich, dass jede Verwendung einer jeden Komponente alle Informationen trägt (zum Beispiel Klassifizierungsinformationen), die für die dynamische Zuordnung zu Strukturknoten notwendig sind.

Innerhalb einer strukturierten Sicht müssen zusätzlich Suchkriterien an den Strukturknoten definiert sein. Das Erstellen einer produktspezifischen Struktur, etwa einer Stückliste, entspricht dann der Suche nach Eigenschaften an VPK-Verwendungsrevisionen für jeden einzelnen Strukturknoten. Durch dieses allgemeine Vorgehen können nahezu beliebige strukturierte Sichten auf ein domänenübergreifend beschriebenes Produkt erzeugt und für domänenspezifische Prozesse genutzt werden. In Abb. 12.6 ist dieses Sichtenkonzept am Beispiel von unterschiedlich strengen Hierarchien exemplarisch dargestellt.

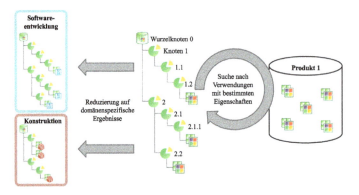

Abb. 12.6: Ausleitung von strukturierten Sichten auf Basis von VPK-Verwendungsrevisionen.

12.3 Zusammenfassung und Vorteile des VPK-Modells

Das VPK-Modell und die dazugehörige Erweiterungsmethodik ermöglichen die domänenübergreifende Konsolidierung von Datenbeständen. Im Gegensatz zu zentralen Projekten (siehe oben), die sich mit der domänenübergreifenden Datenmodellierung beschäftigen, bezieht das VPK-Modell die dezentralen Domänen sehr stark ein und sorgt durch einen klaren semantischen Rahmen für weitgehende Autonomie bei der domänenspezifischen Erweiterung. Durch diese Autonomie und den festen Rahmen ist zudem ein sukzessives und damit zeitlich entzerrtes Vorgehen möglich, und erste Ergebnisse sind schon nach kurzer Zeit sichtbar. Abbildung 12.7 fasst die grundlegenden Objekte, Bereiche und deren ÜbergäNGE noch einmal zusammen.

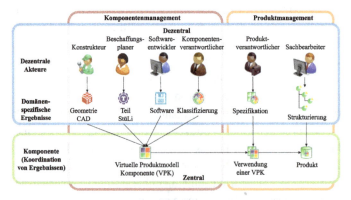

Abb. 12.7: Grundlegendes Konzept von VPKs und VPK-Verwendungen (nach Kehl, Marken- und domänenübergreifendes Management industrieller Produktdaten, 2019, S. 201).

Literatur

Kehl, S.: Marken- und domänenübergreifendes Management industrieller Produktdaten. Wiesbaden: Spring Fachmedien, 2019.

Kehl, S., Hesselmann, C., Stiefel, P. D. & Müller, J. P.: Static product structures: an industrial standard on the wane. In R. Harik, L. Rivest, A. Bernand, B. Eynard & A. Bouras (Hrsg.), 13th IFIP *WG* 5.1 International Conference, PLM 2016, S. 69–78. Columbia, SC, USA: Springer International Publishing.

Kehl, S., Stiefel, P. & Müller, J. P.: Changes on changes: towards an agent-based apporach for managing complexity in decentralized product development. In S. Culley, B. Hicks, T. McAloone, T. Howard & P. Badke-Schraub (Hrsg.), Mailand, Italien, 2015, S. 219–228.

Über den Autor

Stefan Kehl

Dr. Stefan Kehl ist Software- und Informationsarchitekt bei der Volkswagen AG. In dieser Rolle ist er verantwortlich für die Entwicklung von Methoden und Werkzeugen für die marken- und domänenübergreifenden semantische Aufbereitung und Nutzung von verteilten Daten und hochgradig heterogenen Daten.

Bernd Bachmann

13 KI – datenzentrisch gedacht

Zusammenfassung: Datenzentrische Künstliche Intelligenz (DCAI) ist ein Ansatz zur Entwicklung und Anwendung von KI-Systemen, bei dem die Daten, aus denen die Systeme lernen, im Mittelpunkt stehen. Sie zielt darauf ab, die Qualität, Zuverlässigkeit und Fairness von KI-Modellen zu verbessern. Dieser Beitrag beschreibt die Grundlagen von DCAI im Kontext von generativer KI und strukturelle Ansätze, die Unternehmen zur Verfügung stehen, um dieses Paradigma erfolgreich einzuführen.

Eine Organisation des öffentlichen Sektors strebt danach, interne Prozesse durch die Integration von generativer künstlicher Intelligenz (KI) zu optimieren. Aufgrund der Vertraulichkeit der zu bearbeitenden Daten muss das KI-Modell jedoch lokal im eigenen Rechenzentrum ausgeführt werden. Im weiteren Verlauf der Planung wird deutlich, dass erhebliche Investitionen in die Rechen- und Speicherkapazitäten erforderlich sind, um auch nur eine Instanz des Modells effizient zu verarbeiten. Eine weitere Herausforderung bei der direkten Skalierung besteht darin, dass die benötigten GPUs auf dem Markt derzeit nicht direkt verfügbar sind. Darüber hinaus ergeben sich Bedenken hinsichtlich potenzieller Latenzprobleme und des erheblichen Energieverbrauchs, der mit der Bereitstellung und dem Betrieb großer KI-Modelle verbunden sind.

Offensichtlich stellt die aktuelle Entwicklung hin zu immer größeren KI-Modellen in diesem Bereich ein erhebliches Hindernis dar, um Lösungen für Kunden, die hohe Anforderungen an die Datensouveränität haben, einfach bereitzustellen. Auch für Anwender von cloudbasierten KI-Modellen stellt der Einsatz einen erheblichen Kostenfaktor dar. Die Anbieter von generativen KI-Modellen müssen Wege finden, um diese Modelle schlanker und betriebssicherer zu gestalten. Eine Möglichkeit hierfür bietet eine datenzentrische Sicht auf den Lebenszyklus der Modellentwicklung. Die Trainingsdaten sollten im Mittelpunkt stehen im Gegensatz zu den Trainingsalgorithmen und -methoden.

Einleitung

„Daten sind das neue Öl" war der Titel eines Vortrags von Clive Humby, einem Datenwissenschaftler, den er im Jahr 2006 auf einer Konferenz der Association of National Advertisers hielt. In diesem Vortrag argumentierte Humby, dass Rohdaten ähnlich wie Rohöl verarbeitet werden müssen, um einen Wert zu erzeugen (Humby, 2006). Seitdem wird dieses Analogon häufig verwendet, um eine Vielzahl von Parallelen zwischen der

Bernd Bachmann, Berater für Big Data und KI, Gärtringen, Deutschland, e-mail: bernd.bachmann@gmail.com

https://doi.org/10.1515/9783111048673-013

Nutzung von Daten und der Nutzung von Öl zu illustrieren. Es wird angenommen, dass die digitale Revolution heutzutage von Daten angetrieben wird, ähnlich wie die Zweite Industrielle Revolution in den späten 1800er und frühen 1900er Jahren von Öl angetrieben wurde.

Interessanterweise wird dieses bereits in die Jahre gekommene Analogon im Kontext der Datenwertschöpfung durch KI immer wieder „neu entdeckt". Es werden datenfokussierte und -zentrische Ansätze entwickelt. Die Nutzung von Daten durch den Einsatz von KI[54] in der „Öl-Analogie" entspricht eigentlich erst der Nutzung der raffinierten Produkte für die Endnutzung, z. B. dem Aufbringen von Teer im Straßenbau. Bei dem Beispiel wäre es nicht möglich, eine Straße schnell und dauerhaft zu teeren, wenn das Bitumen von unterschiedlicher Qualität wäre und zudem bei stark schwankenden Temperaturen verarbeitet werden müsste. Allerdings werden in der KI noch zu häufig Lösungen direkt aus der KI-Methodik (entsprechend dem Auftragen des Bitumens) heraus getrieben, ohne sich zunächst auf die Exploration und die möglichst anwendungsneutrale Aufbereitung der Daten in hoher Qualität zu konzentrieren.

Im folgenden Abschnitt werden Situationen in der KI (maschinelles Lernen und generativen KI) betrachtet, in denen die Herausforderungen bei der Anwendung von KI das Paradigma der Datenzentrierung neu belebt haben. Anschließend untersuchen wir anhand der Themen „Datenwertschöpfungsmodelle" und „Datenzentrische Architektur", welche Methoden bereits verfügbar sind, um die Identifizierung und Vorverarbeitung von Daten gezielt umzusetzen und diese Anforderung systematisch anzugehen.

Datenzentrische KI – ein Paradigmenwechsel

Bis vor Kurzem wurden KI-Projekte hauptsächlich aus der Perspektive der Trainingsalgorithmen und -modelle betrachtet, die auf einen gegebenen Datensatz angewendet werden müssen. Dies führte zu hohen Investitionen aufgrund des langen Projektzyklus und Skalierbarkeitsproblemen, da die Datensätze oft nicht groß genug oder von ausreichender Qualität waren. Ein guter Indikator dafür ist, wie viel Zeit ein Datenwissenschaftler in einem typischen KI-Projekt für die Datenkuration und -vorverarbeitung aufwendet. Diese kann je nach Komplexität des Projekts und der Qualität der Daten variieren. Im Allgemeinen wird jedoch geschätzt, dass Datenwissenschaftler 60 bis 80 Prozent ihrer Zeit für diese Aufgaben aufwenden (Gunasekar u. a. 2023) und nur den Rest für das eigentliche Trainieren und Verbessern der Modelle.

Datenzentrische Künstliche Intelligenz (DCAI) ist ein Ansatz zur Entwicklung und Anwendung von KI-Systemen, bei dem die Daten, aus denen die Systeme lernen, im

---

54 Im Folgenden verwenden wir den Begriff KI im weitesten Sinne für die Datenanalyse, einschließlich der Verfahren zur Datenvisualisierung und statistischen Verfahren.

Mittelpunkt stehen. Andrew Ng definiert datenzentrische KI (Strickland 2020) als die „Disziplin der systematischen Entwicklung der Daten, die für den erfolgreichen Aufbau eines KI-Systems erforderlich sind".[55] Zwei Begriffe sind dabei von entscheidender Bedeutung:

1. **Systematische Entwicklung:** Bisher wurde die ingenieursmäßige Vorgehensweise bei der Bereitstellung von Daten vor allem in konkreten KI-Projekten angewendet. Jedoch wurde sie bisher nicht als systematische Entwicklung von Daten als Service (engl. Data as a Service) genutzt. Das Produkt eines solchen Services sollte jeder im Unternehmen bei Bedarf beziehen können. Obwohl die Rolle des Data Engineerings in mittelgroßen KI-Projekten definiert und belegt ist, wird dieser Bereich in der Ausbildung von Datenwissenschaftlern oft vernachlässigt.[56] Es gibt keine vollständigen akademischen Ausbildungsgänge für Data Engineers, obwohl diese Rolle essenziell für einen Data-as-a-Service-Ansatz ist.

2. **Erfolgreicher Aufbau:** Der Erfolg des Aufbaus wird nicht allein durch die Leistungsfähigkeit der KI-Modelle, wie bei der modellzentrierten KI, bestimmt. Stattdessen müssen andere Kriterien wie die Implementierungszeit des Projekts, die Betriebskosten oder die Nachhaltigkeitsziele berücksichtigt werden.

Bei der datenzentrischen KI wird den folgenden Aspekten große Bedeutung beigemessen (Jarrahi u. a. 2023; Zha u. a. 2023):

1. **Datenqualität als oberste Priorität:** Datenzentrische KI legt großen Wert auf die Datenqualität und erkennt an, dass sie die Grundlage für die Erstellung effektiver KI-Modelle ist. Dies beinhaltet eine sorgfältige Datenerfassung, -bereinigung, -kennzeichnung und -validierung, um sicherzustellen, dass die Trainingsdaten genau, repräsentativ und frei von Fehlern oder Verzerrungen sind.

2. **Kontinuierliches Lernen und Verbesserung:** DCAI fördert einen iterativen Ansatz zur KI-Entwicklung. Die Datenqualität wird während des gesamten KI-Lebenszyklus kontinuierlich überwacht und verbessert. Dazu gehören Datenexploration, Fehlererkennung und -korrektur sowie Techniken wie aktives Lernen und halbüberwachtes Lernen, um die Nutzung der verfügbaren Daten zu maximieren.

3. **Menschliche Zusammenarbeit im Prozess:** Datenzentrische KI erkennt die Bedeutung menschlicher Expertise bei der Verwaltung und Pflege großer Datenmengen an. Dies beinhaltet die Einbeziehung menschlicher Experten in die Datenkommentierung, Fehlererkennung und Qualitätsbewertung, um sicherzustellen, dass die KI-Modelle mit realen Szenarien und Geschäftszielen übereinstimmen.

4. **Datengestützte Vermeidung von Verzerrungen:** DCAI erkennt an, dass KI-Modelle gesellschaftliche Verzerrungen widerspiegeln und verstärken können, die in den

---

55 Übersetzt vom englischen Zitat: „Data-centric AI is the discipline of systematically engineering the data needed to successfully build an AI system."

56 Vgl. z. B. https://ischoolonline.berkeley.edu/data-science/curriculum/

Daten vorhanden sind, auf denen sie trainiert werden. Der Fokus liegt auf Techniken zur Erkennung, Behebung und Abschwächung von Verzerrungen in Trainingsdaten, um sicherzustellen, dass KI-Modelle fair, gerecht und vertrauenswürdig sind.

5. **Effiziente Datenverarbeitung und -speicherung:** Datenzentrische KI nutzt Fortschritte in der Datentechnik und im Cloud-Computing, um große Datenmengen effizient zu verwalten und zu speichern. Dazu gehören Techniken wie Datenkompression, verteilte Speicherung und Datenvirtualisierung zur Optimierung des Datenzugriffs und -abrufs.

6. **Explainable AI (XAI):** Datenzentrische KI integriert XAI-Praktiken, um KI-Modelle transparenter und verständlicher zu machen. Dazu gehören Techniken zur Erläuterung von Modellvorhersagen, zur Identifizierung potenzieller Verzerrungen und zur Ermöglichung der Überprüfung und Interpretation der für das Training verwendeten Daten durch die Benutzer.

7. **Data Governance und Sicherheit** sind wichtige Aspekte der datenzentrischen KI. Sie gewährleisten robuste Praktiken zum Schutz sensibler Informationen und zur Einhaltung von Datenschutzbestimmungen. Dazu gehört die Implementierung geeigneter Zugriffskontrollmechanismen, Datenverschlüsselungspraktiken und regelmäßiger Audits, um die Integrität und Vertraulichkeit der Trainingsdaten zu gewährleisten. Aus einer höheren Perspektive hat ein Unternehmen mit diesem Ansatz die Möglichkeit, seine Datensouveränität zu wahren, das heißt, die volle Kontrolle über seine Daten entlang des Wertschöpfungsprozesses zu behalten.

Durch die Berücksichtigung dieser Schlüsselaspekte zielt datenzentrische KI darauf ab, die Qualität, Zuverlässigkeit und Fairness von KI-Modellen zu verbessern. Dies führt zu vertrauenswürdigeren und wirkungsvolleren KI-Anwendungen in einem breiten Spektrum von Bereichen. Da ein Teilgebiet der KI, die generative KI, zunächst auch modellgetrieben entwickelt wurde, untersuchen wir im Folgenden deren datenzentrische Fragestellungen genauer.

Eine datenzentrische Sicht auf generative KI

Die Veröffentlichung von ChatGPT im November 2022 hat in Unternehmen und der breiten Öffentlichkeit enorme Aufmerksamkeit auf sich gezogen. ChatGPT ist ein Beispiel für generative KI-Modelle,[57] die in der Lage sind, neue Texte, Bilder oder andere kreative Inhalte zu generieren. Sie können in verschiedenen Anwendungen eingesetzt werden, wie zum Beispiel bei der Sprachübersetzung, der Erstellung von Kundenkommunikation oder der Entwicklung von Videospielen.

---

57 Im Folgenden werden die Sprachmodelle diskutiert, die Texte generieren (LLM: Large Language Models). Diese stellen jedoch nur einen Teilbereich der generativen KI dar.

Aufbau der Grundlagenmodelle (Foundation Models)

Die Transformer-Architektur ist eine Architektur eines neuronalen Netzes, die erstmals 2017 vorgestellt wurde (Vaswani u. a. 2017). Sie ist eine wichtige Grundlage für viele moderne KI-Modelle, darunter auch ChatGPT und hat in den letzten Jahren in der natürlichen Sprachverarbeitung (NLP) große Fortschritte ermöglicht.

Die Größe des Modells und die Anzahl der Tokens, die für das LLM-Training verwendet werden, sind wichtige Faktoren, die die Leistung eines Sprachmodells beeinflussen können. Eine Erhöhung der Modellgröße bedeutet mehr Parameter und damit mehr Facetten, die das Modell lernen kann. Dadurch kann es komplexe Aufgaben besser ausführen. Die Anzahl der Tokens bestimmt die Trainingsdatenmenge des Modells. Je größer die Anzahl der Tokens, desto besser kann das Modell zwischen verschiedenen Kontexten unterscheiden und Texte generieren, die zu diesen Kontexten passen.

Zum besseren Verständnis betrachten wir das Modell GPT-3, das die Grundlage von ChatGPT damals war. GPT-3 verfügt über 175 Milliarden Parameter und wurde mit einem Datensatz von etwa 300 Milliarden Tokens trainiert. Laut OpenAI, dem Unternehmen, das die GPT-Modelle trainiert, wurden dafür 10.000 NVIDIA V100 GPUs für 34 Tage benötigt. Die Kosten für den Trainingslauf, hauptsächlich für elektrische Energie, beliefen sich auf einen einstelligen Millionenbetrag. Diese vortrainierten Modelle müssen nun bei der Nutzung (Inferencing) verwendet werden. Die benötigte GPU-Speichergröße ergibt sich abgeschätzt aus der Größe des Modells multipliziert mit dem Faktor 2. Um ein Modell mit 10 Milliarden Parametern vollständig in den Speicher zu laden, benötigt man insgesamt 20 GB Speicher auf den GPUs. Für GPT-3 wären somit 350 GB Speicher oder 14 GPUs (V100), GPU des ursprünglichen Trainings, erforderlich um nur eine einzige Instanz des Modells laufen zu lassen.

Diese Anforderung stellt für Unternehmen eine erhebliche Investition dar. Da es sich nur um die Anforderung für eine Modellinstanz handelt, müsste sie für viele gleichzeitige Benutzer und parallele Anfragen sowie eine Hochverfügbarkeit noch um ein Vielfaches multipliziert werden.

Studien haben gezeigt, dass die Größe des Modells und die Anzahl der Tokens, die für das Training verwendet werden, einen signifikanten Einfluss auf die Leistung eines Sprachmodells haben können. Radford & Narasimhan (2016) zeigt, dass ein Sprachmodell mit 1,5 Milliarden Parametern um 10 Prozent besser abschneidet als ein Modell mit 600 Millionen Parametern. Eine weitere Studie (Brown u. a. 2020) ergab auch, dass größere Modelle in der Regel kleinere Modelle bei Aufgaben mit wenigen Beispielen übertreffen. Dies liegt daran, dass größere Modelle eine umfangreichere interne Repräsentation der Sprache haben, die es ihnen ermöglicht, besser auf neue Aufgaben mit weniger Beispielen zu generalisieren.

Damit ergibt sich automatisch die Herausforderung, dass bessere Grundlagenmodelle auch größer werden und mit mehr Daten trainiert werden müssen. Aber welche Möglichkeiten haben Entwickler, dem entgegenzuwirken und die Modellgröße sowie die Trainingsdaten nicht beliebig wachsen zu lassen? Hierzu haben Gunasekar u. a. (2023)

eine wesentliche Arbeit publiziert. Dabei wurde ein dediziertes Modell trainiert, das Python-Code aus Dokumentationstexten erzeugt. Der Ausgangspunkt war ein teilweise synthetisch generiertes Textbuch, das von menschlichen Experten als qualitativ hochwertig bewertet wurde. Das Modell konnte mit nur 1,3 Milliarden Parametern und einem Trainingsdatensatz von 7 Milliarden Tokens andere Modelle, sowohl grundlegende als auch spezialisierte, in der Bewertung des Ergebnisses durch menschliche Experten übertreffen. Dies gilt sogar im Vergleich mit GPT-3.5, mit dessen Hilfe Teile des Textbuchs generiert wurden.

Zusammenfassend ist die Transformer-Architektur eine leistungsstarke Architektur für Sprachmodelle. Bei ihrer Einführung wurde jedoch ausschließlich die Architektur betrachtet, ohne Empfehlungen zu einem „optimalen" Trainingdatensatz zu geben. Die Modellgröße und die Anzahl der Tokens beim Training beeinflussen die Leistung eines Sprachmodells. Größere Modelle und mehr Trainingsdaten können zu einer besseren Leistung führen, stellen jedoch eine Herausforderung dar, da sie zu hohen Ressourcenanforderungen führen. Dies ist nur noch von wenigen Unternehmen weltweit zu bewältigen und ihr extrem hoher Energieverbrauch ist kritisch zu sehen. Daher müssen Wege gefunden werden, um die Modelle und Trainingsdaten zu verkleinern. Ein datenzentrischer Ansatz, der darauf abzielt, hochwertigere Trainingsdaten bereitzustellen, ist dabei ein erfolgversprechender Weg.

Rolle der Daten bei der Feinabstimmung von Grundlagenmodellen (Fine-Tuning)

Grundlagenmodelle haben zwar ein umfangreiches und generelles Wissen über die Trainingsdaten aus allgemein zugänglichen Quellen erhalten, jedoch eignen sie sich nur bedingt für sehr konkrete Anwendungen in Unternehmen wie beispielsweise die Verarbeitung von kundenspezifischen Anfragen. Hierfür sind unternehmensspezifische Dokumente und Wissen erforderlich. Daher müssen die Grundlagenmodelle für ihren spezifischen Einsatz angepasst werden. Eine Möglichkeit besteht darin, das Grundlagenmodell durch zusätzliche Beispiele und Dokumente aufgabenspezifisch zu optimieren und zu verfeinern, indem man es feinabstimmt (engl. „fine-tuning").

Auch hier hat die Erfahrung gezeigt, dass eine datenzentrische Herangehensweise notwendig ist, um diese Technik zu beherrschen. Die Datenqualität spielt dabei eine entscheidende Rolle, da sie sich direkt auf die Leistung und Generalisierbarkeit des feinabgestimmten Modells auswirkt. Qualitativ hochwertige Daten stellen sicher, dass das Modell aus relevanten und genauen Informationen lernt und somit genauere und zuverlässigere Ergebnisse erzielt. Umgekehrt kann eine schlechte Datenqualität zu Überanpassung, Verzerrungen und schlechter Verallgemeinerung führen. Es ist wichtig, verschiedene Aspekte zu beachten:

1. **Genauigkeit und Relevanz:** Die für die Feinabstimmung verwendeten Daten sollten genau und relevant für die spezifische Aufgabe oder das Fachgebiet sein. Da-

durch wird sichergestellt, dass das Modell die entsprechenden Muster und Beziehungen in den Daten erlernt, um genaue Vorhersagen zu machen oder sinnvolle Ergebnisse zu erzeugen.

2. **Vollständigkeit und Konsistenz:** Die Daten sollten vollständig und konsistent sein, ohne fehlende Werte oder widersprüchliche Informationen. Dadurch wird sichergestellt, dass das Modell ein umfassendes Verständnis der relevanten Konzepte und Beziehungen hat. Dies verringert das Risiko von Fehlern oder Fehlinterpretationen.

3. **Qualität der Bezeichnungen:** Bei Verwendung der überwachten Feinabstimmung müssen die mit den Trainingsdaten verbundenen Bezeichnungen von hoher Qualität sein. Das bedeutet, dass die Kennzeichnungen genau, konsistent und repräsentativ für die gewünschten Ergebnisse sein sollten. Falsche oder verrauschte Bezeichnungen können dazu führen, dass das Modell falsche Muster lernt, was seine Gesamtleistung beeinträchtigen kann.

4. **Verzerrungen und Fairness:** Die Daten sollten frei von Verzerrungen und unfairen Darstellungen bestimmter Gruppen oder Personen sein. Dies ist besonders wichtig für Aufgaben, die sensible Themen beinhalten oder eine unvoreingenommene Entscheidungsfindung erfordern. Voreingenommenheit in den Trainingsdaten kann dazu führen, dass das Modell diese Voreingenommenheit repliziert und so möglicherweise Diskriminierung oder Ungerechtigkeit aufrechterhält.

5. **Spärlichkeit der Daten und Ausreißer:** Die Daten sollten nicht übermäßig spärlich sein oder Ausreißer enthalten, die erheblich von der Gesamtverteilung abweichen. So wird sichergestellt, dass das Modell aus den Mustern des gesamten Datensatzes lernen kann und nicht von einer kleinen Anzahl von Extremfällen übermäßig beeinflusst wird.

6. **Datendarstellung und -format:** Die Daten sollten in einer für den Feinabstimmungsprozess geeigneten Sprache, Struktur und Format vorliegen, um eine Kompatibilität mit dem Trainingsalgorithmus des Modells zu gewährleisten.

Die genannten Aspekte ergänzen und verfeinern die Anforderungen für einen allgemeinen datenzentrischen KI-Ansatz, wie im vorherigen Abschnitt beschrieben. Dadurch können die im Unternehmen erarbeiteten Prinzipien für das Datenmanagement der allgemeinen KI relativ einfach auf Datenanforderungen für das Fine-Tuning übertragen werden. Investitionen in die Datenqualität sind für eine erfolgreiche Feinabstimmung von Grundlagenmodellen unerlässlich. Durch die Sicherstellung der Genauigkeit, Relevanz und Verzerrungsfreiheit der Trainingsdaten können Entwickler Modelle erstellen, die robust und verallgemeinerbar sind und qualitativ hochwertige Ergebnisse für eine breite Palette von Anwendungen liefern.

Lösungsansätze

Wir haben nun näher beleuchtet, dass bei der Entwicklung von KI-Lösungen die datenzentrische Sichtweise eine immer größere Rolle spielt. In diesem Abschnitt untersuchen wir, welche strukturellen Ansätze Unternehmen zur Verfügung stehen, um dieses Paradigma erfolgreich einzuführen. Zum einen betrachten wir einen methodischen Ansatz für die Transformation eines kompletten Unternehmens oder eines Geschäftsbereichs auf einer ganzheitlichen Basis. Zum anderen untersuchen wir kurz die im ersten Kapitel vorgestellte Architektur, eine datenzentrische KI zu implementieren. Bei der Diskussion soll nicht auf technische Details wie konkrete Werkzeuge und Methoden zur Datentransformation eingegangen werden.

Reifegradmodell für datenzentrische Unternehmen

In der heutigen datengesteuerten Unternehmenslandschaft nutzen Unternehmen zunehmend datenzentrische Ansätze, um die Leistung von KI zu verbessern und fundierte Entscheidungen zu treffen. Datenzentrische KI stellt einen Paradigmenwechsel dar, der die Bedeutung von Datenqualität und -management gegenüber traditionellen modellzentrierten Ansätzen hervorhebt. Mit diesem Wandel wird anerkannt, dass die Qualität der Daten für den Erfolg von KI-Initiativen von entscheidender Bedeutung ist. Durch Priorisierung der Datenqualität können Unternehmen präzisere, zuverlässigere und allgemeingültigere KI-Modelle erstellen. Dies führt zu besseren Geschäftsergebnissen. Allerdings sind viele Unternehmen nicht in der Lage, ihre Anforderungen an ein übergreifendes Datenmanagement zu artikulieren. Dadurch ergeben sich isolierte und projektspezifische Investitionen, die nur eingeschränkt einer übergreifenden Strategie für die Wertschöpfung aus Daten dienen.

Eine datenzentrische KI erfordert einen ganzheitlichen Ansatz für die Datenverwaltung. Dieser umfasst die Erfassung, Aufbereitung, Vorverarbeitung, Speicherung und Verwaltung von Daten. Unternehmen sollten ein klares Data-Governance-Framework etablieren, um die Qualität, Konsistenz und Zugänglichkeit von Daten sicherzustellen. Der Rahmen sollte Aspekte wie Dateneigentum, Zugriffskontrolle, Datenqualitätsstandards und Datensicherheitsrichtlinien umfassen. Die Fokussierung auf Aspekte der reinen Datenverwaltung greift hier jedoch zu kurz. Organisationen müssen diese Transformationen aus einer ganzheitlichen Perspektive strategisch vorantreiben und dabei gleichermaßen Strategie, Organisationsstrukturen und Technologien entwickeln. Hewlett-Packard Enterprise hat ein Reifegradmodell zur Unterstützung dieser Transformationsprozesse entwickelt (Enterprise, 2023). Unternehmen können damit ihren aktuellen Zustand identifizieren und sich systematisch zum angestrebten Zustand entwickeln.

Dabei wurde berücksichtigt, dass bei einer datengetriebenen Transformation mehrere Dimensionen eine Rolle spielen müssen, um die Ganzheitlichkeit zu gewährleisten:

1. **Strategie:** Inwieweit sind die Ziele der Datenstrategie auf die Gesamtziele einer Organisation abgestimmt? Teilaspekte dieser Dimension sind beispielsweise die Budgetzuweisung für Dateninitiativen und die Implementierung von datengesteuerten Produkten und Dienstleistungen.
2. **Organisation:** Inwieweit ist die Datenstrategie in organisationsübergreifenden Strukturen, Prozessen und Regeln verankert? Die Datenstrategie umfasst Teilaspekte der Rollen und Verantwortlichkeiten für die Umsetzung sowie den organisatorischen Aufbau für Dateninitiativen und Data Science.
3. **Ökosystem:** Inwieweit sind Daten von Partnern, Kunden und anderen externen Datenquellen ein integraler Bestandteil der Wertschöpfungskette? Dazu können Sensordaten von verkauften Produkten, Kundenerfahrungen mit den Produkten und Dienstleistungen des Unternehmens sowie öffentlich zugängliche Datenquellen wie Konjunkturdaten genutzt werden.
4. **Lebenszyklus der Daten:** Inwiefern decken die Prozesse und Technologien zur Datenerfassung, -verteilung, -verwaltung sowie Sicherheit und Analyse alle internen und externen Daten ab? Beispielsweise können Echtzeitdaten und Daten aus externen Datenökosystemen während ihres gesamten Lebenszyklus von der Erzeugung bis zur Archivierung und Löschung genutzt werden.
5. **Analytik und KI:** Inwieweit nutzt eine Organisation Spitzentechnologien für Datenanalyse wie fortgeschrittene Analytik, maschinelles Lernen und Deep Learning? Hierbei ist es wichtig, dass die Organisation über das notwendige Fachwissen verfügt und die Technologien souverän nutzen kann.
6. **Betrieb:** Wie effektiv ist der Einsatz von Datenanalysen in einem Unternehmen, um die Effizienz, Produktivität und Widerstandsfähigkeit seiner internen Prozesse zu steigern? Reagieren die Betriebsteams nur auf Daten, die Schwellenwerte überschreiten, oder gibt es datengesteuerte, autonome Prozesse, die Aktionen wie Selbstheilung, Autoskalierung oder Behebung von Sicherheitsvorfällen auslösen?

Auf den ersten Blick wird deutlich, dass die vollständige Transformation hin zu einem datengetriebenen und KI-unterstützten Unternehmen nicht nur die erwarteten Bereiche des Datenmanagements und der KI-Methoden umfasst, sondern auch in anderen Bereichen Auswirkungen haben muss. In diesem Modell sind die Dimensionen Strategie, Organisation, Ökosystem und Betrieb enthalten. Über definierte, abgestufte Kriterien kann man den Reifegrad eines Unternehmens bestimmen und die weiteren Schritte zur Erreichung des Zielgrades ableiten. Im Bereich „Analytik und KI" untersucht man beispielsweise, welche Methoden im Unternehmen beherrscht und produktiv eingesetzt werden. Dies kann von der Ad-hoc-Analyse bis hin zur verteilten Echtzeit-KI reichen.

Um die Abstimmung zwischen den gleichen Stufen in den unterschiedlichen Dimensionen besser darzustellen und zu erklären, wird ein fünfstufiges Reifegradmodell des Unternehmens oder Geschäftsbereichs aus den Ausprägungen innerhalb der Dimensionen abgeleitet.

- **Stufe 1 – Datenanarchie:** Die Daten liegen isoliert in verschiedenen Anwendungen oder an verschiedenen Orten. Es findet keine regelmäßige oder systematische Auswertung der Daten statt. Berichte werden nur bei Bedarf, z. B. im Rahmen einer Betriebsprüfung, ad hoc erstellt. Die Daten haben keine strategische Bedeutung für die Wertschöpfung und werden kaum für die operative Steuerung und Planung genutzt.
- **Stufe 2 – Datenreporting:** Daten aus verschiedenen Anwendungen und Standorten werden in zentralen Datenspeichern (z. B. in einem Data Warehouse) zusammengeführt. Berichte und Analysen werden ad hoc und periodisch mithilfe von Tabellenkalkulationsprogrammen oder Business Intelligence erstellt. Die Berichte und Analysen dienen der Entscheidungsunterstützung, z. B. für die Preisgestaltung oder die Absatzplanung auf Basis der Verkaufszahlen nach Produkten und Regionen.
- **Stufe 3 – Dateneinblicke:** In übergreifenden Datenmodellen werden Daten aus dem gesamten Unternehmen aggregiert, in der Regel auf der Grundlage von Data-Lake-Technologien. Sie werden mit fortgeschrittenen Techniken wie Predictive Analytics und Machine Learning analysiert. Im Gegensatz zum traditionellen Berichtswesen liegt der Schwerpunkt nicht nur auf der Berichterstattung über vergangene Ereignisse, sondern auch auf der Vorhersage zukünftiger Entwicklungen. Darüber hinaus ermöglicht maschinelles Lernen Anwendungen, selbstständig auf Ereignisse zu reagieren, um zukünftige Verluste oder Schäden zu verhindern.
- **Stufe 4 – Datenzentrierung:** Eine Datendrehscheibe verbindet Datenproduzenten und -konsumenten für Analysen und operative Anwendungsfälle. Sie enthält Echtzeitdaten und Daten im Ruhezustand. Die gesamte IT-Architektur ist auf Daten ausgerichtet. Dies ist die Basis für einen integrierten Datenkreislauf entlang der gesamten Wertschöpfungskette. Relevante Daten aus dem gesamten Unternehmen können für bestimmte Anwendungen oder Rollen orchestriert und bei Bedarf in Echtzeit bereitgestellt werden. Daten sind zentraler Bestandteil der Unternehmensstrategie.
- **Stufe 5 – Datenökonomie:** Die Datendrehscheibe umfasst nicht nur die oben genannten Funktionen, sondern auch Daten aus externen Ökosystemen, z. B. von Partnern oder Kunden. Diese Daten können strategisch genutzt werden, um Innovation und Wertschöpfung voranzutreiben. Sie sind integraler Bestandteil der Produkte und Dienstleistungen des Unternehmens. Daten werden auf drei Arten strategisch zur Wertschöpfung eingesetzt: interne Effizienz- und Produktivitätssteigerung, Produkt- und Serviceinnovation sowie der direkte Verkauf von Daten über Datenmarktplätze. Es existiert eine datengetriebene und durchgängige Wertschöpfungskette über Partner und Lieferanten hinweg.

Nutzen eines Reifegradmodells für eine datenzentrische KI

Datenwertschöpfungsmodelle spielen eine entscheidende Rolle bei der Umsetzung datenzentrischer KI, da sie einen Rahmen für die effektive Verwaltung, Nutzung und Wertschöpfung von Daten bieten. Diese Modelle ermöglichen es Unternehmen, ihre Daten in umsetzbare Erkenntnisse umzuwandeln, die die strategische Entscheidungsfindung, die betriebliche Effizienz und den Wettbewerbsvorteil fördern. Ihre Beiträge umfassen:

1) **Verbesserung der Datenqualität und -konsistenz:** Datenwertschöpfungsmodelle schaffen Prozesse und Standards, um die Datenqualität und -konsistenz im gesamten Unternehmen zu gewährleisten. Dies beinhaltet die Identifizierung und Korrektur von Datenfehlern, Inkonsistenzen und fehlenden Werten, um die Zuverlässigkeit und Vertrauenswürdigkeit der Daten für nachgelagerte KI-Anwendungen zu gewährleisten.

2) **Effiziente Datenerfassung und -speicherung:** Datenwertschöpfungsmodelle rationalisieren den Prozess der Erfassung und Speicherung von Daten aus verschiedenen Quellen, einschließlich interner Systeme, externer Datenanbieter und Echtzeitsensoren. Sie definieren auch Datenspeicherstrategien, die die Zugänglichkeit, die Sicherheit und die Einhaltung der Datenschutzbestimmungen optimieren.

3) **Effektive Datenanalyse und -visualisierung:** Datenwertschöpfungsmodelle leiten die Analyse von Daten, um aussagekräftige Erkenntnisse und Muster zu gewinnen. Sie integrieren statistische Methoden, maschinelle Lerntechniken und Datenvisualisierungstools, um verborgene Trends aufzudecken, Anomalien zu identifizieren und ein tieferes Verständnis von Geschäftsprozessen und Kundenverhalten zu erlangen.

4) **Integrierte Data Governance:** Datenwertschöpfungsmodelle schaffen einen Governance-Rahmen für die Verwaltung von Dateneigentum, Zugriffskontrolle, Datensicherheit und Einhaltung von Data-Governance-Regeln. Sie stellen sicher, dass Daten verantwortungsvoll, ethisch und in Übereinstimmung mit rechtlichen und regulatorischen Anforderungen behandelt werden.

5) **Messbare Wertschöpfung:** Datenwertschöpfungsmodelle ermöglichen es Unternehmen, die Auswirkungen datengetriebener Entscheidungen und Initiativen zu verfolgen und zu messen. Sie liefern Metriken und KPIs, um den ROI von Dateninitiativen zu quantifizieren und die greifbaren Vorteile von DCAI zu demonstrieren.

Datenwertschöpfungsmodelle erleichtern damit einen datengesteuerten Ansatz zur Einführung und Umsetzung von KI. Unternehmen können Daten in umsetzbare Erkenntnisse umwandeln, neue Geschäftsmöglichkeiten erschließen und Wettbewerbsvorteile erzielen. Durch die Verbesserung der Datenqualität und -konsistenz, effiziente Datenerfassung und -speicherung, effektive Datenanalyse und -visualisierung, integrierte Data Governance und messbare Wertschöpfung können Unternehmen Datenwertschöpfungsmodelle nutzen, um den Wert von Daten und KI für ihren Geschäftserfolg zu nutzen.

Die anfangs beschriebene datenzentrische Architektur kann auf der Stufe 4 „Datenzentrierung" als Basis für eine datenzentrische KI dienen. Im Folgenden untersuchen wir die wesentlichen Beiträge, die die datenzentrische Architektur dafür liefern kann.

Nutzung einer datenzentrischen Architektur

Eine datenzentrische Architektur (DCA) realisiert im Zusammenspiel der verschiedenen funktionalen Ebenen und Designprinzipien Eigenschaften, die für eine datenzentrische KI unbedingt erforderlich sind:

Datenintegration und -konsistenz: DCAs ermöglichen die Integration von Daten aus verschiedenen Quellen, wie dem operativen Geschäft, dem Internet der Dinge (IoT) und dem Kundenbeziehungsmanagement (CRM), und gewährleisten dabei Konsistenz. Für die Erstellung von leistungsstarken KI-Modellen, die auf umfangreichen und konsistenten Datensätzen trainiert werden, ist dies wichtig.

Datensicherheit und -governance: DCAs bieten eine Reihe von Funktionen zur Sicherung und Verwaltung von Daten, wie beispielsweise Zugriffskontrolle, Datenverschlüsselung und Datenklassifizierung. Dies ist wichtig, um die Sicherheit von KI-Modellen und den Daten, auf denen sie trainiert werden, zu gewährleisten.

Datenskalierbarkeit: DCAs sind skalierbar und können somit mit dem Wachstum der Datenmengen mithalten. Dies ist besonders wichtig für die Entwicklung von KI-Modellen, da diese oft auf großen Datensätzen trainiert werden müssen.

Durch die Einführung einer DCA kann ein Unternehmen zusätzlichen Nutzen gewinnen, da die Funktionalitäten der DCA zur Beschleunigung bei der Entwicklung von KI-Lösungen beitragen. Die Datengrundlage ist bereits auf der Grundlage der Architektur verankert und muss nicht individuell für jedes Projekt neu erarbeitet werden. Aus Sicht des oben vorgestellten Modells kann ein Unternehmen durch die strategische Festlegung der Reifegradstufe 4 als Zielebene die geeigneten Investitionen tätigen, die für eine datenzentrische KI notwendig sind.

Fazit

Die Analogie „Daten sind das neue Öl" sollte daher sorgfältig überdacht werden. Daten sind die Grundlage von KI-Systemen und werden oft als Treibstoff für KI-Algorithmen bezeichnet. Leider wird bei der Optimierung oft nur am letzten Verwertungsschritt, den KI-Modellen, angesetzt und nicht am Ausgangspunkt, der Identifikation und Aufbereitung der notwendigen Daten. Dies führt dazu, dass KI-Lösungen nur mit unnötig hohem Zeitaufwand implementiert werden oder, wie im Fall der generativen KI, zu extrem hohen Investitionen in die notwendige Infrastruktur führen. Aus diesem Grund rückt der

Paradigmenwechsel von der modellzentrierten zur datenzentrierten KI in den letzten Jahren immer mehr in den Mittelpunkt der Diskussion.

Unternehmen müssen die Transformation zur Datenzentrierung ganzheitlich betrachten, d. h., nicht nur auf die technologischen Aspekte fokussieren, sondern auch die Strategie, die Organisationsstruktur, das Ökosystem und die operativen Prozesse so ausrichten, dass die Wertschöpfung aus Daten optimiert wird. Ein Datenwertschöpfungsmodell als Grundlage für eine systematische Transformation kann dabei ein nützliches konzeptionelles Werkzeug sein. Eine datenzentrische Architektur bildet dann den technischen Rahmen für ein Zielsystem, das den spezifischen Anforderungen der datenzentrischen KI Rechnung trägt.

Literatur

Brown, T. B., Mann, B., Ryder, N., Subbiah, M., Kaplan, J., Dhariwal, P., Neelakantan, A.: Language models are few-shot learners. In *Proceedings of the 34th International Conference on Neural Information Processing Systems. NIPS'20*, Red Hook, NY, USA: Curran Associates Inc, 2020.

Enterprise, Hewlett Packard: From data anarchy to data economics. Herausgegeben von Hewlett Packard Enterprise Development LP, 2023. https://www.hpe.com/psnow/doc/a00132239enw.

Gunasekar, S., Zhang, Y., Aneja, J., Mendes, C. C. T., Giorno, A. D., Gopi, S., Javaheripi, M.: Textbooks are all you need, 2023. arXiv:2306.11644.

Humby, C.: Data is the new oil, 2006. https://ana.blogs.com/maestros/2006/11/data_is_the_new.html.

Jarrahi, M. H., Memariani, A., Guha, S.: The principles of data-centric AI. *Communications of the ACM* 66 (8): 84–92, 2023. https://doi.org/10.1145/3571724.

Radford, A., Narasimhan, K.: Improving language understanding by generative pre-training, 2016. https://api.semanticscholar.org/CorpusID:49313245.

Strickland, E., Ng, A.: Unbiggen AI – IEEE Spectrum. Herausgegeben von IEEE Spectrum, 2020. https://spectrum.ieee.org/andrew-ng-data-centric-ai.

Vaswani, A., Shazeer, N., Parmar, N., Uszkoreit, J., Jones, L., Gomez, A. N., Kaiser, Ł., Polosukhin, I.: Attention is all you need. In *Advances in Neural Information Processing Systems*, herausgegeben von I. Guyon, U. Von Luxburg, S. Bengio, H. Wallach, R. Fergus, S. Vishwanathan, R. Garnett. Bd. 30. Curran Associates, Inc., 2017. https://proceedings.neurips.cc/paper_files/paper/2017/file/3f5ee243547dee91fbd053c1c4a845aa-Paper.pdf.

Zha, D., Bhat, Z. P., Lai, K.-H., Yang, F., Jiang, Z., Zhong, S., Hu, X.: Data-centric artificial intelligence: A survey, 2023. arXiv:2303.10158.

Über den Autor

Bernd Bachmann

Dr. Bernd Bachmann ist KI-Experte der ersten Stunde. Er promovierte Anfang im Jahr 1996 beim Deutschen Forschungszentrum für Künstliche Intelligenz und durchlebte danach den „KI-Winter". Heute unterstützt er als KI-Berater Unternehmen und Verwaltungen ganzheitlich bei der Planung, Entwicklung und dem Einsatz von Anwendungen der künstlichen Intelligenz.

Hartmut Schultze und Joachim Schultze

14 Erkenntnisse teilen, Daten behalten: Schwarmlernen in der medizinischen Forschung

Zusammenfassung: Die gemeinsame Bewirtschaftung von Daten über Organisationsgrenzen hinweg ist oft die Voraussetzung, um ihren Wert zu erschließen. Das gilt beispielsweise für den Einsatz von künstlicher Intelligenz (*KI*) in der Medizin, der darauf angewiesen ist, dass Daten aus möglichst vielen dezentralen Einrichtungen verarbeitet werden. Das Teilen von Daten stößt hier aber an eine harte Grenze: die Vertraulichkeit von Patientendaten. Die Autoren stellen mit dem Schwarmlernen ein Konzept vor, das dieses Dilemma auflösen kann – und zwar nicht nur in der Medizin, sondern in allen Feldern, in denen das Teilen von Daten nicht möglich, das Teilen von Erkenntnissen aber unabdingbar ist.

Problemstellung

Tagtäglich wird mittels digitaler Geräte und Anwendungen eine Unmenge an neuen medizinischen Daten erzeugt. Dies sind zum Beispiel bildgebende Verfahren und Analyseverfahren in den „Omics"- Disziplinen (Genomics, Transcriptomics, Proteomics usw.) und Informationen aus dem Krankenhausbetrieb in Krankenhausinformationssystemen (vgl. Abb. 14.1).

Immer größere Datenmengen können nun für die Beschreibung der Pathophysiologie von Krankheiten genutzt werden, sie helfen bei der Definition von Biomarkern für diagnostische Zwecke und bei der Identifizierung neuer Arzneimittel.

Die Nutzung dieses Datenpools ist strengen Regeln unterworfen, da medizinische Daten schützenswert und privat sind. Des Weiteren ist die Nutzung dieses tagtäglich anwachsenden Bestands an medizinischen Daten nur möglich, wenn wir uns des maschinellen Lernens bedienen, insbesondere der auf künstlicher Intelligenz (KI) basierenden Algorithmen. Dies gilt insbesondere für Datenräume, die von den menschlichen Sinnen nicht mehr erfasst werden können. So gibt es bereits Anlagen für die Magnetresonanztomographie (MRT), die Auflösungen erreichen, die das menschliche Auge nicht mehr verarbeiten kann. Gleiches gilt für Genomdaten, die für den Menschen ohne Algorithmen nicht beurteilbar sind.

Hartmut Schultze, Hewlett Packard Enterprise, Berliner Str. 111, 40880 Ratingen, Deutschland, e-mail: hartmut.schultze@hpe.com
Joachim Schultze, Deutsches Zentrum für Neurodegenerative Erkrankungen (DZNE), Venusberg-Campus, 1/99, 53127 Bonn, Deutschland, e-mail: joachim.schultze@dzne.de

https://doi.org/10.1515/9783111048673-014

Während die technologischen Entwicklungen und Chancen der Daten- und Informationswissenschaften enorm sind, birgt der Einsatz von KI in der Medizin Herausforderungen. Viele der aktuell eingesetzten Informationstechnologien (IT) folgen hierbei nicht den etablierten medizinischen Traditionen des gemeinsamen Lernens und des Austauschs von Erkenntnissen bei gleichzeitiger Wahrung des Datenschutzes der Patienten durch das Arztprivileg. Deshalb gibt es im medizinischen Sektor Forderungen der Wissenschaft nach Open Science, Open Data und Open Access.

Hier gilt es einen Weg zu finden, wie technologische Entwicklungen im IT-Sektor so gelenkt werden können, dass sie etablierten medizinischen Traditionen und Prozessen dienen und es der Medizin ermöglichen, von den vielen Vorteilen moderner IT zu profitieren.

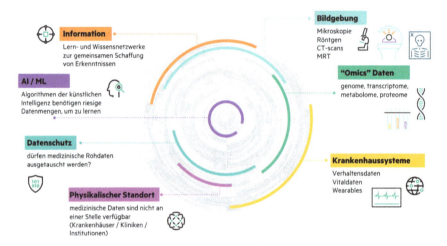

Abb. 14.1: Quellen, Werkzeuge, Regularien und Nutzer medizinischer Daten (Bildquelle: HPE).

Einleitung

Die Veränderungen, die erforderlich sind, um von den heutigen Einschränkungen und Verzögerungen in der Diagnostik und Therapie zu ihrer Zukunftsvision zu gelangen, sind enorm und umfassen den vollständigen Zugang zu allen medizinischen Daten der Welt, die Integration verschiedenster Datenquellen in den unterschiedlichsten über verschieden Jurisdiktionen verstreuten Einrichtungen sowie der Entwicklung und Nutzung computergestützter Diagnose- und Therapievorschläge.

In dieser idealen Welt müssen verschiedene Institutionen in digitaler Form Hand in Hand arbeiten, und es müssen computergestützte Modelle geschaffen werden, die kontinuierlich Erkenntnisse aus dem ständig wachsenden medizinischen Datenraum liefern können (Stephens et al. 2015).

Während notwendige organisatorische Veränderungen aufgrund der Digitalisierung aktuell in jeder Einrichtung isoliert stattfinden, muss gleichzeitig darüber nachgedacht werden, wie computergestützte Systeme effizient zusammenarbeiten können – und zwar unter Berücksichtigung der rechtlichen Rahmenbedingungen wie beispielsweise der europäischen Regelungen zum Datenschutz (General Data Protection Regulation, GDPR). Diese Regeln schützen die Daten nicht nur in den Mitgliedsstaaten der Europäischen Union, sondern weltweit, und sie haben einen erheblichen Einfluss darauf, wie wir KI für die Medizin tatsächlich einsetzen können (McCall 2018; Sovrano et al. 2020).

In Anbetracht der komplett dezentralen Generierung medizinischer Daten sind außerdem Überlegungen zur Datenlogistik und zum Datenmanagement erforderlich. Hierbei stehen die Daten im Mittelpunkt, denn nur qualitativ hochwertige und verlässliche Daten sind zur Analyse geeignet. Medizinische Daten sind über den Globus verteilt: Was ist der nachhaltigste und umweltschonendste Weg, diese Daten zu speichern und zu verarbeiten? Sicherlich nicht durch Datenduplizierung und Verschieben von großen Primärdaten auf zentrale Datenspeicher. Folglich sind Konzepte, die eine Zentralisierung von Daten vorschlagen, die im Wesentlichen dezentral erzeugt werden, nicht nachhaltig. Durch die Verlagerung an die Quelle der Datenerzeugung können wir die Effizienz unserer Datenverarbeitung erhöhen. Dies ist besonders relevant, wenn man bedenkt, dass etwa ein Drittel der aufgewendeten Energie auf den Datentransfer entfällt. Gleichzeitig müssen wir die Energieeffizienz der Modelle erhöhen. Angesichts des exponentiellen Wachstums der Datenmengen und des damit einhergehenden Energieverbrauchs unserer Datenverarbeitungssysteme ist es unerlässlich, dass wir energieeffiziente Modelle entwickeln und implementieren.

Ein wichtiger Aspekt im Transformationsprozess von der heutigen täglichen Praxis zu einer präziseren Medizin ist die Rolle der KI und ihre Nutzung durch Ärzte (Rajkomar et al. 2019). Es besteht kein Zweifel mehr, dass wir KI brauchen, um aus den enormen medizinischen Primärdaten, die uns zur Verfügung stehen, Erkenntnisse zu gewinnen. Nur so können Informationen und Erkenntnisse aus diesen großen Datenmengen extrahiert werden. Eventuell könnte es in Zukunft sogar rechtliche Auswirkungen haben, falls Ärzte Entscheidungen treffen, ohne jegliches verfügbare Wissen, einschließlich KI-generierten Wissens, zu nutzen.

Jedoch selbst wenn man potenzielle zukünftige rechtliche Fragen außer Acht lässt, ist es die Pflicht eines jeden Arztes, Patienten nach bestem Wissen und Gewissen zu behandeln. Falls alle medizinischen Daten auf der Welt zugänglich, verfügbar und durch KI interpretierbar wären, würde kein Weg an der Nutzung von KI-basierter Diagnostik und Therapieentscheidung vorbeiführen.

KI-Training – Nachteile lokaler, zentraler und föderierter Ansätze

KI-Anwendungen erfordern ausreichend große Datenmengen, um Modelle mit hinreichender Robustheit (Kaissis et al. 2020) und geeigneten Algorithmen zu trainieren

(LeCun et al. 2015). Wenn genügend Daten an einer Stelle vorhanden sind, können KI-Modelle mit einer ausreichenden Qualität lokal trainiert werden. Da die Medizin jedoch von Natur aus dezentralisiert ist und medizinische Daten in der Regel an den jeweiligen Datenproduktionsstandorten gespeichert und verarbeitet werden (z. B. Bildgebungsdaten in einem regionalen Krankenhaus), sind die lokal verfügbaren Daten meist nicht ausreichend, um KI-basierte Modelle zu trainieren (Rajkomar et al. 2019; Savage 2017).

Die aktuelle Herangehensweise in der IT bei der Analyse von großen Datenmengen ist die Zentralisierung von Daten in zentralen Datenspeichern (Ping et al. 2018), zum Beispiel in der Cloud. Dort können die entsprechenden KI-Modelle auf sehr großen Datenmengen trainiert werden.

Die Zentralisierung von Daten bringt jedoch Nachteile mit sich. Dazu gehören die Duplizierung von Daten und damit die Vergrößerung des benötigten Speicherplatzes, sehr große Datentransfer-Volumina sowie Bedenken hinsichtlich Sicherheit, Datenschutz und Vertraulichkeit und des Dateneigentums.

Zudem führt es zu Datenmonopolen, wenn ausreichend große Datenmengen in einem bestimmten Bereich zentral unter der Kontrolle einer einzigen Organisation gespeichert werden (Kaissis et al. 2020). Darüber hinaus erhöhen die Datenduplikation und die Verschiebung der Daten im Netzwerk den CO_2-Ausstoß und sind deshalb keine nachhaltige IT-Lösung (Jones 2018).

Deshalb wurden in den letzten Jahren Systeme entwickelt, die unter dem Begriff „föderiertes Lernen" zusammengefasst werden. Dabei werden die Daten lokal gespeichert, wodurch die Datenduplizierung und der Datenverkehr reduziert werden (Kaissis et al. 2020; Konečný et al. 2016). Mit dem föderierten Lernen wurden auch Bedenken ausgeräumt, die im Zusammenhang mit zentralen Datenverarbeitungsmodellen geäußert wurden (Shokri & Shmatikov 2015).

Das Konzept des föderierten Lernens basiert jedoch nach wie vor auf einer zentralen Einheit, einem zentralen Server, der die Modellparameter verwaltet und damit weiterhin ein zentrales Monopol des Wissens darstellt. Insofern sind föderierte Systeme nicht wirklich dezentralisiert. Da die Parameter zentral gehandhabt werden, haben föderierte Lernsysteme zudem in der Regel eine sternförmige Architektur, die die Anfälligkeit für Ausfälle, etwa durch Attacken auf den zentralen Server, stark erhöhen.

Obwohl föderiertes Lernen viele wichtige Nachteile zentraler und lokaler KI-Lösungen behebt, birgt es weitere Nachteile, insbesondere für den medizinischen Bereich. So ergibt sich aus einem gleichzeitigen Zugriff auf den zentralen Server und die dezentral vorliegenden Daten die Möglichkeit, private Daten wiederherzustellen, sodass damit ein Angriff auf die Vertraulichkeit der Daten direkt an der Quelle auf Datenebene erfolgen kann (sogenannte ‚Covariance Attacks').

Im Folgenden stellen wir eine technische Lösung vor, die die meisten, wenn nicht sogar alle Nachteile lokaler, zentraler und föderierter Lernmodelle beseitigt und KI mit höchstmöglicher Qualität in verteilten Umgebungen ermöglicht.

Schwarmlernen: gemeinsames KI-Training mit Datenschutz, ohne Monopole

Welche Anforderungen werden in der Medizin an eine solche technische Lösung gestellt? Es sind im Wesentlichen die folgenden:

1) Sie muss große medizinische Datenmengen lokal, vollständig dezentral und beim Dateneigentümer belassen, um sicherzustellen, dass dieser seine lokalen Datenschutzbestimmungen einhalten kann.

2) Sie muss gewährleisten, dass Rohdaten nicht über zentrale Cloud-Lösungen ausgetauscht oder gespeichert werden, um den Datenverkehr zu reduzieren.

3) Sie muss eine Dateninfrastruktur bereitstellen, die ein Höchstmaß an Datensicherheit, Vertraulichkeit und Datenschutz bietet.

4) Sie muss eine sichere, faire und transparente Aufnahme neuer Mitglieder in Netzwerke zum gemeinsamen Analysieren von Daten ermöglichen.

5) Es muss auf zentrale Einheiten (hier zentrale Server) wie beim föderalen Lernen verzichten, um ein Daten- und Analysemonopol zu vermeiden.

6) Alle Mitglieder eines solchen Netzwerkes würden sich an Regeln und Vorschriften halten, auf die man sich geeinigt hat, bevor ein KI-Algorithmus gemeinsam trainiert wird; diese Regeln würden durch intelligente elektronische Verträge (sogenannte Smart Contracts) auf demokratische Weise und mit gleichen Rechten für alle Mitglieder geregelt.

7) Und schließlich muss die Lösung die KI-Modelle vor Angriffen schützen.

Wir haben eine solche technische Lösung – das sogenannte Schwarmlernen – im Jahr 2021 entwickelt und bereits in medizinischen Anwendungsfällen getestet – darunter Röntgenaufnahmen des Brustkorbs als Beispiel für häufig generierte klinische Daten sowie Bluttranskriptome, ein sehr reichhaltiger Datenraum, der für künftige medizinische Anwendungen sehr wichtig werden wird. Schwarmlernen verfolgt das Prinzip der kolloborativen, demokratischen Zusammenarbeit und der Gleichheit zwischen den teilnehmenden Partnern, wie sie für Mitglieder in einem natürlich vorkommenden Schwarm beobachtet wird.

Eine solche Struktur wird die meisten Unzulänglichkeiten heutiger Lösungen überwinden, passt perfekt zu den dezentralen Datenstrukturen in der Medizin und trägt den heutigen Sicherheits- und Datenschutzbestimmungen Rechnung, die für medizinische Daten gelten (vgl. Abb. 14.2 und 14.3).

Schwarmlernen baut auf den dezentral betriebenen Hardware-Infrastrukturen in den Institutionen auf, in denen die Daten generiert werden. Es nutzt standardisierbare KI-Algorithmen im Containerformat, die leicht auf bestehenden Hardware-Infrastrukturen installiert werden können.

Schwarmlernen nutzt eine sogenannte Permissioned Blockchain. Diese führt den intelligenten elektronischen Vertrag, das Onboarding von Mitgliedern und für jede

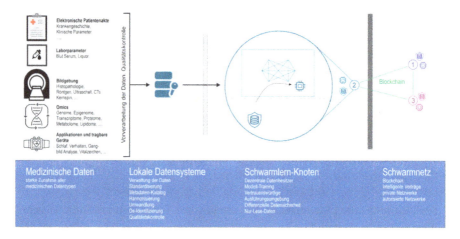

Abb. 14.2: Verknüpfung lokaler Daten mit dem Schwarmnetz.

Lernrunde den dynamischen Prozess der Wahl eines temporären Koordinators unter den Mitgliedern eines Schwarms aus. Um sicherzustellen, dass diese Prozesse reibungslos funktionieren, enthält Schwarmlernen eine Swarm Learning Library (SLL). Insgesamt basiert Schwarmlernen auf dem Konzept der Maximierung von Vertrauen und Transparenz bei der Entwicklung und Anwendung von KI-Lösungen für wichtige medizinische Fragen.

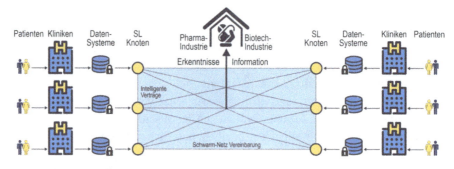

Abb. 14.3: Schwarmlern-Netzwerk.

Wie kann Schwarmlernen in der Medizin angewendet werden?

Um zu prüfen, ob das Konzept des Schwarmlernens in der medizinischen Forschung anwendbar ist, haben wir mehrere Anwendungsfälle definiert und die Leistung des Schwarmlernens im Vergleich zu lokalen und zentralen KI-Modellen ermittelt (Warnat-

Herresthal et al. 2021). Ausgehend von einem großen und qualitativ hochwertigen Bluttranskriptom-Datensatz mit mehr als 12.000 Patientenproben konnten wir eindeutig zeigen, dass die mittels Schwarmlernen trainierten KI-Modelle besser als die lokalen Modelle waren und mit den zentralen Modellen gleichauf lagen. Allein das spricht gegen eine weitere, ausschließliche Fokussierung auf zentrale Modelle (Warnat-Herresthal et al. 2021).

Darüber hinaus übertraf das Schwarmlernen die Leistung zentraler Modelle bei der Simulation und der Verarbeitung verschiedener Formen systematischer KI-Fehler (Stichwort Bias). Wir konnten insbesondere bei Bluttranskriptom-Daten von Patienten mit Tuberkulose zeigen, dass die durch Schwarmlernen abgeleiteten Klassifikatoren für Tuberkulose oder latente Tuberkulose stets besser abschneiden als lokale Modelle und teilweise sogar besser als zentrale Modelle.

Auch die Frage, ob es mithilfe von Schwarmlernen möglich wäre, Patienten mit einer COVID-19-Erkrankung auf der Grundlage von Bluttranskriptomen zu identifizieren, konnte positiv beantwortet werden. Diese Situation ist von besonderer Bedeutung, da für zukünftige Pandemien weltweite Schwarmlern-Netzwerke angedacht werden könnten, die kontinuierlich und in Echtzeit Krankheitsmuster lernen könnten.

Man kann sich für die Zukunft vorstellen, dass Krankenhäuser, die bereits über die Schwarmlern-Technologie vernetzt sind, in der Lage wären, lokal auftretende Infektionskrankheiten über zu definierende klinische, labortechnische, bildgebende und genomische Parameter zu definieren, krankheitsspezifische Signaturen zu erarbeiten und diese mit Krankheitsfällen in anderen Kliniken zu vergleichen. Im Anschluss könnte der Schwarm kontinuierlich weiter verbesserte Signaturen definieren, die für die Identifizierung von Patienten mit der neuen Infektionskrankheit weltweit angewandt werden könnten.

Durch die Zusammenarbeit mit mehreren großen Kliniken in Deutschland haben wir genau ein solches Szenario simuliert und konnten erfolgreich zeigen, dass das Schwarmlernen immer besser war als das Lernen einzelner Mitglieder (lokales Lernen) und dass die Ergebnisse mit jedem neuen Schwarmmitglied, das in den Lernprozess eintritt, immer besser wurden (Warnat-Herresthal et al. 2021).

Mit diesen Anwendungsfällen haben wir die Grundlagen dafür geliefert, um Schwarmlernen an jeden medizinischen Datenraum und jede organisatorische Umgebung anzupassen. Zum Beispiel könnte ein Netzwerk von Kliniken, zum Beispiel alle deutschen Universitätskliniken, über Schwarmlernen verbunden werden, um neue Biomarker oder Biomarker-Signatur-basierte Diagnostik zu entwickeln.

Im Rahmen des Netzwerks Universitätsmedizin (NUM) in Deutschland evaluieren wir derzeit, ob Immundaten von COVID-19-Patienten wesentlich effizienter analysiert werden können, wenn die Analyse mittels Schwarmlernen gemeinsam erfolgt und nicht für jedes Klinikum individuell. Ein weiteres Szenario könnte die Zusammenarbeit zwischen großen Krebszentren in ganz Europa sein.

Ein weiteres Beispiel wäre die Datenanalyse innerhalb großer europäischer Forschungskonsortien. Anstatt alle Daten in zentrale Datenspeicher mit all ihren rechtlichen Verpflichtungen zu verschieben, könnten die Datenproduzenten ihre Daten lokal aufbewahren, und Schwarmlernen könnte zur Entwicklung von KI-basierten Algorithmen auf der Grundlage neuartiger Biomarker-Signaturen aus hochauflösenden Daten verwendet werden.

Das nächste Ziel ist es nun, Schwarmlernen in der praktischen Medizin einzusetzen, um bessere KI-basierte Diagnosen zu entwickeln. In Studien unabhängiger Wissenschaftler wurde Schwarmlernen bereits in anderen diagnostischen Bereichen der Medizin angewendet, ohne dass eine Zusammenführung von Daten erforderlich war (Saldanha et al. 2022). Die Autoren stimmten überein, dass Schwarmlernen zum Trainieren verteilter KI-Modelle für beliebige Aufgaben der histopathologischen Bildanalyse verwendet werden kann.

Schwarmlernen als Ausweg aus dem Open-Data-Dilemma in der Medizin

Es gibt noch eine weitere Ebene, auf die Schwarmlernen einen großen Einfluss haben könnte, und zwar die Bestrebungen, den Zugang zu Daten völlig zu öffnen (sogenannten Open Data Strategies). In der Tat werden seit einigen Jahren in der Forschung Konzepte wie Open Science, Open Data und Open Access gefordert, was auch medizinische Forschungsdaten betrifft. Die Motivation und die Idee hinter diesem Konzept sind recht einfach. Je mehr Menschen Zugang zu den immer größer werdenden Datenmengen haben, desto besser ist die Nutzung der vorhandenen Daten und desto mehr können wir aus ihnen lernen. Als Nebeneffekt könnte die Kosteneffizienz der Datenproduktion drastisch verbessert werden.

Dieses Konzept ist zwar sehr verlockend, hat aber einen erheblichen Nachteil, denn es ist oft sehr schwierig bis unmöglich, die Datenschutzbestimmungen einzuhalten, und es entspricht nicht dem Arztprivileg, dem wichtigsten Bestandteil der Arzt-Patienten-Beziehung. Während der Austausch von Erkenntnissen und Wissen in der Medizin seit jeher eine wichtige Rolle spielt, war die Weitergabe von Patientendaten stets stark eingeschränkt und oft sogar verboten.

Dafür gibt es sehr gute Gründe. Es ist aus unserer Sicht kein Argument, das Arzt-Patienten-Verhältnis zu gefährden, nur weil heutige technische Lösungen diese Anforderungen nicht erfüllen können. Mit technologischen Lösungen wie dem Schwarmlernen gibt es jedoch einen Ausweg aus dem Dilemma. Open Science kann immer noch erreicht werden, wenn man Open Data mit Open Insights ersetzt. Und Open Access muss neu interpretiert werden als Open Access to Insights statt Open Access to Data.

In der Tat unterstützt Schwarmlernen diesen Wandel. Anstatt Daten zu teilen, teilt man die Erkenntnisse des Lernens aus den privat und lokal gehaltenen Daten. Zumindest in der Medizin ist das derzeitige Konzept Open Science, Open Data, Open Access durch das neue Konzept Open Access to Insights zu ersetzen. Da Datenschutz nicht nur in der Medizin, sondern auch in anderen Bereichen ein Thema ist, könnte dieses Konzept sogar breiter anwendbar sein.

Zusammenfassung und Ausblick

Zusammenfassend lässt sich sagen, dass Schwarmlernen die Nutzung von KI demokratisieren kann, indem es jedem, der über geeignete Daten verfügt, die Möglichkeit gibt, beizutragen, um KI-Lösungen von höchster Qualität zu entwickeln; dies vor allem aufgrund eines stark vergrößerten Datenraums innerhalb von Schwarmlern-Netzwerken gleichberechtigter Partner. Das Konzept ist nicht auf die Medizin beschränkt, sondern es ist absehbar, dass viele Bereiche mit vertraulichen und wertvollen Daten davon profitieren werden. So könnte Schwarmlernen beispielsweise Smart-City-Konzepte, Sicherheit in intelligenten Energienetzen, gemeinsames Lernen in KI-basierten Industriemaschinen oder beim autonomen Fahren fördern, um nur einige Beispiele zu nennen.

In der Medizin könnte Schwarmlernen zu einer viel breiteren Beteiligung vieler Ärzte und medizinischer Einrichtungen führen, wenn es um neuartige KI-basierte Lösungen geht, die Ansätze der Präzisionsmedizin ermöglichen. Lebenslanges Lernen ist für Ärzte obligatorisch – Schwarmlernen könnte ein solches kontinuierliches Lernen auch für KI-Lösungen ermöglichen. Schwarmlernen wird diese Prozesse transparent machen und gleichzeitig zu besseren medizinischen Diagnosen und Therapien beitragen.

Literatur

Jones, Nicola. The information factories. *Nature* 561 (September), 163–166, 2018.

Kaissis, Georgios A., Marcus R. Makowski, Daniel Rückert, and Rickmer F. Braren. Secure, privacy-preserving and federated machine learning in medical imaging. *Nature Machine Intelligence*, June 2020. https://doi.org/10.1038/s42256-020-0186-1.

Konečný, Jakub, H. Brendan McMahan, Felix X. Yu, Peter Richtárik, Ananda Theertha Suresh, and Dave Bacon. Federated learning: strategies for improving communication efficiency. October 2016. arXiv: 1610.05492.

LeCun, Yann, Yoshua Bengio, and Geoffrey Hinton. Deep learning. *Nature* 521 (7553), 436–444, 2015. https://doi.org/10.1038/nature14539.

McCall, Becky. What does the GDPR mean for the medical community? *The Lancet* 391 (10127), 1249–1250, 2018. https://doi.org/10.1016/S0140-6736(18)30739-6.

Ping, Peipei, Henning Hermjakob, Jennifer S. Polson, Panagiotis V. Benos, and Wei Wang. Biomedical informatics on the cloud: a treasure hunt for advancing cardiovascular medicine. *Circulation Research* 122 (9), 1290–1301, 2018. https://doi.org/10.1161/CIRCRESAHA.117.310967.

Rajkomar, Alvin, Jeffrey Dean, and Isaac Kohane. Machine learning in medicine. *The New England Journal of Medicine* 380 (14), 1347–1358, 2019. https://doi.org/10.1056/NEJMra1814259.

Saldanha, Oliver Lester, Philip Quirke, Nicholas P. West, Jacqueline A. James, Maurice B. Loughrey, Heike I. Grabsch, Manuel Salto-Tellez, et al. Swarm learning for decentralized artificial intelligence in cancer histopathology. *Nature Medicine* 28 (6), 1232–1239, 2022. https://doi.org/10.1038/s41591-022-01768-5.

Savage, Neil. Machine learning: calculating disease. *Nature* 550 (7676), S115–S117, 2017. https://doi.org/10.1038/550S115a.

Shokri, Reza, and Vitaly Shmatikov. Privacy-preserving deep learning. In: *Proceedings of the 22nd ACM SIGSAC Conference on Computer and Communications Security – CCS '15*, pp. 1310–1321. ACM Press, New York, USA, 2015. https://doi.org/10.1145/2810103.2813687.

Sovrano, Francesco, Fabio Vitali, and Monica Palmirani. Modelling GDPR-compliant explanations for trustworthy AI. In: *Electronic Government and the Information Systems Perspective: 9th International Conference, EGOVIS 2020, Proceedings*, Bratislava, Slovakia, September 14–17, 2020, edited by Andrea Kő, Enrico Francesconi, Gabriele Kotsis, A. Min Tjoa, and Ismail Khalil, Lecture Notes in Computer Science, vol. 12394, pp. 219–233. Springer International Publishing, Cham, 2020. https://doi.org/10.1007/978-3-030-58957-8_16.

Stephens, Kari A., E. Sally Lee, Hossein Estiri, and Hyunggu Jung. Examining researcher needs and barriers for using electronic health data for translational research. In: *AMIA Joint Summits on Translational Science Proceedings AMIA Summit on Translational Science*, 2015 (March), pp. 168–172, 2015.

Warnat-Herresthal, Stefanie, Hartmut Schultze, Krishnaprasad Lingadahalli Shastry, Sathyanarayanan Manamohan, Saikat Mukherjee, Vishesh Garg, Ravi Sarveswara, et al. Swarm learning for decentralized and confidential clinical machine learning. *Nature* 594 (7862), 265–270, 2021. https://doi.org/10.1038/s41586-021-03583-3.

Über die Autoren

Hartmut Schultze

Hartmut Schultze arbeitet als AI Business Architect an der dezentralen und demokratischen Nutzung von Technologie zur Generierung von Wissen und Wert aus inhärent privaten Daten (insbesondere medizinischen Daten). In seinen verschiedenen Rollen als Diplom-Ingenieur in der IT-Branche sind seine Schwerpunkte die Wertschöpfung durch die Nutzung von Technologie, die Optimierung von Umgebungen und die Einführung von Automatisierungen. Seit 2015 arbeitet er an speichergesteuerten Computing-Initiativen zur Optimierung und massiven Steigerung der Effizienz von Data-Analysen. Er arbeitet von Bonn aus im internationalen Team.

Joachim Schultze

Prof. Dr. Joachim Schultze ist Direktor des Forschungsbereichs Systemmedizin des Deutschen Zentrums für Neurodegenerative Erkrankungen (DZNE) in Bonn und Professor für Genomik und Immunregulation an der Universität Bonn. Am DZNE baut er seit 2020 den Forschungsbereich Systemmedizin auf. Schultze arbeitet mit über 60 Mitarbeitenden an dem Konzept des Schwarmlernens, das den Einsatz von künstlicher Intelligenz in der Medizin zum Ziel hat. Schultze hat zuvor in Tübingen Medizin studiert und unter anderem in Harvard und Köln geforscht.

Teil IV: **Transformationspfade**

Kenneth Ritley

15 Der Wandel zum datenzentrischen Unternehmen braucht Führung, nicht nur Management

Zusammenfassung: Ein fiktives Unternehmen befindet sich mitten in der Umwandlung zu einem datenzentrischen Unternehmen. Was jedoch zunächst wie kleine Anlaufprobleme erscheint, sind tatsächlich frühe Anzeichen dafür, dass die Transformation kurz vor dem Scheitern steht. Dieser Artikel beleuchtet nicht nur die oft besprochenen Herausforderungen bei umfangreichen Veränderungen, sondern hebt auch die oft übersehenen Erfolgsfaktoren hervor. Insbesondere zeigt er, dass Führung, nicht nur Management, die entscheidende Komponente für den Erfolg darstellt. Abschließend folgt eine Liste wichtiger Best Practices, die trotz ihrer Bedeutung wenig Beachtung finden.

Geschichte 1: Susanne, die Zauberin der Gehaltsabrechnung

Wenn Susanne hört, wie ihre Kollegen sie „Die Zauberin der Gehaltsabrechnung" nennen, muss sie lächeln – und das aus gutem Grund. Die Gehaltsabrechnung ist die effizienteste Abteilung der Personalverwaltung und das schon seit vielen Jahren. Sie hat die geringste Anzahl an Problemen, die wenigsten offenen Support-Tickets, aber die komplexesten IT-Systeme und Datenübertragungen. Susannes Motto lautet: „Wenn unsere Leute arbeiten, sorgt mein Team dafür, dass sie pünktlich und auf den Cent genau bezahlt werden." Jobzufriedenheit ist der Hauptgrund, der sie Jahr für Jahr in diesem Beruf hält.

Aber all das änderte sich mit dem Beginn der ersten Schritte zu einem datenzentrischen Unternehmen. „Das ist es. Ich werde kündigen!", sagt Susanne. „Niemand versteht, wie komplex unsere Daten sind. Data Mesh oder kein Data Mesh, ich kann keinen Datenkatalog für die Gehaltsabrechnung – den kompliziertesten Bereich in der Personalabteilung – erstellen und gleichzeitig meine Arbeit erledigen! Warum kaufen sie nicht einen Datenkatalog oder stellen einen Auftragnehmer ein, um ihn zu schreiben?" Seit sie ihre Rolle in der neuen Welt begonnen hat, ist die Anzahl der offenen Support-Tickets gestiegen, aber schlimmer noch: Drei Mitarbeiter wurden zum ersten Mal in acht Jahren nicht pünktlich bezahlt. Drei Stiche ins Herz.

Auf den ersten Blick scheint Susannes Frustration leicht verständlich. Selbst ein Junior-Projektmanager würde das klassische Dilemma erkennen: Schlechte Projektpla-

Kenneth Ritley, Berner Fachhochschule Technik und Informatik, Höheweg 80, CH-2502 Biel/Bienne, Schweiz, e-mail: kenneth.ritley@bfh.ch

https://doi.org/10.1515/9783111048673-015

nung und eine zu hohe Arbeitsbelastung zwingen Susanne dazu, zwischen ihrer Projektarbeit und ihren täglichen Aufgaben zu wählen.

Aber es könnte einen erfahrenen Projektmanager benötigen, um den tieferen, aber viel zerstörerischeren Aspekt zu erkennen, nämlich dass Susanne nicht versteht, was das Projekt erreichen will und wie kritisch ihre Rolle als Sachverständige mit jahrelanger Erfahrung ist. Für das datenzentrische Unternehmen geht es bei einem Datenkatalog nicht nur darum, zu dokumentieren, was Daten sind, sondern eine Geschichte darüber zu erzählen, was sie bedeuten.

Diese Probleme sind leicht zu beheben, sobald man sie erkennt. Aber selbst der erfahrenste Projektmanager könnte einen viel tieferen Effekt übersehen, der hier am Werk ist – einen so bösartigen und mächtigen, dass, wenn er nicht bald erkannt und behoben wird, der gesamte Aufbau eines datenzentrischen Unternehmens zum Scheitern verurteilt ist.

Geschichte 2: Saras Verkaufszahlen steigen um 15 Prozent, doch zu welchem Preis?

Sara genießt die ersten Früchte des datenzentrischen Unternehmens. Als Leiterin des Marketings verfügt ihr Team nun über eine beispiellose Menge an Daten. Und wie eine Schweizer Uhr fließen diese Daten reibungslos und mühelos im richtigen Format zu den richtigen Tools zur richtigen Zeit – sogar wenn sich das Datenvolumen während der Hochsaison verdoppelt. Mit einfacher Analytik hat ihr Team neue Kundeneinblicke gewonnen und Marketingkampagnen gestartet, die noch vor wenigen Monaten undenkbar waren. Sie ist überzeugt, dass fortgeschrittene Analysen ihre Kundenbasis vollständig transformieren werden.

Doch nun trudeln die Beschwerden ein – Beschwerden von anderen Abteilungen über sie und ihr Team. Die neuen Analysen haben Datenfehler aufgedeckt, sodass ihre schnellen Korrekturen zu anderen Problemen in den nachgelagerten Abteilungen führen. Und gestern stellte sie fest, dass sie nun daran gehindert wird, ihre eigenen Datenfelder, wie die dringend benötigte Umbenennung des Feldes Mobile-Phone in Primary-Contact, zu ändern, ohne einen Überprüfungs- und Genehmigungsprozess zu durchlaufen.

Um so zu arbeiten, wie sie es gewohnt ist, braucht Sara nun zusätzlich 20 Prozent einer Vollzeitstelle, die in keinem Budget vorgesehen ist. Also nimmt Sara dies in Kauf und verteilt die zusätzliche Arbeit auf ihr gesamtes Team. Aber ihre Kollegen trinken nicht mehr mit ihr am Nachmittag Kaffee. „Sollen sie doch klagen", denkt Sara. „Sie werden nicht mehr so laut klagen, wenn ich den Verkauf um 15 Prozent steigere!"

Sara ist keine schlechte Person; vielmehr ist sie eine gute Person, die sich unerwartet in einer schlechten Situation befindet. Sie fühlt sich frustriert, weil sie Datenänderungen, an die sie gewöhnt ist, nicht mehr ohne Absprache mit anderen vornehmen kann. Und ihre Kollegen beschweren sich über die Qualität des Datenprodukts, das ihre

Abteilung produziert. Sie hat nicht die Ressourcen, um ein qualitativ besseres Produkt zu liefern, ohne ihre eigenen Erfolge zu opfern, die sie jetzt erzielen kann.

Hier sind zwei offensichtliche Probleme am Werk. Selbst ein Junior-Projektmanager wird das erste Problem erkennen: die Erwartungshaltung. In einem datenzentrischen Unternehmen sind Daten nun eine geteilte Ressource, die einer Datenverwaltung unterliegt. Niemand hat Sara verdeutlicht, dass sie sich an eine neue Rolle als verantwortungsvolle Verwalterin (Steward) und Betreuerin (Caretaker) der Daten anpassen muss und was genau diese Rolle inhaltlich und vom Aufwand her bedeutet.

Ein erfahrenerer Projektmanager wird ein tieferes Problem erkennen. Das Business-Analyse-Team hat hervorragende Arbeit bei den „bekannten" Anforderungen geleistet. Deshalb fließen die Daten so reibungslos im richtigen Format genau dorthin, wo sie benötigt werden. Und die Analysten haben hervorragende Arbeit bei den „bekannten Unbekannten" geleistet, nämlich als das Datenvolumen plötzlich anstieg und die Systeme damit umgehen konnten. Aber das Team hat nicht vorhergesehen, dass die „unbekannten Unbekannten" auftauchen würden – das heißt, dass die neuen Analysemöglichkeiten Qualitätsprobleme in den Daten aufdecken würden, und dass nun zusätzliche Ressourcen benötigt werden, um dies in Schach zu halten.

Man nennt diese Situation „das Problem der emergenten Anforderungen". Die Business-Analysten in jedem Projekt tun ihr Bestes, um über die „bekannten Bekannten" nachzudenken. Und die Senior-Business-Analysten entwickeln eine recht gute Fähigkeit, die „bekannten Unbekannten" zu erkennen und zu planen. Aber es gibt eine ganze Klasse von Anforderungen für die „unbekannten Unbekannten", die erst nach der Auslieferung der neuen Lösung auftauchen, die sogenannten emergenten Anforderungen. Niemand, egal wie klug oder erfahren er ist, kann diese vor dem Abschluss des Projekts erkennen.

Aber genau wie unsere erste Geschichte weist Saras Geschichte über ihren Ärger hinaus. Es gibt ein hässliches Monster, das hier am Werk ist. Niemand sieht es und erkennt es als das böse Geschöpf, das es ist, bis der Aufbau eines datenzentrischen Unternehmens zu scheitern droht.

Geschichte 3: Der Projektsponsor zerteilt den Elefanten

Thomas ist nicht glücklich. Als Mitglied des Vorstands und des Datenstrategie-Steuerungskomittees hängt sein Bonus vom Erfolg des datenzentrischen Unternehmens ab. Nun hat Thomas gerade die letzten 30 Minuten damit verbracht, Saras, Susannes und viele weitere Probleme mit Rainer, der das Programm leitet, zu diskutieren. „Rainer, Sie übernehmen einfach nicht genug Verantwortung für diese Probleme, und nun sind sie außer Kontrolle geraten. Zu groß, um sie zu beheben. Ich habe mich für zwei Vorgehensweisen entschieden: erstens ‚Slice the elephant' – der Aufbau eines datenzentrischen Unternehmens ist einfach zu groß, um es als ein Programm zu verwalten. Und zweitens müssen wir kompetentere Projektmanager für alle neuen Teilprojekte einsetzen. All diese Probleme müssen gelöst werden."

Als sehr erfahrener Projektleiter saß Rainer geduldig da. Er zeigte seine Emotionen nicht, sondern schaute stattdessen auf das große Schild in Thomas' Büro, auf dem stand: „Wenn du nicht Teil der Lösung bist, bist du Teil des Problems." Diesen Satz hatte er vor sechs Monaten zu hören begonnen. Jetzt wusste er, woher er kam.

Dies war nicht das erste Mal, dass sich Rainer in dieser Situation befand, da er bereits seit vielen Jahren an großen Transformationsprojekten beteiligt war. Er wusste, dass es einen Punkt gibt, an dem ein großer Neustart des Projekts der einzige Weg nach vorn ist. „Ich habe getan, was ich konnte", denkt Rainer, „und ich werde die neue Riege von Projektmanagern so gut wie möglich unterstützen. Ich frage mich, wie viele sie einsetzen werden?"

Die Umgebung ist toxisch

In jeder unserer Geschichten haben wir einige offensichtliche Herausforderungen dargestellt, die sich aufgrund von umfangreichen Veränderungen ergeben, wie zum Beispiel Susannes Zeitmanagementkonflikte oder Saras Bedarf an mehr Ressourcen. Und wir haben einige weniger offensichtliche Herausforderungen präsentiert, wie die emergenten Anforderungen in Saras Bereich oder die globale Wissensverteilung im Betrieb.

Werfen wir also einen Blick auf die allgemeine Situation, wie sie jetzt besteht, mit einigen zusätzlichen Aspekten, die wir nicht erwähnt haben:

- Susanne: „Ich habe ein Vorstellungsgespräch als Leiterin der Gehaltsabrechnung bei unserem Konkurrenten. Es ist ein Rückschritt für mich, aber die gegenwärtige Situation hier lässt mich nicht mehr bleiben."
- Saras Kollegin in der Finanzabteilung: „Sara kann sich über ihren Bonus und ihre 15 Prozent mehr Verkäufe freuen, aber wir werden nicht mehr Kaffee mit ihr trinken, es sei denn, ihre Einstellung ändert sich."
- Saras Assistentin: „Für mich ist es gleichgültig, ob das Unternehmen zu der Zeit bevor der datenzentrischen Ära zurückgeht. Wir haben uns nie freiwillig für Datenbereinigungsaufgaben gemeldet."
- Mit dem Team am Freitagnachmittag im Biergarten: „Wo ist Werner? Er verpasst das sonst nie. Zu beschäftigt mit seiner Familie?" „Nein, er ist krankgeschrieben, mehr kann ich nicht sagen."
- Die Assistentin der Betriebsleitung: „Sie müssen diese sieben Einstellungsanträge genehmigen. Uns ist das noch nie passiert, aber wenn wir schnell handeln, können wir damit die abgehenden Mitarbeiter mit minimalen Auswirkungen auf unsere Produktivitätszahlen ersetzen."
- Die Abteilungsleiter auf der monatlichen IT-Sitzung: „Haben Sie gehört, dass der Projektleiter Rainer ersetzt wird? Es gibt niemanden, der auch nur annähernd

seine Erfahrung mit datenzentrischen Unternehmensprojekten hat und uns über die Ziellinie bringen könnte." Und der CIO: „Ab sofort möchte ich, dass jeder IT-Abteilungsleiter jeden neuen Arbeitsablauf genau verfolgt – wir müssen alles, was passiert, hinterfragen und überprüfen."

Diese Spuren hat die Art und Weise, wie wir die Umstellung auf ein datenzentrisches Unternehmen durchgeführt haben, hinterlassen: hohe Fluktuation, negative Atmosphäre, verringerte Produktivität, Mikromanagement und – am schlimmsten – Gesundheitsprobleme. Es sind die klassischen Symptome einer sogenannten giftigen oder „toxischen" Arbeitsumgebung. Diese schadet nicht nur dem Geschäft, sondern auch der Gesundheit und dem Wohlbefinden aller Beteiligten. Schlimmer noch: Toxische Arbeitsumgebungen neigen dazu, nicht lange konstant zu bleiben, sondern außer Kontrolle zu geraten.

Obwohl jede Geschichte, die wir erzählt haben, auf klare und nicht so klare Grundprobleme hinwies, haben wir gesagt, dass es ein viel heimtückischeres, zugrunde liegendes Problem gibt, das erst ans Licht kommt, wenn die datenzentrische Arbeit scheitert.

Es ist endlich an der Zeit, dieses heimtückische Problem zu erkennen.

Unternehmensweite Veränderungen benötigen echte Führung

Umfassende Veränderung bedeutet: Wir wandeln unsere Arbeitsweise. Wie bereits erwähnt, sind solche Veränderungen mächtig genug, um Welleneffekte auszulösen, die das Gefüge eines Unternehmens verändern, einschließlich der Unternehmenskultur und der Unternehmensmentalität, und die somit die Moral, Gesundheit und das Wohlbefinden der Mitarbeiter beeinflussen. Tatsächlich ist es oft ein Ziel, Veränderungen in der Unternehmenskultur und den Werten herbeizuführen, um Agilität, Innovation, Zusammenarbeit und Kundenorientierung zu verbessern.

Aus diesen Gründen sollte nicht allein ein erstklassiger Programmmanager umfangreichere Veränderungen durchführen, ungeachtet des für das Change-Management verfügbaren Budgets. Sie sind nicht nur Projekte, die von Projektmanagern koordiniert werden, die ihre Business-Analysten dazu anleiten, tiefer nach aufkommenden Anforderungen zu suchen.

Mit ihren Auswirkungen auf Unternehmenskultur und -werte, Unternehmensmentalität und Mitarbeitermoral, Wohlbefinden und Gesundheit erfordern umfangreiche Veränderungen nichts weniger als echte Führung, stark und von vorne. Nur so kann erreicht werden, dass wirklich eine neue Mentalität geschaffen wird und dass jeder sie lebt.

Echte Führung könnte in diesem Kontext bedeuten, dass Führungskräfte aktiv die Vision der Veränderung und die Schaffung einer neuen Mentalität kommunizieren und diese Vision in die DNA des Unternehmens integrieren. Sie bedeutet, die Mitarbeiter zu ermutigen und zu befähigen, aktiv an der Umsetzung der Veränderung teilzunehmen, und ihnen die Werkzeuge und Ressourcen zur Verfügung zu stellen, um erfolgreich zu sein. Es bedeutet auch, Veränderungen als kontinuierlichen Prozess zu betrachten und flexibel genug zu sein, um auf Feedback und neue Herausforderungen zu reagieren. Insgesamt erfordert echte Führung ein tiefes Verständnis der Veränderungsziele und die Fähigkeit, Menschen inspirierend in Richtung dieser Ziele, einschließlich einer neuen Mentalität, zu lenken.

Zusammenfassung

Diese Geschichten waren fiktiv, zeigen jedoch mögliche Ereignisse, die bei umfangreichen Veränderungen oft vorkommen.

Bedeutet das, dass alle Transformationen dazu verdammt sind, auf diese Weise zu enden? Glücklicherweise nein. Bedeutet das, dass es für eine Transformation einfach ist, diese Probleme zu vermeiden? Leider auch nein. Die Liste der „Best Practices" ist lang (vgl. Beispiele unten); es erfordert jedoch starke Führung, um ihre praktische Wirkung in der Transformation zu entfalten.

Im Kern geht es bei umfangreichen Veränderungen wie der Umstellung auf ein datenzentrisches Unternehmen nicht nur um Digitalisierung oder Technologie. Es geht um Kultur, Werte und Menschen. Als Unternehmensleiter müssen Sie sicherstellen, dass Ihre Transformation echte Führung hat, nicht nur Management; und Sie müssen sicherstellen, dass diese Führung sich klar auf „Wir ändern die Art und Weise, wie wir arbeiten" konzentriert. Dann können Sie vielleicht die Früchte Ihrer Bemühungen ernten und gleichzeitig viele der Fallstricke vermeiden, die dem Geschäft schaden und den Menschen Leid zufügen.

Wichtige, aber weniger bekannte Best Practices

Es ist kein Geheimnis, dass die Durchführung umfangreicher Veränderungen wie die Umstellung auf ein datenzentrisches Unternehmen eine herausfordernde Aufgabe ist, die sorgfältige Planung und robuste Umsetzung erfordert. Aber selbst bei den besten Plänen kann es zu Problemen kommen. Hier sind einige weniger bekannte, aber essenzielle Best Practices, die zum Erfolg beitragen können:

Best Practice: „Wir haben keine Angst vor einem F.A.I.L."
Die Abkürzung F.A.I.L. steht für „First Attempt in Learning", auf Deutsch etwa: erster Lernversuch, erster Anlauf. Erkennen Sie an, dass eine bedeutende Transformation von

Natur aus Unvorhersehbarkeiten in ihrem Endzustand aufweist. Fördern Sie eine Unternehmensmentalität, die frühe Fehler nicht als Misserfolge sieht, sondern als wesentliche Schritte zur Identifizierung des neuen Zustands. Ermutigen Sie Risikobereitschaft und Experimentierfreude als mögliche Wege, um den gewünschten Endzustand zu entdecken.

Best Practice: „Du kannst das Flugzeug nicht bauen, während du gleichzeitig damit fliegst."

Bieten Sie mehr Unterstützung. Die wichtigsten Akteure in großen Veränderungsprogrammen stehen oft unter dem größten Druck. Statt diese Herausforderungen ausschließlich als Termin- oder Ressourcenprobleme zu betrachten, erkennen Sie sie als Unterstützungsproblem an. Bieten Sie mehr Hilfe auf allen Ebenen an – nicht nur in Bezug auf Ressourcen und Zeit, sondern auch im Hinblick auf Gesundheit und emotionale Unterstützung.

Best Practice: Rechnen Sie mit emergenten Anforderungen

Antizipieren Sie emergente Anforderungen und planen Sie entsprechend. Seien Sie vorbereitet auf neue Probleme, die nach der Implementierung auftreten und die niemand vorhersehen konnte. Kommunikation und Freigabeplanung können die Auswirkungen dieser Herausforderungen abmildern und Stakeholder in einen konstruktiven Dialog über mögliche Lösungen einbeziehen.

Best Practice: „Gemeinsam leiden, gemeinsam feiern"

Fördern Sie kollektive Verantwortung. Der Erfolg hängt von Einheit und Zielstrebigkeit ab. Um ein Gefühl von kollektiver Verantwortung zu vermitteln, müssen die Beteiligten diese Aufgabe als gemeinsame Mission sehen, die durch Zusammenarbeit, Verantwortung und Abstimmung im gesamten Unternehmen gesteuert wird. Hier kommt die entscheidende Rolle einer starken Führung zum Tragen.

Best Practice: Gewinnen und nutzen Sie die verborgenen Champions

Jede Organisation hat einflussreiche Personen, die trotz fehlender formeller Führungspositionen Veränderungen an der Basis vorantreiben können. Das Einbinden und Unterstützen dieser verborgenen Champions kann entscheidend für den Erfolg der Transformation sein.

Best Practice: Strategie der kleinen Fortschritte

Feiern Sie kleine Siege. Während es wichtig ist, die wesentlichen Meilensteine und langfristigen Ziele im Auge zu behalten, ist es ebenso wichtig, kleinere Erfolge entlang des Weges anzuerkennen und zu feiern. Dieser Ansatz hält den Schwung aufrecht und stärkt die Moral.

Best Practice: Bidirektionaler Wissenstransfer („Reverse Mentoring")
Nutzen Sie Generationenunterschiede. Ihre Belegschaft umfasst „digital herausgeforderte" Babyboomer, „digital versierte" Gen-X-Manager und „in die digitale Welt hineingeborene" Gen-Z-Neueinstellungen. Sie sollten ein Programm in Betracht ziehen, das den Wissensaustausch zwischen den Generationen fördert. Dies kann den Technologietransfer in beide Richtungen erleichtern.

Best Practice: „Pre-Mortem", „Remember the Future" und „Future Wheels"
Nutzen Sie kreative Problemlösungstechniken. Angesichts der Unvorhersehbarkeit von bedeutenden Transformationen können Techniken wie „Pre-Mortem", „Remember the Future" und „Future Wheels" wertvoll sein. Diese Methoden beinhalten die Vorstellung potenzieller Szenarien, das Zurückarbeiten von einem hypothetischen Ergebnis oder das Aufzeigen möglicher direkter und indirekter Folgen einer Veränderung.

Umfangreiche Veränderungen bedeuten: Wir wandeln unsere Arbeitsweise. Je mehr sich die Arbeit verändert, desto wichtiger ist es, so viele bewährte Vorgehensweisen wie möglich zu berücksichtigen. Aber denken Sie daran: Ohne starke Führung können selbst noch so viele Best Practices eine bedeutende Veränderung nicht vor dem Scheitern bewahren.

Über den Autor

Kenneth Ritley

Dr. Kenneth Ritley ist seit dem Jahr 2021 Professor an der Berner Fachhochschule Technik und Informatik. Davor hat er mehr als 20 Jahre lang Erfahrungen in der IT-Branche gesammelt. Dazu gehören der Aufbau und die Leitung großer IT-Organisationen in Europa und Asien. Die letzten 10 Jahre waren geprägt von umfangreichen (und leider manchmal schmerzhaften) Transformationen globaler IT-Organisationen. Seine umfassende Expertise hat ihn zu einem geschätzten Experten und Mentor in der Branche gemacht.

Sebastian Kaiser

16 Enterprise Architecture Management als Treiber und Gestalter für eine datenzentrische Fluggesellschaft

Zusammenfassung: Der Artikel erläutert am Beispiel einer Fluggesellschaft, wie die Funktion der Enterprise-Architektur die führende Rolle bei der Transformation zu einem datenzentrischen Unternehmen einnimmt. Mittels „Business Capabilities" wird dabei eine Struktur entwickelt, die die IT-Applikationslandschaft transparent macht – und der IT-Beschaffungsprozess in Verbindung mit einer Datenstrategie setzt den Wandel konkret um. Enterprise-Architektur wird damit zur Grundlage eines neuen Denkens, bei dem nicht die IT-Applikation im Mittelpunkt der Planung stehen, sondern die Informationen und Daten, die in den Unternehmensabläufen fließen.

Chaos in der IT-Landschaft

Max ist der neue leitende Enterprise Architect einer Fluggesellschaft. Während seiner ersten Arbeitstage stellt er fest, dass es keine Übersicht über die vielen IT-Applikationen gibt, die die Fluggesellschaft teils selbst entwickelt und teils eingekauft hat, geschweige denn wie viel Geld dafür bezahlt wird. Außerdem stellt er fest, dass keine Dokumentation über die Zahl der Schnittstellen und Abhängigkeiten zwischen IT-Applikationen existiert.

Seine neuen Kollegen beschweren sich über veraltete und monolithische IT-Applikationen. Die IT-Architekten kämpfen mit historisch gewachsenen Komplexitäten, etwa die Verwaltung von Mitarbeiter- und Crew-Identitäten in mehreren Systemen oder manuelle Dateneingaben und Kopiertätigkeiten von einem System ins andere.

Teilweise beschaffen die Fachbereiche neue IT-Systeme auf eigene Faust, mit der Folge, dass Sicherheits- und Datenschutzanforderungen der Fluggesellschaft missachtet werden. Wenn dann IT-Probleme auftreten und die IT-Abteilung erst zu diesem Zeitpunkt von der Existenz des Systems erfährt, können die IT-Architekten oftmals nur noch Feuer löschen. Allein deshalb verbringen die IT-Architekten den Großteil ihrer Zeit damit, die Symptome der undurchsichtigen IT-Landschaft zu behandeln.

Es laufen mehrere IT-Projekte für die Einführung von neuen, cloudfähigen IT-Applikationen, jedoch sind die geplanten Kosten und notwendige Zeit für die Ablösung der alten IT-Applikationen eine sehr gewagte Schätzung.

Das klingt das nach einer unlösbaren Herausforderung. Max schießen viele Ideen durch den Kopf, wie die Fluggesellschaft die Situation in den Griff bekommen könn-

Sebastian Kaiser, Business Architect, Hewlett Packard Enterprise, Willy-Brandt-Allee 4, 81829 München, Deutschland, e-mail: sebastian.kaiser@hpe.com

https://doi.org/10.1515/9783111048673-016

te. Viele der Probleme würden sich mit klaren Spielregeln lösen lassen, etwa dass IT-Systeme nur beschafft werden können, wenn die IT-Abteilung vorher involviert wird. Das würde nicht nur Transparenz schaffen, sondern die IT-Abteilung bekäme auch die Möglichkeit, durch Leitplanken schon früh im Beschaffungsprozess technische Schuld zu vermeiden.

Außerdem könnte durch ein Stammdatenmanagement eine Übersicht über die führenden Systeme und deren Daten geschaffen werden, während die Daten selbst in einer eigenen Applikation katalogisiert würden. Ein datenzentrischer Architekturansatz würde die Zahl der Schnittstellen drastisch reduzieren, da hierbei jede Applikation mit nur einer bidirektionalen Schnittstelle an eine Datendrehscheibe angebunden wird. All diese Punkte würden sich in einen IT-Beschaffungsprozess als Leitplanken und Anforderungen integrieren lassen.

Die Fluggesellschaft, für die Max arbeitet, besitzt eine Flotte von mehr als 100 Flugzeugen, beschäftigt rund 10.000 Mitarbeiter, und die Zahl der IT-Applikationen liegt bei rund 1.000. Damit ist die Anzahl an Gremien und relevanten Stakeholdern überschaubar, mit denen Max sich abstimmen muss, um seine Ideen zu präsentieren und umzusetzen.

Wie geht Max also vor, um Ordnung in das Chaos zu bringen? Für ihn ist klar, dass er als leitender Enterprise Architect ein passendes Mandat erhalten hat, mit dem er eine Transformation zu einer datenzentrischen Fluggesellschaft anstoßen kann. Denn in dieser Position bildet er die Schnittstelle zu allen Fachbereichen und überblickt die gesamte IT-Landschaft. Folgende Schritte sind dazu notwendig:
- Schritt 1: Das IT-Chaos verstehen und strukturieren
- Schritt 2: Die Datenstrategie festlegen
- Schritt 3: Die Leitplanken definieren
- Schritt 4: Die IT-Abläufe aufsetzen
- Schritt 5: Die IT-Landschaft umbauen

Schritt 1: Das IT-Chaos verstehen und strukturieren

Max will nicht nur Transparenz in die bestehende IT-Landschaft bringen – vor allem möchte er den Fachbereichen helfen, aus ihren Strategien die notwendigen IT-Bausteine abzuleiten, sie in ihrem Bedarfs- und Anforderungsprozess unterstützen und dabei den Fachbereichen und der IT-Abteilung die passenden Steuerungselemente für den Weg zum datenzentrischen Unternehmen an die Hand geben. Er möchte damit erreichen, dass die Fachbereiche ihn nicht als Spielverderber und Ordnungshüter wahrnehmen, sondern als jemanden, der durch IT-Technologie neue Möglichkeiten schafft.

Dabei geht Max zunächst den folgenden Fragestellungen nach:
- Welche Abläufe existieren für die Einführung neuer IT-Applikationen? Wer entscheidet das? Wer hat das Budget und nach welchen Richtlinien werden diese Entscheidungen getroffen?
- Wie viele IT-Applikationen betreibt die Fluggesellschaft?

- Was kosten diese IT-Applikationen jährlich (Lizenzen, Betrieb und Weiterentwicklung)?
- Wie viele Schnittstellen haben die IT-Applikationen zu anderen IT-Systemen?
- Lässt sich erkennen, welche Auswirkungen potenzielle Änderungen an einer IT-Applikation haben?
- Welche Datenobjekte werden in welchen IT-Applikationen verwaltet und welche IT-Applikation ist die ursprüngliche Quelle des Datenobjekts?

Die Antworten helfen Max, eine fundierte Einschätzung zu erlangen, an welchem Punkt die Fluggesellschaft steht. Er hat bei anderen Unternehmen bereits beide Extreme gesehen: Die einen Unternehmen sind sehr bürokratisch, dokumentieren alles, beschreiben sehr detailliert ihre Geschäftsprozesse und besitzen viele Freigabemechanismen für neue IT-Lösungen, sind aber nicht in der Lage, die Daten aus den Applikationen fachbereichsübergreifend bereitzustellen. Stattdessen wird akribisch jede IT-Applikation mit ihrer Architektur, ihren Schnittstellen und Prozessen dokumentiert, sodass die Enterprise-Architektur eher einer Dokumentationsmaschinerie ähnelt als einer Einheit, die den Fachbereichen bei der Planung der IT-Landschaft beratend zur Seite steht.

Das andere Extrem sind Unternehmen, die gerade so viel dokumentieren, dass sie das nächste Audit bestehen. Das gesamte Wissen über die IT-Organisation, ihrer Prozesse und der IT-Landschaft liegt in den Köpfen weniger Personen, die in absehbarer Zeit in Rente gehen. In dieser Art Unternehmen ist die Fehleranfälligkeit in Geschäftsprozessen nicht ausschließlich auf veraltete IT-Applikationen zurückzuführen, sondern vor allem auf die inflationäre Nutzung von Excel-Listen, fehlende Nachwuchsstrategien und Zentralisierung von Wissen auf wenige Mitarbeiter. Die IT-Abteilung lebt im permanenten „Feuerlöschmodus".

Im Fall der Fluggesellschaft geht es nicht darum, die IT-Bürokratie zu verstehen, sondern das IT-Chaos zu strukturieren. Dazu verwendet Max eine Business Capability Map – eine Landkarte, die die Geschäftsfähigkeiten der Fluggesellschaft auf einer hohen Flughöhe beschreibt. Geschäftsfähigkeiten („Business Capabilities") beschreiben, *was* die Fluggesellschaft macht, um ihre Geschäftsziele zu erreichen. Sie bieten ein Kommunikationswerkzeug für Vorstands-, Führungs- und Fachbereichsebene, um die konkreten Ziele für die IT-Landschaft zu beschreiben und zu erarbeiten. Beispiele für Geschäftsfähigkeiten sind: „Flugbuchung", „Flugbetrieb", „Crew-Transporte", „Bodenabfertigung" und so weiter.

Bei der Fluggesellschaft existiert bisher keine Business Capability Map, daher beschreibt Max diese zunächst in Zusammenarbeit mit den Fachbereichen. Er orientiert sich dabei an dem durch die International Air Transport Association (IATA) erarbeitete Airline Industry Data Model (AIDM),[58] das die gesamte Wertschöpfungskette inklusive Nomenklatur, Begriffsglossar, Geschäftsprozesse und konkrete Datenmodelle enthält.

---

58 https://www.iata.org/en/about/corporate-structure/passenger-standards-conference/architecture-technology-strategy/industry-data-model/

Ziel ist es, nicht mehr als ca. 15 übergeordnete Geschäftsfähigkeiten zu identifizieren, die beschreiben, in welchen Geschäftsfeldern der Wertschöpfungskette die Fluggesellschaft tätig ist. Für die IT-Abteilung nutzt Max zusätzlich das von der Open Group beschriebene IT4IT[59] Framework als Orientierung. Diese standardisierten Frameworks erleichtern nicht nur die Partner-/Lieferanten-übergreifende Kommunikation, sondern bieten eine solide Basis, um mit der Business Capability Map einhergehende Themen wie verknüpfte Geschäftsprozesse und Informationsobjekte zu identifizieren und beschreiben.

Nachfolgend der erste Vorschlag, den Max mit den Fachbereichen bespricht:

Management der Kundeninteraktionen	Flugangebot & Flugbuchung	Flugplanung	Flugbetrieb	Betriebsunterstützung
Kundenbindungsmanagement	Preissetzung & Angebote	Flottenmanagement	Check-In & Abflugsmanagement	Personalmanagement
Beschwerdemanagement	Produkt- und Angebotsmanagement	Netzplanung	Passagier & Gepäckmanagement	IT Management
Kundenkontakt und Kommunikationsmanagement	Kauf- und Auftragsverarbeitung	Crew Planung	Flugzeug Bodenbetrieb	Finanz Management
...	Bezahlungsmanagement	...	Crew Management	Finanz Management
	...		Lounge Management	Recht und Compliance Management
			Flugzeug Wartungsmanagement	
			Zertifizierungen & Flugsicherheitsmanagement	

Abb. 16.1: Beispiel einer Business Capability Map für eine Fluggesellschaft.

Jede übergeordnete Geschäftsfähigkeit wird etwa zwei weitere Ebenen tiefer detailliert, und dabei wird jede einzelne Geschäftsfähigkeit entlang des folgenden Schemas beschrieben:
- *Name.*
- *Beschreibung*, was eine Geschäftsfähigkeit für die Fluggesellschaft bedeutet.
- *Verantwortliche Person* für eine Geschäftsfähigkeit.
- *Informationsobjekte*, die im Kontext der Geschäftsfähigkeit entstehen, verarbeitet oder ausgetauscht werden (beispielsweise Stamminformationen wie die eindeutige Identifikation eines Crew-Mitglieds).[60]

Anschließend verbindet Max mit der Unterstützung seines Teams alle existierenden IT-Applikationen der Fluggesellschaft mit den Geschäftsfähigkeiten. Damit kommt schnell Struktur in das IT-Chaos. So wird zum Beispiel transparent, dass es mehrere IT-Applikationen mit ähnlichen Funktionen (Doppelbebauungen) gibt und Software-

---

59 https://pubs.opengroup.org/it4it/3.0/standard/

60 https://pubs.opengroup.org/togaf-standard/business-architecture/business-capabilities.html

Eigenentwicklungen in Bereichen, die nicht strategisch für die Fluggesellschaft sind. Diese Auffälligkeiten wird Max mit seinem Team im nächsten Planungszyklus berücksichtigen – hierbei definieren sie für jede Geschäftsfähigkeit einen strategischer Zielzustand in fünf Jahren, und leiten daraus Zwischenzustände jeweils pro Jahr ab. Dies könnte bedeuten, dass Software-Eigenentwicklungen durch Standardsoftware ersetzt oder dass IT-Applikationen konsolidiert werden.

Die Business Capability Map wird im Laufe der Zeit für Max ein elementarer Bestandteil im neuen Ablauf für die Einführung neuer IT-Technologie sein – dazu später mehr.

Schritt 2: Die Datenstrategie festlegen

Max entwirft eine Strategie für die Transformation der Fluggesellschaft zu einem datenzentrischen Unternehmen. Sie soll allen Fachbereichen und der IT-Abteilung helfen, die architektonischen und funktionalen Grundlagen zu legen, um Daten über Fachbereichsgrenzen hinweg konsumieren und integrieren zu können. Für die Datenstrategie legt Max fünf Bereiche fest, für die er einen Zielzustand und einen Weg zum Zielzustand beschreibt (Tab. 16.1).

Als Enterprise Architect wird Max der Initiator, Treiber und Mitgestalter der Datenstrategie sein, denn er wird das Data Office ins Leben rufen, die datenzentrischen Architekturprinzipien definieren, ein Konzept für eine Daten-Governance und das Metadatenmanagement erarbeiten und für die Datenarchitektur bzw. Datenplattform hauptverantwortlich sein. Er beschreibt mit seinem Team einen konkreten Plan, um diese Zielzustände zu erreichen.

Die Leitplanken als Teil der Datenstrategie spielen eine wichtige Rolle bei der Strukturierung des eingangs beschriebenen IT-Chaos.

Schritt 3: Die Leitplanken definieren

Die technischen Leitplanken oder Architekturprinzipien werden durch Max beschrieben, wobei zu jeder Zeit jeder andere IT-Architekt, Entwickler oder Mitarbeiter aus dem IT-Betrieb ein Architekturprinzip oder eine Änderung vorschlagen kann. Diese werden in einem Architekturgremium, welches durch Max geleitet wird, diskutiert und verabschiedet.

Architekturprinzipien sind immer auf eine Unternehmensstrategie zurückzuführen – im Fall der Flughafengesellschaft geht es um die Transformation zu einem datenzentrischen Unternehmen. Max orientiert sich dabei an der durch TOGAF beschriebenen Struktur für Architekturprinzipien: Jedes Prinzip ist textuell beschrieben, mit einer Begründung versehen, und die Auswirkungen auf die IT-Landschaft sind erläutert.[61]

---

61 https://pubs.opengroup.org/architecture/togaf9-doc/arch/chap20.html

Tab. 16.1: Elemente einer Datenstrategie.

	Beschreibung	Zielzustand
Data Office	Eine Programmorganisation, die die Datenstrategie umsetzt und alle Datenprojekte überblickt. Sie dient als zentrale Anlaufstelle für Dateninitiativen, die im Unternehmen umgesetzt werden sollen	– Alle Projekte, die auf die Umsetzung der Datenstrategie einzahlen, sind in einem Datenportfolio verwaltet – Ein Plan für die Umsetzung der Datenstrategie ist festgelegt – Eine Programmsteuerung ist etabliert – Der notwendige Schulungsbedarf ist identifiziert und adressiert – Neuartige Datenrollen sind etabliert und besetzt
Datenzentrische Architekturprinzipien	Leitplanken, an die sich jede neue und bestehende IT-Technologie im Unternehmen halten muss	– Maximal zehn datenbezogene Prinzipien sind mit Beschreibung, Begründung und Auswirkungen detailliert – Bei jeder Einführung neuer IT-Technologie werden die Prinzipien berücksichtigt – Die IT-Architektur gibt Ausnahmen oder Umsetzungsfristen frei
Daten-Governance	Repräsentiert eine Funktion in jedem Fachbereich, die die fachbereichsspezifische Semantik in einem Glossar als Informationsobjekte beschreibt und die Datenhoheit bzw. Datenfreigabeprozesse verwaltet	– Pro Fachbereich ist die Daten-Governance-Funktion beschrieben inkl. Rollen und Verantwortlichkeiten – Glossare bestehend aus den Informationsobjekten und den Attributen sind beschrieben – Jede neue IT-Applikation wendet das Glossar an – Datenfreigabeprozesse sind beschrieben – Für jedes Datum bzw. jede Information existiert ein Verantwortlicher (Data Owner)
Metadaten-Management	Die Einführung, Nutzung und Pflege eines Datenkatalogs	– Ein Datenkatalog ist im Unternehmen eingeführt, und die Realität der Datenobjekte aus den Applikationen ist dort abgebildet – Der Datenkatalog enthält die fachbereichsspezifischen Glossare – Für jedes Datenobjekt ist die Masterquelle definiert – Für jedes Datenobjekt existieren Metadaten, die im Datenkatalog hinterlegt sind – Jedes Datenobjekt enthält Datenklassifikationen z. B. für Löschfristen oder Vertraulichkeit – Jedes Datenobjekt enthält in den Metadaten feste Regelwerke, wer darauf wie lange zugreifen darf
Datenarchitektur	Die Entwicklung, Einführung, Nutzung und Bewirtschaftung einer Datenplattform, die als Datendrehscheibe fungiert, und über die alle Daten geteilt bzw. konsumiert werden	– Eine Datenplattform bzw. Datendrehscheibe ist eingeführt – Für die Schnittstellen bzw. Konnektoren von und zur Datenplattform existieren Blaupausen – Ein Betriebsmodell für die Datenplattform und die Schnittstellen ist beschrieben und wird angewendet – Jede neue und existierende IT-Applikation ist an die Datendrehscheibe angebunden

Stefan Brock beschreibt in seinem Artikel einige Architekturprinzipien. Im Kern geht es dabei um den Wandel vom Prinzip „Need to Know" zu „Need to Share". Das bedeutet nicht, dass alle Daten für jeden im Unternehmen einsehbar sind, sondern dass Daten grundsätzlich zur Verfügung stehen – die Metadaten beschreiben ihre Semantik und die Zugriffsrechte. Tabelle 16.2 erläutert drei konkrete Beispiele für datenzentrische Architekturprinzipien.

Max wird in Kombination mit den Architekturprinzipien ein Architekturgremium etablieren, das potenzielle Ausnahmen bzgl. der Architekturprinzipien prüft und diese gegebenenfalls einschließlich Gnadenfrist freigibt.

Die Architekturprinzipien werden im neuen IT-Beschaffungsprozess der Fluggesellschaft eine zentrale Rolle spielen: Bei der Definition einer IT-Architektur, bei der Auswahl und Beschaffung von Kaufsoftware hinsichtlich Integrationsfähigkeit und beim IT-Betrieb von IT-Applikationen.

Schritt 4: Die IT-Abläufe aufsetzen

Es ist wichtig, dass Enterprise-Architektur nicht als Elfenbeinturm wahrgenommen wird, die alle IT-Regelwerke im Unternehmen definiert, sondern als echter Helfer für Fachbereiche, die ihre Ziele erreichen möchten. Das bedeutet, das Architektur-Team muss proaktiv die Fachbereiche involvieren, sie bei Neueinführung von IT-Technologie und beim Umbau der IT-Landschaft an die Hand nehmen und damit Vertrauen aufbauen. Dieses „an die Hand nehmen" wird später die Blaupause werden für das grundsätzliche Zusammenarbeitsmodell zwischen Fachbereich und IT-Abteilung.

Ein Beispiel dafür ist die Definition einer internen digitalen Reisestelle, die den Crews der Fluggesellschaft die Reise zu und von den Flughäfen bucht. Die bisherigen Prozesse für die Auswahl der Routen, die Buchungen, die Buchungsänderungen etc. laufen manuell ab. Die dabei beteiligten IT-Applikationen sind nicht vernetzt, sodass zum Beispiel ein neuer Buchungscode bei einer Buchungsänderung manuell zwischen den Applikationen hin und her kopiert werden muss. Dadurch sind die zuständigen Mitarbeiter überlastet und können den Crews bei spontan auftretenden Störungen im Reiseablauf nicht proaktiv helfen. Deshalb kommt es immer wieder vor, dass die Crews die gesetzlich vorgeschriebenen Regelungen zu Arbeits- und Ruhezeiten verletzen.

Max setzt sich das Ziel, an diesem konkreten Beispiel ein Vorgehen zu etablieren, das er später mit allen Fachbereichen gleichermaßen durchlaufen wird, um die gesamte Fluggesellschaft datenzentrisch auszurichten. Dieses Vorgehen soll die folgenden Schritte beinhalten (vgl. Abb. 16.2):
1. Beschreibung des Bedarfs in einem standardisierten Format („Steckbrief").
2. Beschreibung der IT-Architekturvision inklusive der IT-Bausteine für die Realisierung des Bedarfs. Hierbei werden auch die fachlichen Anforderungen und die Zielprozesse des Fachbereichs berücksichtigt.

Tab. 16.2: Beispiele für datenzentrische Architekturprinzipien.

Name	Beschreibung	Begründung	Implikation
Eine Applikation wird nur an eine Datendrehscheibe angebunden	Pro Datenquelle existiert nur ein einziger bidirektionaler Konnektor, der alle Daten als „Event" in eine Datendrehscheibe publiziert. Es sind keine Punkt-zu-Punkt-Verbindungen zwischen IT-Applikationen erlaubt	Vermeidung einer komplexen und intransparenten Schnittstellenlandschaft. Dadurch wird ein erhebliches Einsparpotenzial hinsichtlich Entwicklung und IT-Betrieb erschlossen	Es wird nur eine bidirektionale Schnittstelle zu/von der Datendrehscheibe implementiert
Metadaten werden immer bereitgestellt	Jeder Datenproduzent bzw. Applikation muss zugehörige Metadaten bereitstellen, um einen regelkonformen Datenschutz und Datenzugriff zu ermöglichen. Die Metadaten werden an einem zentralen Ort in einem Katalog gespeichert	Es wird sichergestellt, dass Datenschutzrichtlinien und Zugriffsbestimmungen klar sind und damit den Zugriff steuern. Es wird Transparenz über Datenobjekte und deren Masterquellen geschaffen	Ein zentraler Datenkatalog muss implementiert und eingesetzt werden für alle IT-Applikationen und deren Datenobjekte. Es muss ein hoher Automatisierungsgrad für die Pflege des Datenkatalogs bestehen
Das fachbereichsspezifische Informationsmodell wird berücksichtigt	Als Teil der Daten-Governance pro Fachbereich wird ein Informationsmodell beschrieben. Jede neue und existierende IT-Applikation muss sein Schema bzw. Datenmodell mit dem Informationsmodell verlinken, sodass zu jeder Zeit klar ist, welche Datenobjekte in welchen Applikationen verwaltet werden	Die Übersicht über Datenobjekte wird ergänzt mit der Semantik, und dadurch wird die Wiederverwendung und Skalierbarkeit von Informationen und deren Datenobjekte sichergestellt	Fachbereichsspezifische Informationsmodelle müssen entwickelt werden. Die Weiterentwicklung und Anpassung der Informationsmodelle müssen in Rollen verankert sein

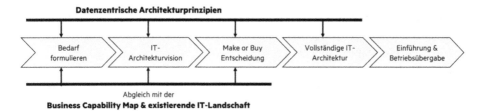

Abb. 16.2: Ablauf vom IT-Bedarf bis zur Umsetzung.

3. Berücksichtigung der Architekturprinzipien und einer damit verbundenen Check-liste.
4. Make-or-Buy-Entscheidung.
5. Beschreibung der gesamten IT-Architektur und anschließende Umsetzung durch die IT-Organisation.
6. Einführung der Lösung für den Fachbereich und Übergabe an den IT-Betrieb.

Dabei sind die ersten vier Elemente die wichtigsten, um die Daten in den Mittelpunkt zu stellen und nicht die IT-Applikationen. Ein externer IT-Partner, die IT-Abteilung oder der Fachbereich müssen die technischen Leitplanken bei der Umsetzung berücksichti-gen. Wenn das nicht möglich ist, ist es Aufgabe des Enterprise-Architektur-Teams, über eine „Gnadenfrist" zu verhandeln, über eine Ausnahme zu entscheiden und einen Um-setzungsplan gemäß den Leitplanken zu erarbeiten.

Zunächst möchte Max jeden IT-Bedarf eines Fachbereichs in einem Steckbrief stan-dardisiert erfassen, kategorisieren und evaluieren. Hierüber soll sich das zukünftige IT-Portfolio bestehend aus IT-Projekten bilden lassen. Hier geht es nicht um Kontrolle, sondern primär darum, Doppelbebauungen vor Projektbeginn zu vermeiden und die IT-Landschaft datenzentrisch auszurichten. Die oben beschriebene Business Capability Map gibt Max und der gesamten IT-Organisation ein einfaches Hilfsmittel für die Ein-ordnung und Bewertung der IT-Bedarfe aus den Fachbereichen.

Im Beispiel der digitalen Reisestelle würde der IT-Bedarfssteckbrief in etwa so aus-sehen:

- *IT-Bedarf:* Digitalisierung und Automatisierung der Crew-Buchungen und Ände-rungsbuchungen.
- *Zugeordnete Business Capability:* Crew-Planung, Crew-Management (siehe Abb. 16.1).
- *Kostenarten:*
  - Konzeption der vollständigen IT-Architektur (Personentage).
  - Implementierungsaufwände (Personentage).
  - Jährliche Software-Lizenzen für neue Buchungsapplikation (Software-as-a-Service, daher keine IT-Infrastruktur notwendig).
  - Betriebsaufwände (Personentage).

- *Benötigte Informationsobjekte*, die über eine Datendrehscheibe konsumiert werden müssen:
  - Personalstammdaten der Crew-Mitglieder.
  - Flugplan für die bevorstehende Saison.
  - Flugstatus der Flüge, auf denen Crew-Mitglieder gebucht sind.
  - Bahnstatus der Bahnfahrten, auf denen Crew-Mitglieder gebucht sind.
  - Taxistatus der Taxifahrten, auf denen Crew-Mitglieder gebucht sind.
  - Störungsinformationen (Baustellen, Unwetterwarnungen, Streiks, außerplanmäßige Sperrungen etc.).
- *Angebotenes Informationsobjekt*, das über die Datendrehscheibe zur Verfügung gestellt wird:
  - Buchungscode für die Flug-, Bahn-, Taxi- oder Hotelbuchung eines Crew-Mitglieds.

Sobald der Steckbrief mit weiteren inhaltlichen Beschreibungen, fachbereichsspezifischen Anforderungen, einer Kostenschätzung und einer Priorität angereichert wurde, wird er von der IT-Abteilung (typischerweise eine Abteilung für IT-Bedarfs- und Portfoliomanagement) und Architektur-Team inhaltlich geprüft. Je nach Priorität und verfügbarem Budget kann der IT-Bedarf ins Portfolio aufgenommen und ein Projekt initiiert werden.

Sobald ein Projekt initiiert wurde, wird Max mit seinem Team zunächst die IT-Architekturvision entwerfen, also den funktionalen Aufbau des angestrebten Zielzustands für die automatisierten Crewbuchungen. Das Team orientiert sich dabei an arc42,[62] einer bewährten Struktur für IT-Architekturen. Sie bringt die fachliche Sichtweise mit der funktionalen und technischen Sichtweise zusammen. Ähnlich wie bei einem Hausbau werden zum einen die Randbedingungen (gesetzliche Vorgaben, Anforderungen der Hausbesitzer, Fristen etc.) analysiert und zum anderen wird geplant, wie viele Räume, Wände und Fenster eingebaut werden sollen. Die folgenden Elemente sind Teil der IT-Architekturvision:

- *Fachbereichsziele*: Herausforderungen, Anforderungen, Ziele und Stakeholder.
- *Randbedingungen*: technische und organisatorische Randbedingungen.
- *Kontextabgrenzung*: fachlicher und technischer Kontext der zukünftigen Lösung.
- *Lösungsstrategie*: organisatorische und Technologieentscheidungen mit Lösungsszenarien, Vor- und Nachteilen und Auswirkungen.
- *Technische Bausteine*: technische Module, technische Komponenten, Abhängigkeiten, Schnittstellen (zur Datendrehscheibe) etc.

Für die Fachbereichsziele und deren Anforderungen wird sich Max intensiv mit dem Fachbereich austauschen und eine Liste an funktionalen und nicht-funktionalen Anfor-

---

62 https://www.arc42.de/overview/

derungen erstellen, die die Lösungsstrategie und technischen Bausteine beeinflussen werden.

Bei der Erstellung der IT-Architekturvision stellt Max sicher, dass vor allem bei der Lösungsstrategie und den technischen Bausteinen die datenzentrischen Architektur-prinzipien berücksichtigt werden. Dies erfolgt transparent als Checkliste in einem Wiki der Fluggesellschaft, sodass jeder andere IT-Architekt den Entwurf und die Architektur-entscheidungen nachvollziehen kann.

Mit der nun entworfenen IT-Architekturvision kann das Architekturgremium ei-ne Make-or-Buy-Entscheidung treffen. Im Beispiel der digitalen Reisestelle wird eine Buy-Entscheidung getroffen, da es am Markt spezialisierte Anbieter für (automatisierte) Reisebuchungen gibt, die ihre Lösung als Software-as-a-Service anbieten.

Sobald die Entscheidung vorliegt, wird die gesamte IT-Architektur entlang des arc42-Musters beschrieben. Das bedeutet, Max ergänzt die IT-Architekturvision um die folgenden Kapitel:

- *Laufzeitsicht*: Systeminteraktionen, Aktivitätsdiagramme, technische Prozessbe-schreibungen, und wie die technischen Bausteine ausgeführt werden.
- *Verteilungssicht*: potenziell benötigte Hardware-Komponenten und Zusammen-spiel von Diensten, die außerhalb der Software-as-a-Service-Komponente liegen, in UML[63] dokumentiert.
- *Querschnittskonzepte*: relevante IT-Sicherheitsanforderungen, Anforderungen an die Nutzererfahrung, Ausfallsicherheit etc.
- *Entwurfs- und Architekturentscheidungen* inklusive Auswirkungen.
- *Risiken und technische Schulden*, die durch die IT-Architektur entstehen oder ei-ne Übergangsarchitektur bedingen.

Nachdem die gesamte IT-Architektur beschrieben ist, wird diese gemeinsam mit dem Software-Lieferanten und einem Applikationsteam umgesetzt. Die Aufwände für die Inbetriebnahme werden vor allem durch Tätigkeiten rund um die Einbindung in die IT-Sicherheit, an die Datendrehscheibe und die fachliche Konfiguration entstehen.

Schritt 5: Die IT-Landschaft umbauen

Nachdem Max erfolgreich dem Fachbereich mit einem exemplarischen IT-Bedarf gehol-fen hat, wird er dieses Vorgehen in der Fluggesellschaft als ein standardisiertes Vorge-hen etablieren. Und das bedeutet für die Enterprise-Architektur vor allem eines: Kom-munikation.

Wie bei jeder Veränderung geht es darum, dass Max dieses Vorgehen über die Fach-bereichsvorstände als den einzigen Weg zu neuer IT-Technologie im Unternehmen kom-muniziert. Jeder Fachbereich soll dieses Vorgehen kennen und wissen, auf wen er zu-

---

63 https://www.uml.org/what-is-uml.htm

gehen muss, um seinen IT-Bedarf zu formalisieren. Dieses verpflichtende Angebot der Enterprise-Architektur ist die Grundlage, um die IT-Landschaft Schritt für Schritt datenzentrisch umzubauen. Nun fehlt noch der operative Plan, um die existierende IT-Landschaft Schritt für Schritt anzupassen:

- Punkt-zu-Punkt Schnittstellen identifizieren, zurückbauen und eine einzige standardisierte Schnittstelle von und zur Datendrehscheibe entwickeln.
- Finden von Adapterlösungen für alte, monolithische IT-Applikationen, für die ein Umbau der Schnittstellenlandschaft sonst zu teuer und aufwendig wäre.
- Doppelbebauungen und Lücken basierend auf den Geschäftsfähigkeiten und deren Drei- bis Fünfjahresplanung adressieren.
- Sicherstellen, dass die Leitplanken und die Vorgaben aus der Daten-Governance (bzgl. den Glossaren) eingehalten werden.

Nach der anfänglichen Konzeptionsphase beginnt hier die eigentliche Aufgabe des Enterprise-Architektur-Teams. Es wird gemeinsam jede existierende IT-Applikation aus den Fachbereichen prüfen, validieren und sicherstellen, dass sie dem datenzentrischen Zielbild entsprechen. Es wird als Botschafter der Datendrehscheibe agieren, auf standardisierte Schnittstellen zur Datendrehscheibe hinweisen und die Nutzung der fachbereichsspezifischen Glossare als gemeinsame Datensprache sicherstellen. Nach und nach wird sich ein Gravitationseffekt einstellen, bei dem die Nutzung der Datendrehscheibe und der standardisierten Datensprache einen offensichtlichen Mehrwert darstellt, der keiner Erklärung mehr bedarf. Für Fachbereiche oder Applikationsverantwortliche ist die Datenplattform dann der einzig logische und nächste Schritt, wenn es um die Weiterentwicklung von IT-Applikationen geht. Sobald Max erste Anzeichen dieses Gravitationseffekts spürt, bedeutet das für ihn ein klares und erfolgversprechendes Kriterium für die Entwicklung in die richtige Richtung einer datenzentrischen Fluggesellschaft.

Zusammenfassung

In allen Entscheidungen datenzentrisch zu denken, erfordert von Max und seinem Team viel Kraft und gute Kommunikation, um gegen den Strom zu schwimmen. Denn es wird viel Gegenwind kommen von langjährigen IT-Architekten, die jahrzehntelang für jeden neuen Anwendungsfall Punkt-zu-Punkt-Schnittstellen entwickelt haben. Ohne Rückendeckung vom CIO und der Geschäftsführung wird Max aber nicht erfolgreich sein. Die Umsetzung der Datenstrategie wird ein kontinuierliches Vorhaben, das einen Wandel im Denken und in der Kultur der Fluggesellschaft nach sich ziehen wird. Der Zeitraum umfasst mehrere Jahre – die ersten Erfolge werden sich aber schon nach den ersten sechs bis zehn Monaten zeigen, wenn die IT-Landschaft transparent wird und das Management den Fahrplan Richtung datenzentrische Fluggesellschaft verinnerlicht hat. Gerade die Enterprise-Architektur spielt heutzutage eine sehr wichtige Rolle, wenn es darum geht, die (datenzentrische) IT-Strategie zu beschreiben, greifbar zu machen und umzusetzen.

Über den Autor

Sebastian Kaiser

Sebastian Kaiser ist Enterprise Architect bei Hewlett Packard Enterprise (HPE) und berät seit über zehn Jahren Kunden in der Telekommunikations-, Automobil- und der Luftfahrtbranche. Seine Fachgebiete sind datenzentrische Architekturen und Enterprise Architecture Management. Damit begleitet er seine Kunden bei Transformationen, Neugründungen und Neuausrichtungen. Sebastian Kaiser hält einen Master of Science im Bereich Wirtschaftsinformatik.

Laura Voicu

17 Die Daten-Governance meistern: Ein Bauplan für robuste Sicherheit und Compliance

Zusammenfassung: Daten-Governance ist Grundlage für das Management, den Schutz und die wertschöpfende Nutzung von Daten. Der Weg dorthin ist aber eine organisatorische, technische und kulturelle Herausforderung. Dieser Artikel beschreibt anhand eines fiktiven Fallbeispiels aus der Finanzdienstleistungsbranche einen Vier-Phasen-Ansatz zur Einführung einer Daten-Governance, gibt Entscheidungshilfen für die Auswahl der Architekturen und Werkzeuge und zeigt die Ergebnisse auf, die man durch die Umsetzung erzielen kann.

Fallstudie: NextGen Investments

NextGen Investments[64] ist ein renommierter Akteur im Bereich Investitionsdienstleistungen mit der Mission, Privatpersonen und Unternehmen zu finanziellem Wachstum zu führen. Nach außen hin ein florierendes Unternehmen, kämpfte NextGen Investments jedoch intern mit verstreuten Daten, denen es an klaren Verantwortlichkeiten mangelte. Duplizierte und inkonsistente Datensätze führten zu Verwirrung, Ineffizienzen und sogar Fehlentscheidungen bei vielen Mitarbeitern, angefangen beim Datenanalysten Martin M. bis hin zum Chief Risk Officer (CRO) Thomas T.

Duplizierte und inkonsistente Datensätze schränken die Aussagekraft der Datenauswertungen ein und erfordern zusätzlichen Aufwand für Datenbereinigung. Dieser Aufwand fällt besonders im Datenengineering an. Deshalb fehlt Zeit für die Anbindung und Auswertung neuer Datenquellen. Und trotz allen Aufwands kann die nachträgliche Bereinigung keine hundertprozentige Sicherheit liefern, und so kommt es teilweise zu Fehlentscheidungen aufgrund der inkonsistenten Daten.

Datenanalyst Martin machte sich Sorgen, dass die aktuelle Situation die Genauigkeit der Business-Intelligence-Berichte beeinträchtigt – die Folge könnten falsche Geschäftsentscheidungen, fehlerhafte Beratungen und damit falsche Investitionsentscheidungen sein.

Chief Risk Officer Thomas war ständig darum bemüht, Risiken in der gesamten Organisation zu identifizieren und zu minimieren. Das Fehlen einer strukturierten Daten-

---

64 Anonymisiertes Unternehmen.

Laura Voicu, Principal, Risk, Data & AI, Elasticsearch (CH) AG, Alpenstrasse 12, 6302 Zug, Schweiz, e-mail: laura.voicu@elastic.co

https://doi.org/10.1515/9783111048673-017

Governance öffnete Tür und Tor für Verstöße. Thomas war sich auch bewusst, dass der ungeregelte Zugang zu sensiblen Finanzdaten ein Problem für die Datensicherheit war. Seine Aufmerksamkeit galt auch den Risiken für die Reputation des Unternehmens. So könnten zum Beispiel falsche Entscheidungen aufgrund inkonsistenter Daten die Reputation von NextGen Investments negativ beeinflussen.

Gemeinsame Herausforderungen bei Daten-Governance und regulatorischen Vorschriften

Unternehmen in allen Branchen stehen vor einer gemeinsamen Herausforderung: dem Fehlen einer kohärenten Strategie für effektive Daten-Governance. Die Folge ist eine fragmentierte, ineffiziente und unsichere Datenlandschaft. Die Auswirkungen gehen weit über die internen Abläufe hinaus. Auch die Komplexität rechtlicher Anforderungen, zum Beispiel DSGVO oder HIPAA, stellt eine erhebliche Herausforderung dar. Unzureichende Daten-Governance-Praktiken erhöhen das Risiko der Nichteinhaltung und entsprechender rechtlicher Konsequenzen. Und schließlich behindert das Fehlen einer soliden Daten-Governance die Fähigkeit eines Unternehmens, seine Datenbestände für strategische Entscheidungen voll zu nutzen.

NextGen Investments leitet die Überarbeitung der Daten-Governance ein

Um diese Probleme zu lösen, wurden Martin und Thomas vom Management der NextGen Investments beauftragt, Vorschläge zur Beseitigung der Missstände aufzuzeigen. Bei einer Umfrage im Kreis befreundeter Unternehmen kristallisierten sich zwei wesentliche Vorgehensweisen heraus. Die einen setzten auf eine applikationszentrische Sicht mit strengerer Architektursteuerung, um die Daten an den Datenquellen und Applikationen zu analysieren, zu bewerten und zu harmonisieren. Die zweite Gruppe setzte auf eine datenzentrische Sicht und die Schaffung von neuen Rollen und Prozessen, um die Daten ganzheitlich zu managen.

Nach eingehender Untersuchung wurde die erste Variante als zu aufwendig und vor allem auch als zu unflexibel für den dynamischen Multi-Cloud-Ansatz des Unternehmens erkannt. Die aufwendigen Architekturprozesse hätten die weitere Umsetzung von agilen Methoden verhindert und auch die Steuerung und Einbindung von SaaS-Lösungen eingeschränkt. Außerdem hätte die applikationszentrische Umsetzung einen deutlich höheren Personaleinsatz erfordert und den Einsatz von Automatisierung erschwert.

Der datenzentrische Ansatz versprach dagegen eine Bewirtschaftung der Daten unabhängig von den Applikationen, eine hohe Automatisierung und den Einsatz von Algorithmen und KI zur Ermittlung von Metadaten sowie der Relevanz und Vertrauenswürdigkeit der Daten.

Nach der Entscheidung der Geschäftsführung von NextGen Investments ging es nun darum, einen robusten Rahmen für die Daten-Governance zu schaffen. Dabei wurden vier wesentliche Phasen durchlaufen.

Erstens begann das Unternehmen mit der Festlegung von Daten-Governance-Richtlinien, die die Regeln für den Umgang mit Daten definieren. Diese Richtlinien dienen als Kompass, der den Mitarbeitern den Weg zu einer verantwortungsvollen Datennutzung weist.

Die zweite Phase umfasste die Festlegung von Rollen und Verantwortlichkeiten durch die Ernennung von Data Owners und Data Stewards, um einen strukturierten Ansatz für das Datenmanagement sicherzustellen.

Die dritte Phase führte die Datenklassifizierung ein, bei der Daten je nach Vertraulichkeit und regulatorischen Anforderungen kategorisiert wurden, wobei auch die Verschlüsselung zum zusätzlichen Schutz vor unbefugtem Zugriff integriert wurde.

Schließlich konzentrierte sich die vierte Phase auf die Implementierung von rollenbasierten Zugriffskontrollen (Role-Based Access Control, RBAC), um die Datensicherheit durch maßgeschneiderte Zugriffsberechtigungen gemäß vordefinierten Rollen zu stärken.

Phase 1: Erstellung eines Governance-Bauplans

Die Festlegung klarer und umfassender Richtlinien für die Daten-Governance ist ein grundlegender Schritt. In seinen Data-Governance-Richtlinien definierte NextGen Investments seinen Ansatz für die Datenverwaltung, einschließlich Datenqualitätsstandards, Sicherheitsprotokollen, Dateneigentum und Compliance-Anforderungen. Diese Richtlinien wurden zu Leitprinzipien für jeden Mitarbeiter, der sich im komplexen Gelände der Datenverwaltung bewegt. Die Betonung von Datenklassifizierung und Verschlüsselung legte eine robuste Grundlage fest, die sicherstellt, dass Daten sowohl zugänglich als auch sicher bleiben. Die Richtlinien leiten auch den richtigen Umgang und die Speicherung von Daten, wodurch das Risiko von Datenlecks reduziert wird.

Wichtig bei der Umsetzung war neben der Managementunterstützung die Umsetzung durch gemischte Expertenteams aus Fachbereichen, IT, Rechtsabteilung und Security. Damit wurde sichergestellt, dass die Übung keine theoretische blieb, sondern fest in den unterschiedlichen Nutzerbereichen verankert wurde.

Die Mitglieder der Teams übernahmen auch die Kommunikation in ihre Fachbereiche, um zu informieren und Feedback einzuholen. Das Management nahm das Thema nicht nur mit KPIs, sondern auch mit inhaltlichen Informationen und Übungen als regelmäßigen Tagesordnungspunkt einmal pro Monat auf die Agenda.

Aufbauend auf den in den Teams erarbeiten Ergebnissen wurde Rollen, Prozesse und Prinzipien definiert. Diese waren durch die Teamzusammensetzung in den Fachbereichen vorab bekannt und wurden nach Managemententscheidung im ganzen Unternehmen kommuniziert. Zu den definierten Rollenbildern wurden Rollenbeschreibungen, Trainingsprogramme und Informationsfilme erstellt.

Phase 2: Definierte Rollen, ausgerichtete Verantwortlichkeiten

Die Ausschreibung und Ernennung von Data Owners und Data Stewards markierte einen Paradigmenwechsel in der Dynamik der Datenverwaltung bei NextGen Investments. Data Owners, darunter wichtige Führungskräfte, übernahmen die Verantwortung für die Einhaltung der Governance-Richtlinien in Bezug auf spezifische Datentypen. Ihnen wurden Data Stewards zugeordnet, die für die Umsetzung in die Praxis sorgen. Gemeinsam stellen Data Owners und Data Stewards sicher, dass Daten sicher verwaltet werden, von hoher Qualität sind und den regulatorischen Anforderungen entsprechen (vgl. Abb. 17.1).

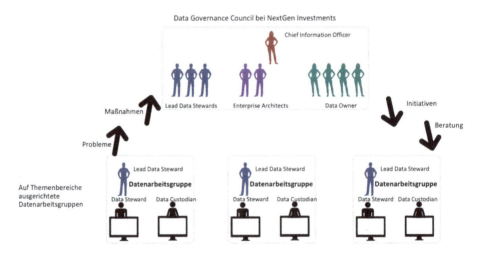

Abb. 17.1: Daten-Governance-Rollen bei NextGen Investments.

Allein die Arbeiten in der ersten Phase brachten schon eine deutliche Veränderung im bewussten Umgang mit Daten. Die Mitarbeiter verstanden die Relevanz der Daten und konnten sich einbringen. Mit der Einführung und Besetzung der Data Owners fand sich Martin in einer messbar effizienteren Umgebung wieder. Die klaren Richtlinien der Data Owners erleichterten den reibungslosen Betrieb im Alltag und ermöglichten es ihm, sich darauf zu konzentrieren, Wert aus Daten zu extrahieren, anstatt Unsicherheiten zu bewältigen. Auch halfen die Data Owners und Data Stewards schon durch die klaren Verantwortlichkeiten beim Umgang mit den Daten und der Bewertung derselben.

Thomas, der wachsame CRO, sah das Entstehen eines strukturierten Ansatzes für das Risikomanagement. Data Owners übernahmen die Bewertung und Verwaltung von Risiken im Zusammenhang mit ihren Datenbereichen und stimmen Datenpraktiken auf strategische Geschäftsziele ab. Die Data Stewards überwachten die Vorgaben der Data Owner und setzten sie um.

Phase 3: Datenklassifizierung und Sicherheitsmaßnahmen

Im nächsten Schritt startete NextGen Investments eine Initiative zur Datenklassifizierung (vgl. Abb. 17.2). Dabei werden den Daten Labels oder Tags basierend auf vordefinierten Kriterien zugewiesen, um bessere Kontrolle und Schutz zu ermöglichen, etwa Verschlüsselungsprotokolle für vertrauliche Daten „at rest" oder „in transit". Dies fügt eine zusätzliche Verteidigungsebene gegen unbefugten Zugriff hinzu: Die Daten bleiben selbst dann, wenn sie kompromittiert werden, für unbefugte Parteien unverständlich. Zudem klassifizierte NextGen Investments seine Daten im Hinblick auf Vertraulichkeit, Bedeutung und regulatorische Anforderungen und führte Sicherheitsmaßnahmen, Zugangskontrollen und Überwachung ein, um ihre wertvollsten Daten zu schützen.

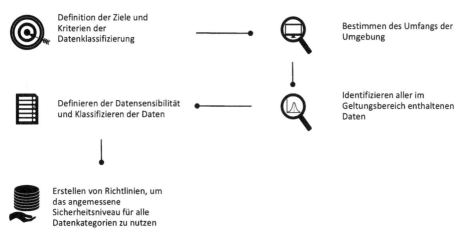

Abb. 17.2: Datenklassifizierung bei NextGen Investments.

Datenklassifizierung bei NextGen Investments: Meilensteine

1. **Kriterien festlegen:** Die Kategorisierung von Daten beruht auf Faktoren wie Vertraulichkeit, regulatorische Anforderungen und geschäftliche Auswirkungen. Die relevanten Kriterien bei NextGen Investments waren der Dateninhalt, ihr Kontext und die potenziellen Folgen unbefugten Zugriffs.
2. **Data Owners einbinden:** Data Owners als Experten in ihren Fachbereichen spielten eine entscheidende Rolle bei der Festlegung der Art und Weise, wie Daten in ihren jeweiligen Bereichen klassifiziert werden sollten.
3. **Erstellen von Klassifizierungsrichtlinien:** NextGen Investments entschied sich für die Erstellung klarer Richtlinien, die Kriterien, Klassifizierungsstufen und die zugehörigen Sicherheitsmaßnahmen umfassen. Diese Richtlinien dienen sowohl den Data Stewards als auch den Benutzern als Leitfaden.
4. **Schulungen:** Um die Mitarbeiter auf die Bedeutung der Datenklassifizierung und ihre Rollen im Prozess aufmerksam zu machen, startete NextGen Investments eine Reihe von Schulungen, um sicherzustellen, dass jeder die Kriterien und die Folgen bei unsachgemäßer Handhabung sensibler Daten versteht.
5. **Integration von Machine Learning:** Als abschließenden Schritt evaluierte NextGen Investments Werkzeuge, die maschinelles Lernen nutzen, um Daten anhand vordefinierter Regeln zu analysieren und zu klassifizieren – mit dem Ziel, die Security-Klassifizierungen teilautomatisch zu generieren und weitergehende Aussagen zu den Daten zu ermitteln (Vertrauenswürdigkeit der Datenquellen, Zuverlässigkeit Aktualität, Periodizität etc.).

Dank der Informationsmodelle und Datenklassifikation fand sich Martin immer besser in der Datenlandschaft zurecht. Die Klassifizierung der Daten ermöglichte eine effizientere Analyse, da er sich auf die Datensätze konzentrieren konnte, die am relevantesten sind. Der Einsatz von maschinellem Lernen brachte in kurzer Zeit wichtige (Meta-) Informationen zutage, die bei der weiteren Nutzung der Daten sehr hilfreich waren.

Für Thomas war die Datenklassifikation nicht nur eine Frage der Organisation – es handelte sich um eine Risikominderungsstrategie. Vertraulichkeitslabels stellten sicher, dass das Unternehmen angemessene Sicherheitsmaßnahmen je nach Art der Daten anwenden konnte. Das potenzielle Schadensrisiko durch unbefugten Zugriff auf sensitive Informationen verringerte sich.

Phase 4: Stärkung der Zugriffskontrollen mit RBAC

Ein weiterer grundlegender Aspekt der Daten-Governance ist die Festlegung klarer Datenzugriffskontrollen zur Verbesserung der Datensicherheit. Role-Based Access Control (RBAC) ist ein verbreiteter Ansatz in modernen Informationssicherheitssystemen – er vereinfacht die Verwaltung von Zugriffen, indem Berechtigungen mit Rollen anstelle von einzelnen Benutzern verknüpft werden. Mit RBAC wollte NextGen Investments sicherstellen, dass nur autorisierte Personen je nach ihren Aufgaben die entsprechende Zugriffsstufe erhalten. Dies sollte nicht nur zum Schutz sensibler Daten beitragen, sondern auch die Einhaltung gesetzlicher Vorschriften unterstützen. Moderne RBAC-Ansätze umfassen oft erweiterte Funktionen, um die Sicherheit und Flexibilität zu erhöhen, und NextGen Investments evaluierte die folgenden Optionen:

- **Dynamisches RBAC:** Dieser Ansatz ermöglicht dynamische Änderungen der Zugriffsrechte basierend auf Faktoren wie Zeit, Ort und Benutzerverhalten. So kann ein Benutzer beispielsweise während der regulären Arbeitszeiten andere Zugriffsrechte haben als nach Feierabend.
- **Attribut-basierte Zugriffskontrolle (ABAC):** Diese erweitert RBAC, indem sie Attribute wie Benutzermerkmale, Ressourcenmerkmale und Umweltbedingungen bei der Entscheidungsfindung für den Zugriff berücksichtigt. Diese fein abgestimmte Kontrolle ermöglicht eine präzisere Zugriffsverwaltung.
- **Rollenbasierte Zugriffskontrolle mit Zeitbeschränkungen (JIT – Just in Time Access):** Die zeitgesteuerte Zugriffskontrolle hilft Firmen dabei, zeitabhängige Sicherheitsrichtlinien durchzusetzen. So kann ein Benutzer beispielsweise während eines bestimmten Projektzeitraums über erweiterte Zugriffsrechte verfügen, danach jedoch wieder auf Standardberechtigungen zurückgesetzt werden.
- **Risikoadaptive Zugriffskontrolle:** Hierbei werden Risikofaktoren bei der Festlegung der Zugriffsrechte berücksichtigt. Wenn das Verhalten oder der Kontext eines Benutzers auf ein potenzielles Sicherheitsrisiko hinweist, können Zugriffsberechtigungen automatisch angepasst werden, um proaktiv auf potenzielle Sicherheitsbedrohungen zu reagieren.
- **Attribut-basierte Zugriffskontrolle mit maschinellem Lernen:** Fortgeschrittene RBAC-Systeme analysieren mittels maschinellen Lernens historische Zugriffsmuster, das Benutzerverhalten und kontextbezogene Daten, um Zugriffsentscheidungen zu treffen. Damit passt sich das System im Laufe der Zeit an, und es lernt, Anomalien oder Sicherheitsrisiken zu identifizieren.

Nach sorgfältiger Prüfung entschied sich NextGen Investments dafür, eine Mischung aus Attribut-basierter Zugriffskontrolle (ABAC) und Rollen-basierter Zugriffskontrolle (RBAC) mit zeitlichen Einschränkungen (JIT) zu verwenden. Das Unternehmen verließ sich stark auf RBAC für strukturierte Kontrolle, integrierte ABAC für eine nuancierte Datensicherheit und JIT als wichtigen Bestandteil während Projektphasen, um sicherzustellen, dass Zugriffsrechte mit dem Projektumfang übereinstimmen.

Für Martin bedeutete dies, dass er in einer Umgebung arbeitete, in der der Zugriff auf Daten nur kontrolliert stattfand. RBAC trug zur Genauigkeit und Konsistenz der Daten bei, indem es unbefugten Zugriff und Datenfehler verhinderte, was die Integrität der von Martin verwendeten Datensätze sicherte. Dies gewährleistete, dass die generierten Erkenntnisse auf zuverlässigen und konsistenten Daten beruhten, was die Qualität seiner Berichte verbesserte.

RBAC wurde zu Thomas' Verbündetem bei der Sicherung des Unternehmens gegen potenzielle Sicherheitsverletzungen. Die Anpassungsfähigkeit von RBAC ermöglichte eine nuancierte Kontrolle, indem Zugriffsberechtigungen mit Kontextfaktoren und Risikoüberlegungen abgestimmt wurden. Die Bedrohungen durch unbefugten Zugriff nahmen ab, das Unternehmen wurde widerstandsfähiger. Auch für die Geschäftsführung und die Auditierung der IT-Landschaft war das neue RBAC-Konzept von großem Vorteil. Die Metadaten ermöglichten die richtige und rechtskonforme Speicherung der Daten in der Multi-Cloud des Unternehmens und unterstützte gerade auch bei personenbezogenen Daten die Abbildung der unterschiedlichen nationalen Rechtsnormen.

Vom Datenchaos zur organisatorischen Datenexzellenz

Durch die Einführung des datenzentrischen Daten-Governance-Konzeptes konnte das Team um Martin und Thomas nicht nur die Probleme in Bezug auf Datenqualität und Datensicherheit lösen. Durch die Einbindung der Mitarbeiter und die aktive Begleitung durch die Geschäftsführung wurde die Data Literacy im Unternehmen deutlich erhöht. Wo früher nur die Applikationsverantwortlichen über ihre Datenmodelle Bescheid wussten, und jede Datenfrage daher in eine Werkzeugfrage mündete, werden heute bei NextGen Investments Problemstellungen datenzentrisch angegangen.

Zusätzlich wurde durch die Automatisierung die Datenqualität messbar erhöht. Jeder Mitarbeiter ist sich der Bedeutung der Daten und der Qualität derselben bewusst, was sich auch in der besseren Disziplin bei der manuellen Eingabe von Daten widerspiegelt.

Martin ist damit in der Lage, sich hauptsächlich auf Analyse und neue Datenquellen zu konzentrieren und nicht mehr auf das Herstellen von Datenqualität.

Der Wandel vom Datenchaos zur organisatorischen Datenexzellenz bei NextGen Investments hat nicht nur für robuste Sicherheitsmaßnahmen gesorgt, sondern auch weitere Vorteile gebracht, die für den Erfolg des Unternehmens entscheidend waren. Die strukturierten Daten-Governance-Richtlinien trugen zur Entwicklung einer Kultur bei, die Verantwortlichkeit schätzt und eine kooperative Umgebung fördert. Das steigerte die betriebliche Agilität.

Fazit

Der vierstufige Weg zur Daten-Governance, von der Festlegung von Richtlinien über die Rollendefinition, die Datenklassifizierung bis hin zu rollenbasierten Zugriffskontrollen, dient als solide Vorlage für Unternehmen, die ihre Datenlandschaft transformieren möchten. Sie können auf mehrere Arten profitieren:

- **Verbesserung der Datensicherheit:** Die Implementierung rollenbasierter Zugriffskontrollen und der Datenklassifizierung stärkt die Datensicherheit und reduziert das Risiko unbefugten Zugriffs.
- **Einhaltung gesetzlicher Vorschriften:** Der strukturierte Ansatz bildet die Grundlage für die Einhaltung gesetzlicher Anforderungen und Branchenvorschriften.
- **Betriebliche Effizienz:** Gut definierte Rollen und Zugriffskontrollen optimieren die betriebliche Effizienz, reduzieren die Komplexität bei der Verwaltung des Datenzugriffs und verbessern die Arbeitsabläufe insgesamt.
- **Kultureller Wandel hin zur Verantwortlichkeit:** Der Bauplan fördert eine Kultur der Verantwortlichkeit, da er Rollen und Verantwortlichkeiten klar definiert und Mitarbeiter dazu ermutigt, ihre Aufgaben im Zusammenhang mit Daten wahrzunehmen.
- **Strategische Entscheidungsfindung:** Mit zuverlässigen und gut verwalteten Daten können Unternehmen fundiertere strategische Entscheidungen treffen und ihre Datenassets nutzen, um wettbewerbsfähiger zu werden.

Über die Autorin

Laura Voicu

Dr. Laura Voicu ist Principal, Risk, Data & AI bei der Firma Elastic. Dr. Voicu hat im Fach Datenmanagement promoviert und war zuvor in verschiedenen Positionen tätig, die sich um Daten, Sicherheit und die Überschneidung dieser beiden Bereiche drehten: Unternehmensdatenarchitektur und Governance, Datenbetrieb, KI und Robotik-Prozessautomatisierung, Sicherheitsarchitektur und Quantifizierung von Cyberrisiken. Ihre Leidenschaft gilt Big Data und maschinellem Lernen. Derzeit konzentriert sie ihre Arbeit auf die Erforschung der Nutzung von Datenwissenschaft und maschinellem Lernen zur Verbesserung der Informationssicherheit.

Stichwortverzeichnis

ACRIS Semantic Model XI, 85, 89, 92
Agiles Projektmanagement 20
Airports Council International (ACI) 85
Analytics 25, 41, 45
Anwendungsverantwortlicher 11
Applikationszentrische Architektur 11
Architektur
 – Designprinzipien datenzentrischer Architektur 21
As a Service 13
Audi AG 97
Automatisierung 25, 37, 58, 66, 97
Automobil
 – Konstruktion 156

Best Practice 9, 11, 109, 116, 191, 196
Business Capability Map 68, 201, 207
Business Object Model 71

Catena-X 10, 30
Chief Data and Analytics Officer (CDAO) 10
Chief Data Officer 10
Chief Information Officer (CIO) 10
Cloud 10, 56, 135
 – Cloud-Strategie 27
 – Cloudzentrisch 10
 – Multi-Cloud 22
Cloud-Computing 119
 – Infrastructure as a Service (IaaS) 13
 – Platform as a Service (PaaS) 13
 – Software as a Service (SaaS) 13
Compliance 29, 43, 213
 – DSGVO 18
 – Lieferkettengesetz 30

Data Governance 213
 – Datenklassifizierung XIV, 46, 215, 217
 – Richtlinie XIV, 18, 215
 – Rollendefinition XIV, 215
 – Vier-Phasen-Ansatz zur Einführung einer
     Daten-Governance XIV, 213
Data Hub X, 27
 – Datenaustauschplattform X
 – Datenplattform X, 203
Data Mesh XII, 80, 130, 191
Daten
 – Data Hub 21, 22, 25, 27, 46, 47
 – Data Literacy 14, 20

 – Data Mesh XII, 80, 129, 130, 191
 – Data Owner 22, 204, 216
 – Data Stewards 22, 216
 – Daten als Produkt 15, 16, 130
 – Daten als Service 15, 16, 47
 – Daten-Architektur 129, 147, 176, 201
 – Daten-Governance XI, 91, 204, 213
 – Daten-Richtlinie 215
 – Datenarchitektur XII, 11
 – Datenaustausch XII, 11, 123, 124
 – Datenaustauschplattform 44
 – Datenkatalog X, 65, 103, 191
 – Datenklassifizierung XIV, 46, 215, 217
 – Datenkultur X, 44
 – Datenlebenszyklus 16
 – Datennachvollziehbarkeit 12
 – Datenökonomie XII, 123, 174
 – Datenqualitätssicherung XI, 17, 42, 85
 – Datenraum XII, 131
 – Datenreifegrad 14
 – Datenrichtlinie X
 – Datenschutz XIII, 97, 181
 – Datensilos X, 3
 – Datensouveränität 10, 27
 – Datenstandard XI, 85
 – Datenstrategie 18, 203
 – Datenstrom 12, 23, 55
 – Datensyntax XII, 119
 – Datenwertschöpfung V, 166, 175
 – Datenwirtschaft V, XIII
 – Datenzentrisch V, 3, 9, 37, 53, 71, 97, 109, 165, 176,
     191, 199, 204
 – Datenzentrische Organisation 3
 – Datesouveränität 165
 – Designprinzipien datenzentrischer Architekturen
     X, 19
 – Echtzeitdaten 31, 174
 – Enterprise-Architektur 199
 – IT-Architektur 11, 21, 147, 205
 – Metadaten 13, 24, 88, 144, 204
 – Personenbezogenen Daten 23, 99
 – Prozessworkaround 4
 – Strukturierte Daten X
 – Unstrukturierte Daten X, 55
 – Zugriffskontrolle XIV, 175, 218
Datenkompetenz (Data Literacy) 14, 92

https://doi.org/10.1515/9783111048673-018

Datenraum
- Manufacturing-X XII, 124, 131
Datenschutz XIII, 97, 183
Datenschutz-Grundverordnung (DSGVO) XI, 97
Datenstandard XI, 92
Datenwertschöpfung 9, 175
- Datensouveränität 10, 165
Digitaler Zwilling IX, 26, 30, 128
Digitalisierung 3, 37, 49, 109, 123
Dokumentenverarbeitung X, 53
Domäne XII, 72, 79, 80, 109, 147, 155
DSGVO 97

Enterprise Architecture Management (EAM) XIV,
    199
Entkopplung XII, 135
Erkenntnis V, 50, 58, 61, 175, 179, 186

Finanzdienstleistung 53, 213
- Tech-Finanzunternehmen X
Flughafen London Heathrow XI, 85
Fraport AG 37
Führung XIII, 191

Gaia-X 10
Geschäftsprozess 4, 59, 76
- Process Mining 4
- Prozessworkaround 4
Gesundheitswesen 179
- Diagnostik XIII, 180
- Krankenhaus XIII, 179
- Universitätsklinik XIII, 185

Industrie 4.0 XII, 123
Informationsmodell
- Business Object Model XI
- Meta Model XI
- Unified Information Model (UIM) XI
IT-Architektur 11, 21, 147, 208
- Applikationszentrische Architektur 11
- Spaghetti-Architektur 11, 40

Kultur V, XIII, 47, 66, 132, 195
Künstliche Intelligenz V, 3, 165
- Artificial Leadership 7
- Datenzentrische KI XIII, 167
- Digitaler Zwilling 9, 17, 26, 30, 128
- Fairness XIII, 165, 171
- Generative KI 9, 166

- KI-Training XIII, 181, 183
- Kosten XIII, 95
- Maschinelles Lernen 12, 218
- Modellzentrische KI XIII, 167
- Qualität XIII, 165
- Schwarmlernen XIII, 179, 183, 186
- Zuverlässigkeit XIII, 165

Lieferkette 29, 125
Luftfahrt
- Fluggesellschaft XIV, 85, 199
- Flughafen XI, 37, 85, 87, 91, 95
- Fraport AG IX, 37
- Lufthansa IX, 63
Lufthansa AG X, 63

Management XIII, 191, 199, 213
Managementmodell
- St. Galler Managementmodell für die
    Unternehmensführung IX, 5
Manufacturing-X 10, 124, 131
Maschinelles Lernen 166
Mentalität XIII, 195
Meta Model 71, 72
Metadaten 13, 24, 57, 67, 88, 103, 144, 204
Metainformation 13, 22, 141
Methode
- Enterprise Architecture Management (EAM) XIV,
    199
- TOGAF 24, 110, 111
- Vier-Phasen-Ansatz zur Einführung einer
    Daten-Governance XIV, 213
Microservice XII, 135
Multi-Cloud 214

Netfonds AG X, 53, 57

Ökonomie 123
- Wertschöpfungsnetzwerk 123
Ökosystem IX, 9, 85, 173
- Wertschöpfungsnetzwerk XII
Organisation 3, 86, 97, 179

Produktentwicklung XII

Qualitätssicherung XI, 85, 136

Red Ocean, Blue Ocean 28
Referenzarchitekturmodell Industrie 4.0 (RAMI 4.0)
    XII, 126

Reifegrad 14, 172
Richtlinie XIV, 18, 215

Scaled Agile Framework (SAFe) 20
Schnittstelle 13, 24, 37, 40, 110, 136, 199
– Punkt-zu-Punkt Schnittstelle 11, 210
Schwarmlernen XIII, 179, 183, 186
Security, Sicherheit 13, 40, 85, 175, 213
Semantik XI, 155
– ACRIS Semantic Model XI
Smart City 32
Software as a Service (SaaS) 214
St. Galler Managementmodell 5
Strategie 18, 43, 46, 172, 199, 203
Swisscom Schweiz AG X, 71
Syntax XII, 119

Tech-Finanzunternehmen 53
Telekommunikation XII, 109

Terminologie X, 71
TOGAF 24, 110, 111
Tolerant Reader Pattern XII, 135, 140
Transformation 3, 9, 53, 123, 191, 199

Unified Information Model (UIM) XI, 109, 112
Unternehmensführung 3, 5
– Chief Data Officer 5, 6
– Corporate Digital Responsibility (CDR) 5
– St. Galler Managementmodell für die
    Unternehmensführung IX, 5

Verschlüsselung 26, 217
Virtuelle Produktkomponente XII, 155

Wettbewerbsvorteil 30, 85, 175

Zugriffskontrolle XIV, 218
Zukunftstechnologie IX, 3

www.ingramcontent.com/pod-product-compliance
Lightning Source LLC
Chambersburg PA
CBHW082117070326
40690CB00049B/3602